Ulf Biedermann

Ein amerikanischer Traum

Coca-Cola:
Die unglaubliche Geschichte eines 100jährigen Erfolges

Rasch und Röhring Verlag

DRINK
Coca-Cola
TRADE MARK REG.
IN BOTTLES

Inhalt

America,

Give me your tired, your hot, your thirsty, your weary, your parched, your worn-out, your mothers, your fathers, your sisters, your brothers, your sons, your daughters, your surfers, your skiers, your football players, your basketball players, your yachtsmen, your pole vaulters, your hockey stars, your lacrosse stars, your swimmers, your jockeys, your baseball players, your soccer players, your weight-lifters, your ping pong players, your chess enthusiasts, your checker whizzes, your bridge players, your poker players, your mah jong players, your kibitzers, your sun worshippers, your moon worshippers, your potato chip nuts, your pretzel eaters, your salted peanuts fans, your hot dog eaters, your hamburger eaters, your pizza pie eaters, your chili con carne devotees, your steelworkers, your scientists, your gefilte fish gourmets, your spaghetti eaters, your meat and potato men, your tuna fish eaters, your fried chicken experts, your bacon lettuce and tomato on toast eaters, your cabdrivers, your pilots, your stewardesses, your travel agents, your travelers, your poets, your construction men, your insurance salesmen, your diplomats, your secretaries, your telephone operators, your vacuum cleaner salesmen, your ushers, your hippies, your high school students yearning to pass math.

Things go better with Coke.

SCHUTZMARKE
Coca-Cola
Coca-Cola
Coca-Cola
TRADE MARK REGD.
mal Pause
das
draus
Coca-Cola
Coke
SCHUTZ
KOFFEIN
Coca-Cola
Coca-Cola
Coca-Cola
Coca-Cola

LIMONADE GAZEUSE
Trink
Reserviert
FERNSEH
Coca-Cola
DRINK
Coca-Cola
DELICIOUS & REFRESHING
BUVEZ
Coca-Cola
DÉLICIEUX
Coca-Cola
REGISTERED TRADE MARK

Der Cola-Clan

Die Fan-Gemeinde von Coca-Cola zählt weltweit rund 3000 Mitglieder nebst Familienangehörigen. Die klare Majorität im Cola-Clan stellt die amerikanische Sektion, gefolgt von Kanada, den Niederlanden, Japan und der Bundesrepublik. Hauptaufgabe dieses Clans, der sich in der ernsthaften Aufopferung fürs Hobby durchaus mit Briefmarkensammlern, Skatbrüdern und Fußballfans messen kann, ist das Sammeln, Bewahren und Bewerten von Gegenständen, die in irgendeinem Zusammenhang mit Coca-Cola stehen. In der hundertjährigen Geschichte des Getränkekonzerns gibt es keinen Gebrauchsgegenstand des täglichen Lebens, der nicht, versehen mit dem Coca-Cola Schriftzug, als Werbemittel und Verkaufsförderungsobjekt in hohen Auflagen unter die Konsumenten gebracht wurde. Im Lauf der Jahre schrumpfte die Zahl der Objekte, durch natürlichen Schwund und achtloses Wegwerfen, während die der Sammler zunahm. Das Ergebnis: Die billigen Geschenke von einst stiegen in Nachfrage und Wert. In den Ortsverbänden des Cola-Clans wird getauscht, an- und verkauft, gelegentlich auch versteigert. Kataloge wie »Petretti's Coca-Cola Collectibles Price Guide«, ein jährlich verlegtes Standardwerk mit über 180 Seiten, gibt Anhaltspunkte, in welchen preislichen Höhen sich die Objekte bewegen.

Da kostet beispielsweise ein Kalender von 1891, in gutem Zustand, 5000 US-Dollar, einer aus jüngerer Zeit, von 1968, bringt dagegen nur ganze 15 Dollar (alle Angaben: Stand 1984). Den absoluten Rekordwert repräsentiert ein Blechtablett aus dem Jahr 1897, für das man der ehemaligen Clan-Präsidentin Alice Fisher schon 15 000 Dollar geboten hat und das sie vorsichtshalber für 20 000 versichern ließ.

Für ein Topless Serving Tray notierte der Katalogherausgeber 1500 Dollar, doch Clan-Mitglieder wissen, daß man für dieses sexy Tablett aus dem Jahr 1908 locker das Doppelte hinblättern muß, falls sein Besitzer sich überhaupt davon trennen sollte. Der in besagtem Katalog mit 2000 Dollar ausgezeichnete Sirup-Spender aus Keramik erzielte 1984 bei der 19. jährlichen Auktion der »Nostalgia Company« in Hackensack/New Jersey allerdings nur 1900 Dollar.

Während diese historische Zapfanlage zu den begehrten Raritäten gehört ebenso wie die Coca-Cola Tiffany-Lampe, von der es auf der ganzen Welt nur noch zwei Exemplare, gehandelt zum Stückpreis von 2000 Dollar, geben soll, oder Plakate aus der Zeit vor der Jahrhundertwende zum Stückpreis von 10 000 Dollar, hat sich das Gros der Sammler auf Sachgebiete oder Zeitepochen spezialisiert.

John Buchholz aus Atlanta beispielsweise sammelt nur Gläser mit dem Originalschriftzug. Seine mehr als 700 verschiedenen Objekte, die er in rund zehn Jahren zusammengetragen hat, verschlangen mehr als 4000 Dollar an Investitionen. Das wertvollste Stück stammt aus dem Jahr 1905, wird derzeit mit rund 400 Dollar gehandelt und existiert weltweit nur noch fünfzehnmal. Die Liebe zu Coke, die auch vor Tagesdecke, Bettvorleger und Zimmervorhängen nicht haltmacht, hat er vom Vater, John Buchholz sen., Ex-Präsident des Cola-Clans, der Servietten und Thermometer sammelt.

Die Bandbreite der Sammelobjekte reicht von Streichholzschachteln, Flaschenöffnern, Eiszerkleinerern, alten Flaschen, Gläsern, Korken über Anzeigen, Poster, Plakate, Verkaufsständer, Reklameschilder, Uhren und Tabletts bis zu Blechspielzeug, Kugelschreibern, Leuchtreklameschriften, Spiegeln und Eisboxen aus der Pionierzeit. Und dieses totale Engagement führte dazu, daß die Konzernzentrale in Atlanta eine eigene Abteilung ins Leben rief, die die unlizensierte Vermarktung des Namens Coca-Cola bekämpft und selbst Lizenzen für einen grausamen Wust von Repliken und modernem Schnickschnack verteilt. Die neuen Kreationen schließen so nützliche Dinge ein wie einen tragbaren Grill in Gestalt einer Cola-Dose, ein Küchenset aus Schürze, Handschuh und Schweißtuch oder das Kofferradio in der Cola-Flasche. In Amerika boomt die Nachfrage, auch wenn es sich dabei um so ausgemachten Kitsch handelt wie den handgeschnitzten Santa Claus aus Kunststoff mit der Coke-Buddel in der Hand. Doch damit nicht genug. Weil diese Kunst-Auswüchse in einer zu kleinen Stückzahl auf den Markt kamen, werden sie schon heute unter Sammlern für den nahezu doppelten Preis gehandelt.

Aus den ehemaligen Verkaufshilfen zur Ankurbelung des Coca-Cola Konsums ist ein eigener Geschäftszweig geworden, den die Profis im Geldverdienen natürlich nicht Haien und Piraten im freien Wettbewerb überlassen wollen.

Blechtablett von 1898, Sammlerwert 15 000 Dollar

Der weltweite Cola-Clan trifft sich jährlich.

Thermometer aus dem Jahr 1930

Zigarettenetui zum 50jährigen Jubiläum 1936

Cola-Clan-Mitglied J. Buchholz aus Atlanta/Georgia inmitten seiner Coke-Sammlung

Plastikmodell eines »Dope-waggon«, wie die Coca-Cola Lieferwagen in den Südstaaten genannt wurden

Die Gründerjahre

Erfunden wurde der weltberühmte Drink von einem Major namens John S. Pemberton, der 1833 in Knoxville/Georgia geboren wurde. Pemberton diente bei der Konföderierten-Armee der Südstaaten und ließ sich nach dem Bürgerkrieg als Drogist und Industriechemiker in Columbus/Georgia nieder. Im Jahre 1869 übersiedelte er nach Atlanta und eröffnete den Drogerie-Großhandel Pemberton-Tayler und Company. Vier Jahre später wurde die Firma umgetauft in Pemberton-Pullum und Co. Pemberton selbst widmete den Großteil seiner Zeit der Industriechemie. Er war von der Idee besessen, einen neuen und völlig anderen Geschmack für ein Erfrischungsgetränk zu kreieren, wie es in den damals so populären »new soda fountains« serviert wurde. Sein eigenes Laboratorium hatte er in einem zweistöckigen roten Backsteinhaus untergebracht, das einem ehemaligen Bankier aus Atlanta gehörte. Pemberton, der sich auch gern als Doktor bezeichnen ließ, den Nachweis jedoch schuldig blieb, wo er den akademischen Titel erworben hatte, war das, was man heute einen Quacksalber nennen würde.

Die Ausrüstung, mit der Pemberton arbeitete, war simpel: im Prinzip nichts weiter als ein Messingkessel, ein großer Löffel zum Umrühren und alle möglichen Zutaten. Mit diesen primitiven Utensilien arbeitete er unermüdlich an der Rezeptur für seinen Traum vom neuen, echten Geschmack. Ganze Nächte, so berichteten Augenzeugen, hockte er in diesem Labor und mixte und probierte. Dabei verließ er sich einzig und allein auf seine Geschmacksnerven. Irgendwann fand er, was er suchte, und begann zu produzieren. Im Mai 1886, so die Geschichtsschreibung des Konzerns, wurde in der Marietta Street 107 dieser einmalige Geschmack, der die Welt erobern sollte, geboren.

Einige Monate vor diesem denkwürdigen Datum zog ein Mister Frank M. Robinson nach Atlanta. Er wurde begleitet von seinem Freund David D. Doe, der wie er Lyons im Staate Iowa verlassen hatte. Robinson und Doe waren an einem neuartigen Druckverfahren interessiert und bemühten sich herauszubekommen, wer das Patent besaß und ob daraus ein gewinnbringendes Geschäft zu machen sei. Beim Studieren der Anzeigen aus dem Drogerie- und Chemiehandel in Atlanta stießen sie auf die J. S. Pemberton Company, deren Gesellschafter Dr. Pemberton und Ed Holland waren. Man traf sich und kam überein, die diversen Geschäfte und Unternehmungen zusammenzuschmeißen und eine Aktiengesellschaft zu gründen.

Die neue Firma hieß »The Pemberton Chemical Company« und wurde am 1. Januar 1886, mit Ed Holland als Präsident und J. S. Pemberton als Direktor, in das Handelsregister eingetragen. Gegen Ende des Jahres wurde Doe Präsident, während Robinson die Buchhaltung der Firma übernahm. Diese Kooperationsvereinbarungen wurden abgeschlossen zu der Zeit, als Dr. Pemberton den »richtigen« Geschmack seines neuen Erfrischungsgetränks auf der Zunge hatte.

Während der ersten Monate nach ihrer Gründung handelte die Pemberton Chemical Company hauptsächlich mit Hustensirup, Haarfärbemitteln und allen möglichen Tinkturen und Säften. Dr. Pemberton glaubte zwar an seine Erfindung, aber er war ein kranker, alter Mann, dem einfach die Kraft fehlte, diesen neuen Drink so zu promoten, wie es später seine Nachfolger taten, die daraus den »great American drink« machten. Pemberton erschien es sicherer, einen Versuchsballon loszulassen, bevor er mit seinem Getränk an die Öffentlichkeit ging. Willis E. Venable galt zur damaligen Zeit als der »soda water king« von Atlanta. Er führte die größte Erfrischungshalle in der Stadt: Die rund 25 Fuß lange Theke befand sich in Dr. Joseph Jacobs' Drogerie in Atlanta. Dr. Pemberton vereinbarte mit Venable, das Getränk probeweise auszuschenken. Nach einigen kleinen Änderungen an der Originalrezeptur fanden die ersten Tester Gefallen an dem neuen Drink.

Es dauerte nur kurze Zeit, dann mußte ein Name für dieses neue Getränk gefunden werden. Zwischen den vier Gesellschaftern der »Pemberton Chemical Company«, Doe, Pemberton, Holland und Robinson, war vereinbart, daß jeder sich einen Namen einfallen lassen sollte und alle vier entscheiden würden, welcher der beste sei. Robinson argumentierte, da sowohl Kokablätter als auch Kolanüsse in dem Drink enthalten seien, sei Coca-Cola eigentlich der optimale Name. Das Komitee stimmte seinem Vorschlag zu. Es vergingen ein paar Monate zwischen der Einigung auf den Namen Coca-Cola und dem Entwurf des Schriftzuges, der bis heute nie verändert wurde und als ein-

getragenes Warenzeichen weltweit geschützt ist. Pemberton besaß einige Messingdruckplatten, auf denen der Name Coca-Cola in Großbuchstaben eingeprägt war ebenso wie die beiden Worte »köstlich und erfrischend« (delicious and refreshing). Wann genau diese Druckplatten hergestellt wurden, läßt sich nicht mehr feststellen, daß es im Jahre 1886, höchstwahrscheinlich im Sommer, war, erscheint jedoch als sicher.
In der Zwischenzeit arbeitete Robinson an der Entwicklung des Markennamens in seiner unverwechselbaren Schreibweise. Er wurde dabei von Frank Ridge, einem Graveur, unterstützt. Am 28. Juni 1887 wurde das Copyright an der Schutzmarke Coca-Cola unter der Nr. 5272 im Patentamt der Vereinigten Staaten registriert.
Nach und nach erschienen kleine Anzeigen in amerikanischen Tageszeitungen, um den neuen Namen Coca-Cola populär zu machen. Auch in Lokalzeitungen in Columbus/Georgia, Griffin, Birmingham/Alabama und Memphis/Tennessee tauchten erstmals Kleinanzeigen mit dem Originalschriftzug Coca-Cola auf.
Die einzigen Werbemittel des Jahres 1886 waren neben den Anzeigen Ölbilder, die an die Häuserwände der Lebensmittelgeschäfte genagelt wurden, und Freicoupons für einen kostenlosen Drink, die im September 1886 gedruckt und verteilt wurden.
Es gibt keine genauen Zahlen darüber, wieviel Geld in diesem Jahr für die Werbung ausgegeben wurde. Doch alle Experten, die sich mit diesem Thema beschäftigt haben, sind sich einig, daß 1886 das Werbebudget bei ungefähr 46 Dollar gelegen haben muß.
1901 erschien eine Broschüre der Coca-Cola Company, in der festgehalten wurde: ». . . die erste Rechnung für Anzeigen wurde am 19. Mai 1886 bezahlt. Während der Sommermonate wurde den örtlichen Einzelhändlern die Galone [eine Gallone = ca. vier Liter] für zwei Dollar verkauft. Insgesamt wurden im Jahre 1886 rund 25 Gallonen Sirup verkauft, und ungefähr 25 Dollar, also genau die Hälfte der Einnahmen, wurden für Werbung ausgegeben . . .« Als diese Broschüre veröffentlicht wurde, gab es bei der Coca-Cola Company noch einige Angestellte aus dem Gründerjahr, deshalb kann man davon ausgehen, daß die genannten Zahlen stimmen.
In der Zeit vom Mai 1886 bis zum 8. Juli 1887, dem Datum, an dem Pembertons Freund George S. Lowndes und Venable sich einkauften, wurden zwei Handelsprinzipien aufgestellt, die bis in die heutige Zeit unverändert blieben: die Lieferung des Sirups in kleinen knallroten Fäßchen und der feste Preis von fünf Cent pro Drink. Dieser Fünf-Cent-Preis wurde konsequent durch die gesamte Geschichte von Coca-Cola beworben.
Unter der Regie der Pemberton Chemical Company wurde Coca-Cola nur an einige Lebensmittel- und Bekleidungsläden verkauft, und der Vertrieb endete bis auf wenige Ausnahmen an der Stadtgrenze von Atlanta. Venables bekannte Erfrischungshalle übertraf alle anderen an Umsatz.
Samuel C. Dobbs, befragt, wann er das erste Mal etwas von Coca-Cola gehört habe, erzählte, so wird überliefert, daß die Asa G. Candler Company, bei der er als Versandexperte arbeitete, im Frühjahr 1887 den Auftrag erhielt, eine Gallone Coca-Cola an Dr. Selman in Douglasville/Georgia zu transportieren. Der Doktor betrieb einen Drugstore in dieser Stadt rund 27 Meilen westlich von Atlanta. The Pemberton Chemical Company garantierte ihm im Mai 1887 eine konstante Belieferung. Dies war der erste Schritt, Coca-Cola auch außerhalb der Stadt Atlanta anzubieten. Doch die Candler-Firma hatte damals noch kein Interesse an Besitz oder Herstellung von Coca-Cola, für sie war dieser Auftrag lediglich eine Dienstleistung.
Mit der Zeit gewann Dr. Pembertons Kreation zwar immer mehr Freunde, und er selbst setzte auch große Hoffnungen in seine Erfindung, aber seine physische Konstitution ließ es einfach nicht zu, die Verbreitung von Coca-Cola effektiv und vehement zu fördern.
George S. Lowndes, einer der engsten Freunde Pembertons, war 1869 nach Atlanta gekommen und arbeitete in derselben Branche wie der »Doktor«. Angesichts ihrer Freundschaft und der Tatsache, daß Lowndes zu dieser Zeit jung und dynamisch war, schlug Pemberton ihm vor, das neue und immer populärer werdende Getränk zu übernehmen. Das Gespräch beschrieb George Lowndes wie folgt: »J. S. Pemberton und ich waren enge Freunde, wir lebten im selben Haus. Es war im Juli 1887, ungefähr ein Jahr nachdem Coca-Cola auf den Markt gekommen war, als Dr. Pemberton mich an sein Krankenbett rief. Lowndes, sagte er, ich bin krank, und ich glaube nicht, daß ich jemals aus diesem Bett herauskomme. Das einzige, was ich besitze, ist Coca-Cola, und ich will, daß du es übernimmst. Ich will, daß du es kaufst. Pemberton, sagte ich, mein eigenes Geschäft nimmt mich so in Anspruch, daß ich einfach nicht die Zeit habe, mich um diesen neuen Drink zu kümmern. Gut, sagte Pemberton, ich will dir etwas sagen, Coca-Cola wird eines Tages ein nationales Getränk sein. Ich will eine Eindrittelbeteiligung behalten, so daß mein Sohn stets etwas hat, wovon er leben kann, und ich möchte, daß du entweder die anderen zwei Drittel kaufst oder jemanden findest, der bereit ist, sie zu kaufen.
Ich verließ Dr. Pembertons Krankenbett, setzte mich in meinen Wagen und fuhr in die Stadt. Ich zerbrach mir den Kopf darüber, wer wohl der geeignete Mann für dieses Coca-Cola sei. Und plötzlich gab es nur eine Antwort: Willis E. Venable. Venable war zu dieser Zeit Inhaber der Erfrischungshalle in Jacobs' Apotheke, an der Ecke Peachtree und Marietta Street, da, wo heute die First National Bank steht. Er war die zentrale Figur im gesamten Sodawasser- und

John Pemberton, der »Erfinder« von Coca-Cola

Frank Robinson entwickelte den Originalschriftzug.

Bei Jacobs wurde 1886 die erste Cola verkauft.

Asa G. Candler erwarb das Rezept 1888 für ganze 2300 Dollar.

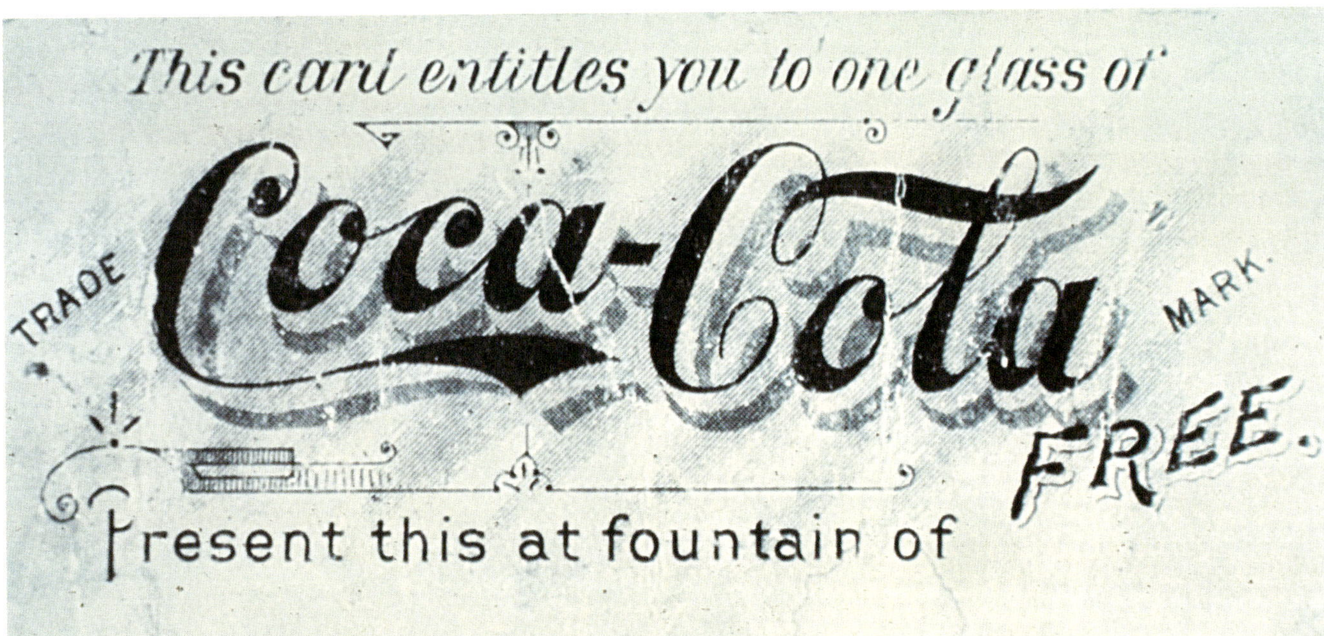

Gutschein für ein kostenloses Glas Coca-Cola (1890)

Erfrischungsgetränke-Markt in Atlanta. Er verkaufte Kohlensäure und andere Zutaten für Soft Drinks und war ein exzellenter Sodazapfer. So fuhr ich zu Jacobs' Apotheke. Venable, sagte ich, was hältst du von diesem Drink namens Coca-Cola? Ich kenne nichts Besseres als diesen Drink, antwortete Venable. Verkaufst du viel von dem Zeug? fragte ich. Mehr als von jedem anderen Drink hier im Laden, sagte Venable. Hättest du nicht Lust, es zu kaufen? Ich kann es nicht kaufen, aber wenn ich könnte, würde ich das eher kaufen als irgendwas anderes auf der Welt, antwortete er. Gut, ich kann für dich regeln, daß du es, wenn du wirklich willst, kaufen kannst, sagte ich.

Venable war sehr interessiert. Er wollte Coca-Cola unbedingt haben, aber zu dieser Zeit war er gerade dabei, ein Haus zu kaufen, und konnte das nötige Geld für den neuen Handel nicht auftreiben. Ich war fest davon überzeugt, daß das der richtige Mann war, diesen Drink vorwärtszubringen. Wir verfaßten eine Erklärung, daß Venable und ich bereit seien, Dr. Pemberton Coca-Cola abzukaufen. Ich sollte das Geld, genau 1200 Dollar, vorstrecken. Venable sollte sich um das Geschäft kümmern und mir dann seinen Anteil an diesen 1200 Dollar aus dem Profit bezahlen. Wir sprangen in meine Pferdedroschke und fuhren mit dieser Vereinbarung sofort zurück zu Dr. Pemberton. W. S. Thomson von der Anwaltsfirma Kandler & Thomson begleitete uns, um die nötigen Papiere aufzusetzen. Auf der Kante von Dr. Pembertons Krankenbett unterschrieben wir den Vertrag, datiert vom 8. Juli 1887, der besagte, daß Venable und ich zwei Drittel der Coca-Cola Aktien und des Rechtes, Coca-Cola herzustellen und zu verkaufen, erworben hatten. Pemberton behielt ein Drittel der Aktien für seinen Sohn C. M. Pemberton. Die 1200 Dollar sollten ursprünglich an Venable und mich von Pembertons Nettoprofit aus seiner Eindrittelbeteiligung bezahlt werden. Dieser Teil der Vereinbarung wurde einige Tage später, am 13. Juli, dahingehend geändert, daß die 1200 Dollar aus dem gesamten Gewinn zurückerstattet werden sollten und nicht allein aus Pembertons Drittel.

Wir kamen überein, mit diesem Geld auch das gesamte Material und die Laboreinrichtungen zu kaufen, die in der Coca-Cola Manufaktur standen. Am 21. Juli 1887, bei der Bestandsaufnahme und beim Anlegen einer Inventarliste, nahmen wir unseren neuen Besitz erstmals in Augenschein. Die Druckplatten mit dem Coca-Cola Schriftzug und das große Ölgemälde mit dem Slogan ›Drink Coca-Cola‹ gehörten uns, letzteres war das einzige Werbemittel, das wir besaßen. Zu dieser Zeit deckten die Einnahmen aus dem Verkauf gerade die Ausgaben, und weder Dr. Pemberton noch Venable, noch ich hatten genug Geld für die Werbung.

W. E. Venable und ich trafen die Vorbereitungen, Coca-Cola nun in eigener Regie zu produzieren. Wir transportierten die ganze Ausrüstung aus dem alten Pemberton-Labor in der Marietta Street in die Kellerräume von Jacobs' Apotheke, wo Venable mit der Herstellung des Sirups beginnen sollte. Aufträge gingen ein, und ich besuchte Venable, um zu sehen, wie weit er mit den Vorbereitungen war. Zu meiner großen Überraschung fand ich die ganzen Sachen unausgepackt in einer Ecke des Kellers. Venable hatte keinerlei Anstalten gemacht, irgendwelchen Sirup anzurühren. Er war ganz einfach zu beschäftigt mit der Erfrischungshalle im Erdgeschoß, um sich um unser Coca-Cola im Keller zu kümmern. Ich führte ein ernstes Gespräch mit Venable, und er versprach, sofort mit der Arbeit anzufangen. Nach zwei oder drei Wochen besuchte ich ihn erneut, und die Situation war immer noch die gleiche. Venable und ich hatten erneut ein Gespräch, und ich setzte ihm die Pistole auf die Brust. Entweder sollte er meinen Anteil kaufen, oder ich würde ihn auszahlen. Da er kein Geld besaß, blieb mir nichts anderes übrig, als seinen Anteil zu kaufen. Das Schlimme war nur, daß auch ich zu diesem Zeitpunkt so beschäftigt war, daß ich einfach keine Zeit fand, mich um das Coca-Cola Geschäft zu kümmern. Ich wußte aber ganz genau, daß Coca-Cola sterben würde, wenn sich nicht sofort irgend jemand finden würde, der dem Geschäft die nötige Zeit und Aufmerksamkeit schenkte. Der einzige Ausweg aus dieser Sackgasse hieß die Anteile verkaufen. Zuerst ging ich zu Smith und Dozier, einem Drugstore in der Hunter Street, und versuchte sie für den Handel und die Herstellung von Coca-Cola zu interessieren. Nein, nein, wehrten sie ab, das ist nichts als ein neuer Soda-Drink, der ganz schnell auch wieder von der Bildfläche verschwinden kann. Wieso? fragte ich, Sie haben ja keine Ahnung, wie gefragt Coca-Cola bei den Leuten ist. Sie haben auch keine Ahnung, wieviel davon allein in Venables Laden verkauft wird. Doch das war vergebene Liebesmüh. Smith und Dozier haben die Chance einfach nicht begriffen. Als nächstes ging ich zu Tyner's Drugstore zwischen Broad und Marietta Street. Ich erhielt die gleiche Antwort. Andere Händler, mit denen ich darüber sprach, zeigten kein Interesse, und ich mußte erkennen, daß die Marke Coca-Cola kurz davor stand, einzugehen. Ich wußte ganz genau, wenn nicht irgend jemand sofort damit anfangen würde, den Sirup herzustellen, würde ich meine Investitionssumme verlieren, und es wäre aus mit dem Drink.

Da gab es noch einen Mann namens Woolfolk Walker, der irgendwie mit der Pemberton Chemical Company verbunden war. Er kam aus Columbus und war unter Dr. Pemberton Verkäufer gewesen. Er kannte auch Dr. Pembertons Produkt Coca-Cola und war davon überzeugt. So sprach ich ihn einfach an. Woolfolk, sagte ich, ich möchte Ihnen Coca-Cola verkaufen. Coca-Cola? antwortete er, ich kann noch nicht einmal eine Briefmarke kaufen. Ich habe nicht einen einzigen Dollar. Ist schon gut, sagte ich, wenn sie irgendwo 1000 Dollar auftreiben, werde ich an Sie verkaufen, und Sie können mir den Rest aus dem Profit der Firma bezahlen. Der Zufall wollte es, daß Woolfolk eine Schwester hatte, Mrs. M. C. Dozier, die ein bißchen Geld besaß. Von ihr erhielt er die 1000 Dollar. Bevor der Deal perfekt war, brauchte ich noch Pembertons Einverständniserklärung. Die schrieb er mir auf die Rückseite meines Vertrages vom 8. Juli 1887, in dem die Rechte zwischen Venable und mir festgehalten waren. Dies geschah am 13. Dezember 1887. Am 14. Dezember 1887 überschrieb ich alle meine Anteile an Woolfolk Walker und seine Schwester Mrs. M. C. Dozier. Dieser Kontrakt war unterzeichnet von Venable und mir, und Walker und Mrs. Dozier zahlten 1200 Dollar in bar für eine Zweidrittelbeteiligung. So stieg ich aktiv aus dem gesamten Coca-Cola Geschäft aus, behielt aber ein sehr großes persönliches Interesse an der weiteren Entwicklung, so daß ich Coca-Cola nie aus den Augen verlor. Bis zu diesem Zeitpunkt war Asa G. Candler noch immer nicht direkt an der Coca-Cola Entwicklung beteiligt. Doch dann gründete Woolfolk Walker eine neue Gesellschaft und nahm Asa G. Candler und Joseph Jacobs mit in die Firma auf. Die Walker Candler Company schloß am 14. April 1888 mit Dr. Pemberton einen Kaufvertrag und erwarb das letzte Drittel der Aktien für 550 Dollar. Walker, Candler und Jacobs waren zunächst gleichberechtigte Partner in der Firma. Doch bereits am 17. April 1888 kaufte Candler für 750 Dollar die Hälfte des Aktienpaketes, das Mrs. Dozier und Woolfalk Walker besaßen. Einige Monate später, am 30. August 1888, kaufte Asa G. Candler das restliche Drittel für weitere 1000 Dollar. Asa Candler hatte damit alle Coca-Cola Anteile, mit Ausnahme derer, die die Firma besaß, deren Teilhaber er war. Am 22. April 1891 erwarb er auch dieses Aktienpaket und war alleiniger Besitzer. Insgesamt erwarb er sämtliche Rechte an der Schutzmarke Coca-Cola für insgesamt 2300 Dollar.«

Hier enden die Aufzeichnungen von George S. Lowndes.

Nach dem 14. Dezember 1887, als die Firma Walker, Candler und Company alle Rechte an Coca-Cola übernommen hatte, wurde die gesamte Ausrüstung zur Herstellung von Coca-Cola aus dem Keller von Jacobs' Apotheke wieder zurücktransportiert in die Räumlichkeiten in der Marietta Street 107.

Zu Beginn des Jahres 1888 wurde der Coca-Cola Sirup das erste Mal professionell in größeren Mengen, unter der Oberaufsicht von F. M. Robinson, hergestellt. Candler führte die Geschäfte, und Walker begab sich auf Reisen, um Coca-Cola zu promoten. Walker tätigte einige kleine Abschlüsse in Nashville/Tennessee, und die Firmenchronik vermerkt nicht ohne Stolz, daß am 31. März 1888 ein ganzes Faß von Atlanta nach Columbus in Georgia an die Firma Howard und Evans ausgeliefert wurde.

Während der Jahre 1887 und 1888 gewann Coca-Cola Marktbedeutung in folgenden Städten: Corinth/Mississippi, Selma/Alabama und Norfolk/Virginia.

Nachfolgend drei Dankschreiben aus dieser Zeit:

Corinth/Mississippi, 10. Januar 1888
Coca-Cola Company
»Ich benutze Coca-Cola mit meinem Sodawasser, und es ist mir eine Ehre, es weiterzuempfehlen... Hochachtungsvoll, John D. Bills«

Selma/Alabama, 25. Januar 1887
Coca-Cola Company, Atlanta/Georgia
»Sehr geehrte Herren, wir haben Coca-Cola Sirup in der letzten Saison in unserer Erfrischungshalle benutzt, und es wurde ein sehr populäres Getränk, viele haben es allen anderen Drinks vorgezogen. Wir müssen, ohne Zweifel, in der nächsten Saison mehr davon bestellen. Mit freundlichen Grüßen, Cagthorn and Colenan«

Norfolk/Virginia, 5. Januar 1887
Coca-Cola Company
»Gentlemen, ich habe im letzten Sommer in meinem Sodawasser-Departement ihren erstklassigen Zusatz Coca-Cola mit einem bewundernswerten Erfolg eingesetzt. Die Kunden waren sehr zufrieden mit seinem höchst unverwechselbaren Eigengeschmack, und ich glaube wirklich, es kam hierher, um zu bleiben. Im Gegensatz zu den meisten Zusätzen, die für Erfrischungsgetränke angeboten werden, bin ich sicher, daß Coca-Cola zur permanenten Einrichtung in unserem Haus werden wird. Hochachtungsvoll, John W. Burrow«

Porzellan-Bowle, aus der 1890 Coca-Cola gezapft wurde

Die erste Coke-Flasche aus dem Jahr 1894

Kurz nach dem 30. August 1888, nachdem Candler die letzten Anteile aufgekauft hatte, zog die komplette Herstellung erneut um. Jetzt verließ die Anlage ihre Geburtsstätte in der Marietta Street 107 zum letztenmal und wurde in den Kellerräumen des Großhandels von Asa Candler und Co., in der Peachtree Street 47, untergebracht. Die Firma Walker, Candler and Company wurde liquidiert, und bis zur Gründung der Coca-Cola Company im Jahre 1892 wurde Coca-Cola hergestellt, vertrieben und verkauft von Asa G. Candler and Company.

Während der Ära Walker, Candler und Co. lernte Samuel C. Dobbs, ein Mann, der später eine sehr wichtige Rolle in der Entwicklung des Coca-Cola Konzerns spielen sollte, das Geschäft von Grund auf. Er erinnert sich an die Geschäftslage im Jahr 1888: »Ich machte eine Reise mit der Georgia-Eisenbahn für Walker, Candler und Company, als sie Besitzer von Coca-Cola waren. Mister Walker selbst fuhr auch als Vertreter durch Alabama. Es war ein harter Job, wie Walker selbst zugab. Ich kann mich auch noch ganz genau an die altmodische Flaschenabfüllanlage in der Marietta Street erinnern, mit der man die wenigen Flaschen, die tatsächlich verkauft wurden, vollzapfte. Ich kann mich erinnern, daß ich einige davon in Lithonia verkauft habe.«

1888 kontrollierte Asa G. Candler Coca-Cola. Er war der erste Mann in dieser Position, der Attribute wie Weitsichtigkeit, Kapital und Energie besaß, die einfach notwendig waren, um ein nationales Getränk zu kreieren. Die Frage, wer dieser Asa G. Candler war, beantwortete ein Bericht im »Atlanta Journal« vom 1. Mai 1889: »Mr. Asa G. Candler wurde geboren in Carroll County/Georgia im Jahre 1851. Er verließ sein Zuhause im Alter von 17 Jahren und arbeitete als Lehrling unter Dr. Fletcher Bast, aus Baltimore, der ein Einzelhandelsgeschäft in Cartersville/Georgia betrieb.

Mr. Candler kam 1873 nach Atlanta und stieg sofort als Angestellter in den Drugstore von Mr. George G. Howard in der Peachtree Street 47 ein. Mit der ihm eigenen Energie und Zielstrebigkeit wurde er in kurzer Zeit Besitzer des möglicherweise größten Handelshauses in Atlanta. Als erstes gründete er eine eigene Firma. Zu diesem Zweck schloß er sich 1878 mit M. B. Hallman als gleichrangigem Partner zusammen. Dieser Hallman verkaufte seine Anteile an George G. Howard, den ursprünglichen Eigentümer, im Jahr 1886. Candler kaufte alle Anteile von Howard zurück und wurde damit zum alleinigen Eigentümer der Handelsfirma, die unter dem Namen Asa G. Candler and Company firmierte.

Die Fassade seiner Firma ist sehr attraktiv. Das Gebäude ist etwa neun Meter breit, gut 36 Meter tief und besteht aus drei Etagen und einem Keller. Der Keller enthält die Labors mit all den nötigen Apparaturen für die Herstellung und Verpackung von Pillen. Mr. F. N. Robinson, ein Gentleman, der sich Zeit seines Lebens mit der Zusammensetzung von Pillen beschäftigt hat, ist der Abteilungsleiter. Er sowie die Chefs der anderen Abteilungen von Mr. Candlers Geschäft sind hochqualifiziert. Im Erdgeschoß befindet sich die Einzelhandelsabteilung, in deren rückwärtigem Teil Mr. Candler sein privates Refugium hat. Dr. W. H. Ingram, Pharmazieprofessor am Atlanta Medical College, hat einen Beratervertrag für das Einzelhandel-Departement. Herr P. M. Christian ist der Chefchemiker der Pillenproduktion.

Die Versandabteilung liegt im 1. Stock und untersteht Samuel C. Dobbs. Im selben Stockwerk ist auch die Großhandelsabteilung untergebracht. Sie wird geführt von H. S. Wright. Im Großhandelslager liegen die führenden Arzneimittel abgepackt in großen Stapeln in den Regalen. Dieser Raum ist über vier Meter hoch. Die Regale reichen bis zur Decke, sind alle gefüllt und so angebracht, daß der Raum optimal genutzt wird. Herr Candler hat in diesem Jahr Arzneimittel im Wert von mehr als 10 000 Dollar hergestellt und gelagert.

Der 2. Stock beherbergt das Lager und die Versandabteilung. Sie wird ausschließlich von Frauen verwaltet, deren Vorgesetzte seit bereits zehn Jahren Miß Luli Young ist. Hier werden Extrakte, Medikamente, Öle etc. maschinell in Flaschen abgefüllt. Unter den Medikamenten im Lager sah der Reporter Howards Haarfärbemittel, ›Eagle Brand‹-Backpulver und eine Vielzahl anderer bekannter Markenartikel, die alle von Asa G. Candler vertrieben werden.

Die Firma hat derzeit Lagerbestände im Wert von 40 000 Dollar, und ihre Verkaufserlöse beliefen sich im letzten Jahr auf 100 000 Dollar.

›Coca-Cola‹ ist eine ihrer führenden Spezialitäten. Es ist ein neuer und sehr populärer Erfrischungsdrink, dessen Sirup Zutaten wie die wundervollen Kokablätter und die berühmte Kolanuß enthält. Es ist köstlich, erfrischend, aufregend und unverwechselbar und in jeder öffentlichen Erfrischungshalle für fünf Cent per Glas zu erhalten. In Drogerien und Lebensmittelgeschäften wird es auch für 25 Cent pro Flasche verkauft. Die bisherigen Verkäufe sind bereits doppelt so hoch wie im letzten Jahr.«

Wie expandierend und erfolgreich Candlers Groß- und Einzelhandel auch immer gewesen sein mag, er erkannte noch größere Möglichkeiten in der Vermarktung von Coca-Cola und beschloß, seine ganze Energie darauf zu konzentrieren. 1889 verkaufte er insgesamt 2171 Gallonen; der schlechteste Verkauf lag im Januar mit nur 97, der höchste im Juni mit 333

Gallonen. Im nächsten Jahr, 1890, verzeichnete er bereits den traumhaften Anstieg auf 8855 Gallonen. Grund genug für Candler, Ende des Jahres aus dem allgemeinen Handel auszusteigen und sich ausschließlich mit dem rapide wachsenden Getränkemarkt zu beschäftigen. 1891 erreichten die Verkäufe bereits mit 19 831 Gallonen eine neue Rekordmarke. Die Zeit war gekommen, sich um die Zulassung als Aktiengesellschaft zu bemühen. Die Anwaltsfirma Candler und Lee stellte am 29. Dezember 1891 einen entsprechenden Antrag beim Obersten Gerichtshof in Vulton County. Das Gesuch wurde geprüft und am 29. Januar 1892 zugelassen. Die Unterzeichner der Petition waren Asa G. Candler, F. N. Robinson und John S. Candler aus dem Staate Georgia, J. N. Barry aus dem Staate Virginia und F. W. Prescott aus dem Staate Massachusetts.

Die Laufzeit des Gesellschaftsvertrages war auf zwanzig Jahre festgelegt mit der Option, die Frist nach Ablauf zu verlängern. Der Geschäftszweck der Aktiengesellschaft, erstmals »The Coca-Cola Company« genannt, war Herstellung und Verkauf des geschützten Getränks Coca-Cola. Alle Rechte und Privilegien für die Durchführung dieses Geschäftes, das Kaufen, Mieten, Verleihen, Verkaufen etc., unabdingbare Notwendigkeiten für ein erfolgreiches Arbeiten der Company, wurden der Gesellschaft in diesem Papier garantiert. Das Grundkapital der neuen Gesellschaft betrug 100 000 Dollar, aufgeteilt in 1000 Anteile mit einem Wert von 100 Dollar pro Aktie.

Asa Candler übertrug alle seine ihm persönlich gehörenden Rechte an Lager, Schutzmarke und andere wichtige Rechte am Coca-Cola Geschäft auf die neue Gesellschaft und stellte dafür 50 000 Dollar in Rechnung, die ihm die Company mit 500 Anteilen bezahlte.

In der ersten offiziellen Sitzung der Aktionäre, die am 22. Februar 1892 in Atlanta stattfand, verabschiedete man die Satzung und benannte folgende Personen als Aufsichtsratsmitglieder: Asa G. Candler, John S. Candler, F. N. Robinson, F. W. Prescott und J. M. Barry. In geheimer Wahl wurde Asa G. Candler zum Präsidenten gewählt, John S. Candler wurde Vizepräsident und F. N. Robinson Sekretär und Schatzmeister.

Die neugegründete Coca-Cola Company fand neue Räumlichkeiten in der Decatur Street 42 1/2 in Atlanta.

»Eine Beschreibung der Produktionsmethoden in der Decatur Street fasziniert mich immer wieder, wenn ich daran denke, wie primitiv und uneffektiv, verglichen mit den heutigen Methoden, damals gearbeitet wurde«, erzählt Charles Howard Candler, der Sohn von Asa G. Candler, in seinen Erinnerungen. »An der einen Seitenwand stand auf dem Holzboden ein quadratischer Ziegelstein-Schmelzofen mit einem gemauerten Überbau, der bis an die Decke reichte. Ein ganz normaler, vierzig Gallonen fassender Kupferkessel, das Kernstück der Anlage, konnte von einer darüberliegenden Plattform aus versorgt werden. Zuckerfässer wurden auf diese Plattform gerollt und in den Kessel gekippt, der die erforderliche Menge heißes Wasser enthielt. Mit Hilfe einer großen hölzernen Schöpfkelle, die von einem Mann per Hand bedient wurde, mußte das Auflösen des Zuckers im Wasser beschleunigt und der entstehende Sirup am Anbrennen gehindert werden. Manchmal, wenn dieser Arbeit nicht die nötige Aufmerksamkeit geschenkt wurde, kochte der Kessel über, und das Ergebnis war ein nicht zu kalkulierender Schaden an der Ware, die im Kleidergeschäft ein Stockwerk tiefer lagerte.

Der fertige Sirup wurde mit einem Fünf-Gallonen-Meßeimer aus dem Kessel in Fünfzig-Gallonen-Fässer abgefüllt. Die Fässer wurden erst geschlossen, wenn die anderen Ingredienzen, die unumgänglich waren zur Erzielung des Coca-Cola Geschmacks, zugesetzt worden waren. Entweder mein Vater oder Mr. Robinson übernahm pro Faß, nachdem es abgekühlt war, diese diffizile Arbeit. Jedes Coca-Cola Faß wurde gründlich geschüttelt und dann für den Vertrieb in Behälter von einem halben Liter bis hin zu zehn Gallonen Fassungsvermögen umgefüllt. Die Halbliterflaschen wurden von den Drugstorebesitzern für den Hausgebrauch an ihre Kunden verkauft. Die Ein-Gallone-Steingutkrüge und die Fäßchen mit fünf oder zehn Gallonen Fassungsvermögen wurden direkt an die Erfrischungsbars ausgeliefert, die Coca-Cola ausschenkten.«

In dieser Zeit, von 1891 bis 1893, waren kostenlose Bezugsscheine für einen Drink das beliebteste Werbemittel. Dazu Howard Candler: »Eine der besten und effektivsten Methoden, für Coca-Cola zu werben, war die Verteilung von Bonuskarten, bei deren Vorlage der Kunde ein Glas Coca-Cola umsonst erhielt. Die Tickets waren entweder auf einzelne Ausschankstellen ausgestellt oder konnten überall da, wo Coca-Cola verkauft wurde, eingelöst werden. Diese Methode hatte doppelte Wirkung. Auf der einen Seite war es ein Anreiz für den Händler, daß er von der Coca-Cola Company hundert Freitickets erhielt. Auf der anderen Seite wurden neue Konsumenten kostenlos an das Getränk herangeführt. Unsere Vertreter erhielten in der Regel von dem Einzelhändler eine Liste mit hundert Adressen seiner normalen Stammkundschaft, der wir per Post ein Freiticket zuschickten. Es

Kalender von 1891: Coca-Cola gegen Kopfschmerzen und Müdigkeit

Kalender 1898: Coca-Cola, köstlich und erfrischend

war Teil meiner Aufgabe, diese Kundenlisten zu empfangen, mit einer kleinen Druckmaschine den Namen des Händlers auf die einheitlich aussehenden Tickets zu drucken und den Versand zu organisieren. Junge Frauen mit guter Handschrift adressierten die Umschläge mit den Namen aus der Kundenliste. Das mit dem Namen des jeweiligen Händlers bedruckte Tikket ging zusammen mit einem Rundschreiben und einem Werbegeschenk an den entsprechenden Adressaten. Während der Saison schickte uns der Händler die eingelösten Tickets zurück und erhielt dafür eine Gutschrift von fünf Cent pro Ticket.«

Die Räumlichkeiten in der Decatur Street wurden bald zu klein, und die Company mußte 1893 erneut umziehen. Neues Hauptquartier wurde das Gebäude Ivy Street 77, gegenüber der Wesley Memorial Church.

Howard Candler beschrieb das Gebäude und die Einrichtung wie folgt: »Der 1. Stock des Hauses beherbergte die Büros. Das Erdgeschoß, das ungefähr 1,50 Meter über dem Erdboden lag, beherbergte das Lager für den Zucker und die anderen Grundmaterialien sowie das Versandlager. Im Keller war ein großer rechteckiger Holztank mit einer Kapazität von 1500 Gallonen auf einem etwa neunzig Zentimeter hohen hölzernen Gerüst aufgebaut. Ein neuer, hundert Gallonen fassender Kupferkessel stand in einem ähnlichen Heizkessel, wie wir ihn in der Decatur Street verwendet hatten. Obwohl der Schmelzofen sich im Keller befand, lag der Kessel in Straßenhöhe. Der gesamte benötigte Zucker wurde von den Lieferwagen auf einen langen, flachen, von zwei Maultieren gezogenen Karren geschüttet und ins Erdgeschoß transportiert. Von hier aus wurde er direkt in den Kessel geschüttet. Das Auflösen des Zuckers mußte weiterhin mit einem großen hölzernen Löffel unterstützt werden. Der Farbige, dessen Aufgabe es war, ausreichend Hitze unter dem Kessel zu halten, war sehr nachlässig oder wurde immer wieder zu anderen Arbeiten herangezogen, was unseren Chefkoch Sam Willard manchmal zur Verzweiflung brachte. Im Gegensatz zu früher wurde der Sirup nicht aus dem Kessel geschöpft, sondern durch einen Gummischlauch in eine Rohrleitung geführt, über die der Sirup in den großen Holztank darunter lief. Ein starker Strahl kaltes Wasser wurde in den Kessel gespritzt, um zu verhindern, daß der übrigbleibende Rest des Sirups im Kessel verbrannte, wenn der Holztank gefüllt war. 1200 Gallonen betrug dessen Fassungsvermögen. Nach dem Abkühlen, was abhängig von der Jahreszeit und der damit herrschenden Temperatur ein bis zwei Tage dauerte, wurden die anderen Ingredienzen über denselben Weg, wie oben beschrieben, dem Tank zugeführt. Die Menge wurde mit einem geeichten Holzstab abgemessen. Wenn die Zutaten beigegeben waren, kletterte Sam Willard an einer Seite des großen Tanks auf eine Stehleiter und beorderte einen Farbigen oder mich an das andere Ende, und mit großen hölzernen Paddeln wurde nun der Sirup hin und her bewegt. Um die größtmögliche Garantie zu haben, daß die Mixtur den gewünschten Qualitätsstandard erreichte, verschlang diese schweißtreibende Arbeit mehr als eine Stunde. Der Sirup war nun fertig zum Abfüllen für den Transport. Diese großen gemixten Mengen garantierten einen einheitlichen Qualitätsstandard.

Sam Willard und ein oder zwei Farbige erledigten die ganze Arbeit, vom Empfang der Zuckerladungen über die Herstellung und das Mixen bis hin zum Abfüllen. Ab und zu wurde er von George Reed und mir unterstützt, obwohl wir eigentlich für leichtere Arbeiten, wie das Zusammenstellen von Werbematerial, Gläsern etc., eingestellt worden waren. Doch so genau nahm das keiner von uns. Wir waren uns auch nicht zu fein, Zucker umzustapeln, leere Zuckerfässer auf Wagen zu verladen, Coca-Cola Fässer und kleine Krüge rot anzumalen — ›Samuel H. French and Company‹ in Philadelphia hatte dafür eine eigene Farbe entwickelt — sowie hin und wieder ganze Ladungen zur Frachtagentur zu karren. All dies gehörte ebenso zu unseren Aufgaben.

Gebrauchte Whiskyfässer wurden von einer Fremdfirma gesammelt, an uns verkauft, dann in heißem Wasser gewaschen und für den Transport von Coca-Cola verwendet. Es war gar nicht so einfach, geeignete Fässer aufzutreiben. Wir konnten Ginfässer nicht benutzen, weil sie mit Paraffin behandelt waren. Andere Alkoholfässer konnten wir nicht verwenden, weil sie geleimt waren. So waren wir darauf angewiesen, neue, saubere, weiße Eichenfässer zu kaufen. In der Anfangsphase war das kein Problem. Doch später, als die Nachfrage nach Coca-Cola stieg, konnten wir nicht genug Fässer auftreiben. Glücklicherweise wurden bald Methoden gefunden, um Leim, Paraffin und andere geschmacksbeeinträchtigende Stoffe zu entfernen, so daß auch diese Fässer von uns benutzt werden konnten.«

1882 endete die Phase, in der Coca-Cola lediglich in und um Atlanta verkauft werden konnte. Ausschlaggebend für die permanente Expansion der Firma war ein Vertrag, der in diesem Jahr mit der Firma »Seth Fowle and Sons« in Boston geschlossen wurde und die Verkaufsrechte für sechs Neuenglandstaaten auf zwanzig Jahre garantierte. Der Vertrag lief 1912 aus und wurde nicht erneuert.

Seth Fowle and Sons hatten fünfzig Aktien aus dem Stammkapital erworben und waren einer der fünf Stammaktionäre. Noch im selben Jahr erwarb die Firma über die sechs Neuenglandstaaten hinaus die Verkaufsrechte für Coca-Cola in New Brunswick, Nova Scotia, Prince Edward Island und Neufundland.

In diesem Vertrag wurde Fowle ein Preis von neunzig Cent per Gallone Coca-Cola von Atlanta garantiert, ebenso die Belieferung mit den diversen Werbemitteln. Diese Firma war sehr aktiv in der Promotion von Coca-Cola in ihrem Einzugsgebiet. Im Januar 1886 begann Fowle mit der Herausgabe einer vierseitigen Zeitung mit dem Titel »The Coca-Cola news«. Im 1. Jahrgang der »Coca-Cola news«, Ausgabe 4, vom 15. Mai 1886, erschien folgende Anzeige:

Unsere Preise für Coca-Cola originalverpackt sind:

Halbes Faß, ungefähr 25 Gallonen, 1,60 Dollar per Gallone

Kleines Fäßchen, 10 Gallonen, 1,70 Dollar per Gallone

Kleines Fäßchen, 5 Gallonen, 1,75 Dollar per Gallone

zahlbar in 30 Tagen, 2 % Skonto bei Zahlung innerhalb von 10 Tagen

Wir verlangen keine Gebühren für Fässer oder kleine Fäßchen.

Alle Händler-Drugstores in Neuengland können zu diesen Preisen bestellen. Bei kleineren Mengen kostet die Gallone 1,85 Dollar, mit einer Extragebühr für Steinkrüge.

Wir verkaufen eine Probepackung von 2 Gallonen, Krüge eingeschlossen, für 4 Dollar.

Seth W. Fowle & Sons, 81 High Street, Boston

Vor diesem Vertrag mit Fowle waren Teile des Landes mit Gebietsschutz verschiedenen Konzessionären vertraglich zugesichert worden. Auf der Vorstandssitzung vom 12. Dezember 1892 wurde einstimmig beschlossen, all diese Verträge, mit Ausnahme der Neuenglandstaaten, so schnell wie möglich zu kündigen. Die Company befürchtete, daß mit diesen Verträgen kein einheitliches Erscheinungsbild nach außen darstellbar sei und solche Verträge weder für das Management der Company noch für den Vertragspartner von Vorteil seien.

Der erste Jahresbericht des Präsidenten der Coca-Cola Company wurde am 7. Dezember 1892 veröffentlicht. Das Vermögen der Firma wurde auf 74 898,12 Dollar festgelegt.

1893 gab es einen Wechsel im Aufsichtsrat, als S. A. Fowle einstimmig gewählt und aufgenommen wurde. Während der Aufsichtsratssitzung vom 6. Dezember 1893 wurde die erste Dividende für die Aktieninhaber auf zwanzig Dollar pro Anteil festgelegt, die an 534 Anteilseigner ausgezahlt wurden.

Am 19. Januar 1896 starb Frank W. Prescott, Mitglied des Aufsichtsrats seit dem 22. Februar 1892.

Der vierte Jahresbericht des Präsidenten an die Aktionäre der Coca-Cola Company setzte ein weiteres denkwürdiges Zeichen in der Geschichte der Firma. In seinem Report vom 4. Dezember 1895 stellt Präsident Candler fest: »Wir freuen uns, Ihnen mitteilen zu können, daß Coca-Cola nun in jedem Staat der Vereinigten Staaten von Amerika verkauft und getrunken wird!«

In nur neun Jahren hatte dieses neue Getränk das Land überflutet und in seinen Bann gezogen. Die Vision von Dr. Pemberton wurde durch das Engagement und die konsequente Marktstrategie eines Asa Candler Realität.

Wie alle erfolgreichen Markenartikel rief auch Coca-Cola Nachahmer und Kopisten auf den Plan.

1896 sah sich das Management der Coca-Cola Company zum Handeln gezwungen. Am 9. Dezember desselben Jahres wurde folgender Antrag in der Jahreshauptversammlung gestellt: »Der Präsident wird aufgefordert, einen Anwalt zu beauftragen, der die Möglichkeit prüft, einen Prozeß oder mehrere Prozesse gegen Verkaufsorganisationen anzustreben, die Coca-Cola oder Nachahmungen davon verkaufen. Von der anwaltlichen Prüfung wird es abhängen, welche Strategie die Firma zu verfolgen hat.«

Von 1887 bis zum 1. Januar 1940 wurden insgesamt 698 Prozesse gegen Firmen und Einzelpersonen geführt, die glaubten, mit unfairen Methoden am wirtschaftlichen Erfolg von Coca-Cola partizipieren zu können.

Vom 1. März 1896 bis zum 15. Oktober desselben Jahres wurden 15 Handelsvertreter angestellt, die in enger Absprache mit dem Hauptquartier der Firma die gesamten Vereinigten Staaten bereisten, um die Abverkäufe des Coca-Cola Sirups zu intensivieren.

Ende 1896 gab Präsident Asa Candler folgende Einschätzung der Firmenposition:

»Mit Zufriedenheit können wir feststellen, daß es keinen Konzern im ganzen Land gibt, dessen Geschäfte besser laufen als unsere. Wir waren stets darauf aus, die Qualität unseres Produkts zu verbessern. Kein vergleichbarer Artikel hat sich je so permanent und standhaft durch seine Qualität auf dem freien Markt durchgesetzt. Skrupellose Piraten, oft in sehr namhaften Marktpositionen, mußten feststellen, daß es auf Dauer nicht profitabel ist, unser Produkt durch Imitationen zu ersetzen, anstatt in der Öffentlichkeit durch Ehrlichkeit den eigenen Profit und das Vergnügen zu mehren, was immer der Preis für ein faires Handeln

Aktrice Hilda Clark wirbt 1901 für Coke.

Werbung auf einer Hauswand in Chicago (1900)

Werbung auf einem Lieferwagen (1907)

Magazin-Anzeige aus dem Jahr 1906: Coke, der nationale Erfrischungstrunk

und einen ehrenwerten Wettbewerb ist.«
Die bemerkenswerteste Promotion in der Handelspolitik der Coca-Cola Company während der neunziger Jahre vor der Jahrhundertwende war das Prämiensystem für den Einzelhandel. Hier Auszüge einer Auflistung der Kosten für Händlerprämien vom 1. Januar bis 1. Dezember 1896:

Gelieferte Prämien	*Kosten*
58 Zwei-Gallonen-Behälter	391,50 Dollar
17 Barometer	170,00 Dollar
13 Thermometer	114,40 Dollar

Dazu kamen Untersetzer, Flaschenöffner, Uhren, Flaschenträger etc. für insgesamt 2469,82 Dollar.
Ein weiterer Schritt von großer Bedeutung wurde, wie sich später zeigen sollte, 1894 gemacht, als Joseph A. Biedenharn aus Vicksburg/Mississippi ins Flaschenabfüllgeschäft einstieg.
In einem Interview erzählte Biedenharn die Geschichte so: »Ich glaube, es war im Sommer 1894, da füllten wir die ersten Coca-Cola Flaschen in der Washington Street 218—220 in Vicksburg/Mississippi ab. Ich bin von Asa G. Candler auf die Idee gebracht worden, als er mich auf einer seiner Geschäftsreisen in Vicksburg besuchte. Er schlug vor, daß unsere Firma Coca-Cola Sirup abfüllen, lagern und an die Einzelhändler in und um Vicksburg verkaufen sollte. Die Vereinbarung zwischen uns beiden besagte, daß wir nicht weniger als 2000 Gallonen Coca-Cola Sirup während der nächsten zwölf Monate kaufen mußten und dafür einen Rabatt von 25 Cent pro Gallone erhielten. Wir betrieben zu dieser Zeit einen Groß- und Einzelhandel und lieferten Coca-Cola über unser Sodawasser-Geschäft aus, so daß diese Vereinbarung voll auf der Linie unseres laufenden Geschäfts lag.
Die Nachfrage der Verbraucher stieg rapide an, und da Coca-Cola nur in Städten zu bekommen war, wo es von Sodawasser-Erfrischungsbars ausgeliefert werden konnte, kam mir eines Tages der Gedanke: Warum nicht das fertige Getränk in Flaschen abfüllen für den Handel außerhalb der Städte? Wir waren ja bereits im Abfüllgeschäft für Sodawasser, so daß es einfach war, diese Idee zu realisieren. Die erste Kiste mit Coca-Cola in Flaschen sandten wir direkt an Asa G. Candler, und er schrieb uns zurück, daß ihm die Idee gefalle. Die damaligen Preise lagen bei 70 Cent pro Kiste Coca-Cola und 60 Cent pro Kiste Sodawasser in Flaschen.«
Diese frühe Vereinbarung zwischen Biedenharn und Candler bestand lediglich mündlich, erwies sich aber für dieses Geschäft als der absolute Durchbruch, der die traumhafte Entwicklung bis heute überhaupt erst möglich machte. In den folgenden Jahren wurden an allen Ecken und Enden der Vereinigten Staaten Zweigniederlassungen des Stammhauses eröffnet, in denen der Sirup produziert wurde.
Der Jahresbericht von 1897 stellte im Gegensatz zu dem von 1895 — in dem behauptet wurde, Coca-Cola werde bereits in jedem Bundesstaat verkauft — fest: »Coca-Cola wird, bis auf wenige Ausnahmen, in jedem Staat und in nahezu allen Städten der Vereinigten Staaten sowie in einigen Städten in Kanada und auf Hawaii verkauft. Die Vorbereitungen für die Einführung von Coca-Cola in Mexiko sind fast abgeschlossen.«
Der Jahresbericht für 1899, datiert vom 11. Januar 1900, beschrieb die neuesten Entwicklungen im Auslandsgeschäft wie folgt: »Im Mai haben wir einen Mann für Kuba und Puerto Rico mit Sitz in Havanna eingestellt. Durch sein Engagement und intensive Werbung konnten wir im ersten Jahr bereits mehr als 1000 Gallonen verkaufen. Im ersten Jahr konnten aufgrund der teuren Exportaufbau-Investitionen und der massiven Werbung noch keine Profite aus diesem Markt gewonnen werden.«
Die massive Werbung ist wohl das größte Geheimnis für den geschäftlichen Erfolg von Coca-Cola. Einen ihrer unstrittigen Höhepunkte erlebte die Werbung in der Zeit von 1890 bis 1900. Es gibt leider keine Zahlen darüber, wieviel in den Jahren 1890 und 1891 für die Werbung ausgegeben wurde. Die Aufzeichnungen beginnen im Jahre 1892. Der Werbeetat betrug 11 401,78 Dollar und stieg in den nächsten acht Jahren auf 84 508,97 Dollar (1900). Der erste Coca-Cola Kalender wurde 1892 eingeführt. Aber erst mit der Auflage von 1898 — bis dahin fanden die Kalender nicht die nötige Aufmerksamkeit — wurde der jährliche Coca-Cola Kalender zum begehrten Sammelobjekt. Einige herausragende Innovationen im Bereich der Coca-Cola Werbung markierten folgende Jahre: 1893: emaillierte Metallschilder, die unempfindlich gegen Witterungseinflüsse waren und dauerhaft angeschraubt werden konnten. 1894: James Coudem, Verkäufer und Schildermaler, machte die erste Bemalung einer ganzen Hauswand. 45 Meilen nördlich von Atlanta, in Cartersville, malte er den Originalschriftzug von Coca-Cola an die Hauswand des Drugstores von Jaung & Mais. 1896: Das erste Serviertablett aus Metall kam in den Handel und wurde über eine Reihe von Jahren zu einer der erfolgreichsten Werbehilfen; sie erfreuen sich heutzutage unter Sammlern ganz besonderer Beliebtheit.
1898 erging folgende Einladung zur Eröffnung des neuen Firmengebäudes: »Wir bitten Sie um die Ehre Ihrer Anwesenheit bei der Eröffnung unseres neuen Verwaltungs- und Fabrikationsgebäudes in der Junction College Street am 13. Dezember 1898, von 15.00 bis 17.00 Uhr.« Unterschrieben Asa G. Candler, Präsident, und F. M. Robinson, Vorstandsvorsitzender.
In seinem jährlichen Report an die Aktionäre, im Februar 1899, erklärte Candler nicht ohne Stolz, die neue und beeindruckende Firma werde alle Wünsche befriedigen, »für alle Ewigkeit«. Doch auch Mr. Cand-

ler war, bei all seiner Weitsicht, kein unfehlbarer Prophet. Er konnte sich in diesem glücklichen Moment einfach nicht vorstellen, daß dieses neue großzügige Gebäude bereits elf Jahre später aus allen Nähten platzen würde. Die Produktionsanlagen im neuen Domizil der Company waren das Modernste, was es zur damaligen Zeit gab. Charles Howard Candler beschrieb die neue Produktion folgendermaßen:
»Wir hatten einen Dampfkessel, eine Dampfmaschine und einen dampfbeheizten Kupferkessel. Der Kessel war über Rohrleitungen mit einem Kühltank verbunden, der im Keller stand. Der wiederum war über ein Leitungssystem mit dem Mixtank verbunden, der im Zentrum des Kellers untergebracht war. Die Schaufeln dieser Mixanlage wurden nun nicht mehr von Hand, sondern mit Hilfe der Dampfmaschine angetrieben. Die Tanks waren quadratisch, aus Zypressenholz gebaut, das innen mit Kupferblech ausgeschlagen war. Die Mixtanks waren rund und ebenfalls aus Zypressenholz.
Der neue hydraulische Lastenaufzug war wohl die modernste Anlage im ganzen Süden. Der Haupteingang lag genau gegenüber der Gebäudeeinfahrt, in gleicher Höhe mit der Straße. Alle eingehenden und ausgehenden Güter wurden über dem Lastenaufzug auf die verschiedenen Stockwerke verteilt. Der Zukker wurde im Erdgeschoß gelagert, mußte aber mit dem Fahrstuhl zu der Plattform über den Kessel transportiert werden. Coca-Cola wurde im Keller für den Versand fertiggemacht, mit dem Aufzug ins Erdgeschoß gebracht, dann beschriftet und auf die Fahrzeuge verladen. Das gesamte Werbematerial wurde im 2. Stock gelagert und versandfertig gemacht. In der ersten Zeit hatten wir in der neuen Fabrik im Erdgeschoß ein sogenanntes Laboratorium eingerichtet. Dies war ein sonst nicht nutzbarer Winkel, abgeschlossen mit einer feuersicheren eisernen Safetür mit einem Kombinationsschloß. Der dahinter liegende Raum war dreieckig, mit Regalen entlang der Wand, in welchen unsere Vorräte an Essenzen für die Zusammensetzung unserer Geschmacksingredienzen lagerten. Zwei große galvanisierte Perkolatoren standen auf einer Plattform etwa neunzig Zentimeter über dem Boden an der gegenüberliegenden Seite des Raumes, unmittelbar unter einem hohen Fenster, das, neben der Eisentür, die einzige Öffnung in diesem Raum war. Diese Perkolatoren wurden gebraucht für das Filtern des flüssigen Extrakts aus Kokablättern und der Kolanuß. Haarsträubende Geschichten ranken sich um die Geheimnisse, die dieser Raum sonst noch beinhalten sollte.« Eine Mutmaßung, die nie zum Verstummen kam, selbst heute nicht, wo man hinter tonnenschweren Safetüren die geheimnisumwitterte Cola-Formel vermutet. Obwohl längst feststehen sollte, daß die Rezeptur allein nicht der Schlüssel für diesen sensationellen Erfolg ist.
Ein Ereignis von immenser Bedeutung für die Coca-Cola Industrie ereignete sich 1899. Ein Ereignis mit weitreichenden Konsequenzen für The Coca-Cola Company und zwei Anwälte aus Chattanooga/Tennessee. Dieses Jahr markiert den endgültigen Stapellauf für Coca-Cola in Flaschen.
J. B. Whitehead und B. S. Thomas waren begeisterte Angler und Baseballfans. Darüber hinaus hatten sie eine Vorliebe für Coca-Cola, und es ärgerte sie, daß ihr Lieblingsgetränk nur da erhältlich war, wo Erfrischungsgetränke ausgeschenkt wurden. Nach einigen Diskussionen kamen die zwei Gentlemen auf die Idee, daß man Coca-Cola in Flaschen einfach überall kaufen können müßte. Der nächste Schritt war, Asa G. Candler von dieser Idee zu überzeugen. Das war nicht einfach. Mehrere Konferenzen waren nötig. Candler hielt nichts von der Idee und versuchte, die beiden Anwälte aus Chattanooga davon abzubringen. Doch schließlich ließ er sich breitschlagen, warnte sie aber: »Wenn dieser Plan schiefgeht, kommen Sie ja nicht auf Knien zurück und bitten, aus dem Vertrag herauszukommen.«
Am 21. Juli 1899 wurde zwischen Whitehead, Thomas und The Coca-Cola Company ein Kontrakt geschlossen, der den Anwälten die Exklusivrechte garantierte, Coca-Cola in den Vereinigten Staaten, mit Ausnahme der sechs Neuenglandstaaten und den Staaten Mississippi und Texas, in Flaschen abzufüllen. In den Neuenglandstaaten vertrieb ja bereits die Firma Seth W. Fowle & Sons aus Boston Coke in Flaschen. Der Staat Mississippi wurde von Joseph A. Biedenharn beliefert, der dieses Geschäft auch bald im Staate Texas übernehmen wollte.
Auch wenn im Jahre 1899 noch Zweifel existierten, ob die beiden Männer aus Chattanooga wirklich eine so gute und erfolgreiche Idee geboren hatten, diese Zweifel waren innerhalb kürzester Zeit ausgeräumt. Das Abfüllen von Coca-Cola in Flaschen wurde zu einem der profitabelsten Geschäfte in der gesamten Lebensmittelindustrie. Über das ganze Land verteilt schossen Abfüllanlagen aus dem Boden, die der Werbeidee, die »Pause that refreshes« bis auf Armeslänge an jedermann heranzubringen, zu enormer Popularität verhalfen.
Das 19. Jahrhundert ging für die Coca-Cola Company sehr erfolgreich zu Ende. Die Verkäufe im Jahr 1899 erreichten 300 000 Dollar, während das Gesamtvermögen der Company auf 259 612,39 Dollar anstieg.
In seinem Jahresreport vom 11. Januar 1900 stellte Präsident Candler fest: »Ein weiteres erfolgreiches Geschäftjahr ist gerade abgeschlossen. Sechs Tage in jeder der 52 Wochen konnten wir sagen, jedes einzelne Zahnrad in unserem Betrieb trug zu einem gewinnbringenden Resultat bei.«

Kalenderblatt 1901: Frauen wurden in der Coke-Werbung schon sehr früh als Zielgruppe angesprochen.

1900

1905

1917

1917

Das Rezept für »The Real Taste«

Die Geheimniskrämerei um die Zusammensetzung des dickflüssigen Coca-Cola Sirups wurde von der Company geschickt kultiviert. Phantasieanregende Fabelgeschichten rankten sich um die Geheimformel hinter meterdicken Panzerschranktüren, die verriet, welche Zutaten in welchem Mischungsverhältnis nötig waren, um diesen »unvergleichlichen« Geschmack herzustellen. Nur jeweils zwei lebende Chemiker würden die Formel kennen, erzählte man sich, und deshalb sei es ihnen verboten, in ein und demselben Flugzeug zu fliegen. Würde das Unfaßbare, daß beide zugleich das Zeitliche segneten, dennoch passieren, bedürfe es eines einstimmigen Aufsichtsratsbeschlusses, den Supersicherheitssafe zu öffnen, in dem die handgeschriebene Rezeptur von John S. Pemberton verwahrt werde, um sich erneut kundig zu machen. Die Pflege dieses modernen Industriemärchens gehörte als fester Bestandteil der Imagepflege zur Werbestrategie der Company. Denn schließlich war Coca-Cola mehr als nur ein alkoholfreies Erfrischungsgetränk. Es war, zumindest bis vor gar nicht allzu langer Zeit, das amerikanischste aller amerikanischen Produkte, »The Real Thing« eben, das einzig Wahre. Und die Einweihung in die Geheimnisse dieses Erfolgsgesöffs läßt sich anhand der Schilderungen jener, die ins Vertrauen gezogen wurden, mit Schlüsselerlebnissen antiker Helden vergleichen, die der Wahrheit oder dem Sinn des Lebens auf die Spur kamen mit Hilfe des Steins der Weisen. So ketzerisch das klingen mag, Vergleiche mit den Weiheritualen der edlen Rittersleut bieten sich an, wenn man liest, wie bewegt und ehrfürchtig das Wissen über das Cola-Konzentrat weitergegeben wurde.
Charles Howard Candler erinnert sich in seiner Biographie an den Tag, an dem er sich entschloß, das angefangene Medizinstudium im Interesse einer Karriere mit und bei Coca-Cola aufzugeben. Zu einem ganz besonders erinnerungswürdigen Moment geriet die Einweihung in die Geheimformel der Coca-Cola Mixtur. »Ich wurde in die Geheimnisse des Produkts, welche nur mündlich an einige wenige Mitarbeiter weitergegeben wurden, eingeweiht. Die Zahl der Personen, die diese Details kannten, konnte man bis dahin an den Fingern einer Hand abzählen.« Diese Zeilen schrieb Candler im Jahre 1950, also durchaus mit dem gebotenen zeitlichen Abstand zu dem Ereignis.
»Es war einer der stolzesten Momente in meinem Leben, als mein Vater auf mich zukam und mich in die Mysterien dieser geheimnisumwitterten Formel einweihte. Dieser Moment glich einer Einführung in die Geheimnisse des Geists des Geistes. Es gab, und dies war eine noch auf Dr. Pemberton zurückgehende Anweisung, kein schriftliches Memorandum über die Formel. Behälter mit den Ingredienzen, von denen die Etiketten entfernt waren, wurden lediglich durch Aussehen und Geruch identifiziert. Eine weitere Hilfe war das Erinnerungsvermögen, an welchem Platz die von den Händlern gelieferten Materialien gelagert wurden. Um sicher zu sein, stand mein Vater mehrere Male neben mir, während ich aus den verschiedenen Ingredienzen die entsprechende Mischung zusammenstellte. Bis dahin klärte mich mein Vater über die wichtigsten Details der verschiedenen Zusätze und Öle auf, machte mich sattelfest in der Abmessung der jeweiligen Mengen und zeigte mir, wie man die verschiedenen Stoffe am wirkungsvollsten miteinander mischte. Mit der Zeit lernte ich sehr zuverlässig, jede beliebige Menge des als ›merchandise 7 x‹ bezeichneten Zusatzes herzustellen.«
Das sorgsam über Jahrzehnte aufgebaute Geheimformel-Kartenhaus fiel spätestens mit den neuen Technologien in der chemischen Analyse in sich zusammen. Ein »Geheimnis« blieb lediglich die Quantität der einzelnen Zusätze; die Mixtur in der »schönärschigen« Flasche mußte in Deutschland beispielsweise auf jeder Coke-Bottle oder -Büchse ausgewiesen werden: Wasser, Zucker, Kohlensäure, Farbstoff E 150, Säuremittel E 338, Koffein und natürliche Aromastoffe.

Geschäftsschädigend wirkte sich diese Transparenz nicht aus, denn ohne die Milliarden von Dollars, die nötig waren, Coca-Cola so populär zu machen, war die führende Position auf dem Soft-Drink-Markt nicht zu erschüttern. Oder andersherum, mit dem Knacken der so sorgsam gehüteten Formel war nichts gewonnen. Denn abgesehen von der bekannten, weiterhin unerschütterlichen Streitbarkeit der Company, sobald ihre Rechte auch nur tangiert werden, konnte sich mit einem »Raubmixgetränk« niemand vielversprechende Erfolgsaussichten errechnen. Die Werbeinvestitionen trugen Früchte, Coke war »The Real Thing«, das einzig Wahre, oder wie es in den Achtzigern heißt: »Coke is it!« Und dann geschah das Unglaubliche!
». . . Rundfunksender im ganzen Land unterbrachen ihr Musikprogramm, Fernsehgesellschaften änderten ihre Nachrichtensendungen«, schrieb der »Spiegel«. »Es ist gerade so«, meinte ein Radiomoderator in New York, »als bekämen die Vereinigten Staaten eine andere Verfassung. . . «
In einer fünfzeiligen Kurzmeldung hatte The Coca-Cola Company in Atlanta 1984 mitgeteilt, der Soft Drink werde nach einem neuen Rezept hergestellt. Der verfeinerte Geschmack solle den Wünschen der Verbraucher angepaßt werden. Aus dem Zusatz »merchandise 7 x« wurde »7 x 100« — ein etwas süßerer Geschmack ist das Ergebnis.
Erzrivale Pepsi feierte die Nachricht wie einen Sieg im schon verloren geglaubten Krieg der Flaschen.

Die Geheimformel und Kokain

Die große Geheimniskrämerei um die Zusammensetzung der Essenzen und Geschmacksstoffe dieses neuen Erfrischungsgetränks leisteten dem nicht enden wollenden Vorwurf Vorschub, Coca-Cola enthielte Kokain. Diese Behauptung machte der Company und ihrem süßen, reinen, verbraucherfreundlichen und erfrischenden Image riesige Probleme.
1899 berichtete »The Coca-Cola Bottler« in seiner Novemberausgabe über fanatische Reformer, einschließlich eines gewissen Thomas Watson, der in seinem Magazin »The Jeffersonian« Coca-Cola »dope« nannte, und daß diese Unterstellung zwar unbewiesen, aber immer öfter zu hören sei. Der Begriff Dope wurde in den zwanziger und dreißiger Jahren zum Spitznamen für das amerikanische Erfrischungsgetränk, gegen den sich die Company vergeblich zur Wehr setzte.
Nazis verfolgten das in Amerika hergestellte Getränk mit übler Nachrede, in dem sie öffentlich behaupteten, Coca-Cola enthalte Kokain und die deutschen Flaschenabfüller vergifteten damit das Volk.
Die Frage, ob Coca-Cola tatsächlich Kokain enthält oder nicht, wird mitunter heute noch hier und da aufgeworfen. Die Drogenszene unserer modernen Leistungsgesellschaft hat das Interesse an einer Antwort auf diese Frage sicherlich geschürt. Heute, daran läßt die Company nun wirklich keinen Zweifel, ist Coca-Cola über jeden Zweifel erhaben und »clean«. Doch

Chronologie der Coca-Cola Flaschen von 1894 über die 1915 eingeführte »sexy bottle« bis hin zur Einwegflasche aus Plastik (1975)

Blechtablett um die Jahrhundertwende

Werbeaufsteller aus Karton

Tarzan Johnny Weismüller und seine Jane Maureen O'Sullivan

in der Vergangenheit, und diese Information stützt sich auf ein von Asa G. Candler veröffentlichtes Pamphlet mit dem Titel »What is it? What it is.«, war dem nicht so. In der Broschüre gab der Herausgeber zu, daß Coca-Cola im Jahr 1901 in der Tat Spurenelemente von Kokain enthielt. Candler gab diese Schrift heraus mit dem Ziel, auf diese Weise den sensationslüsternen und unsachlichen Statements von Personen entgegenzuwirken, die wider besseres Wissen behaupteten, der permanente Konsum von Coca-Cola erzeuge Abhängigkeit wie bei einem Drogen-, in diesem Fall Kokainsüchtigen. Ein Chemiker namens Dr. H. R. Slack habe das Getränk über zehn Jahre permanent analysiert und herausgefunden, daß es lediglich einen kaum meßbaren Hauch der Droge enthalte, lautete die Kernaussage von Candlers Broschüre.
Angesichts dieser Tatsache kam der zitierte Chemiker zu dem Schluß: »Die Menge Kokain ist so klein, daß es einfach unmöglich ist, zu behaupten, durch das Trinken von Coca-Cola stelle man sich auf die gleiche Stufe mit einem Kokain-Schnupfer.«
Richter Oliver Wendell Holmes bescheinigte 1920 in einer öffentlichen Verhandlung über die Anerkennung von Coca-Cola als Schutzmarke, daß das Getränk wohl in der Vergangenheit einen sehr kleinen Anteil von Kokain enthalten habe, der jedoch nach dem Erlaß der Lebensmittel- und Drogengesetze, wenn nicht früher, vollständig aus dem Getränk eliminiert worden sei.
In einer Anzeige, am 16. Mai 1892 in der Tageszeitung »Constitution« in Atlanta veröffentlicht, wurde Mr. Candler zitiert: »Ich habe angeboten, mein Geschäft aufzugeben, wenn es gelingen sollte, den Nachweis zu erbringen, daß es einen einzigen Fall von Kokain-Abhängigkeit gibt, der auf den Konsum unseres Coca-Cola zurückzuführen ist. Wenn ich nur den Eindruck hätte, das Getränk könnte möglicherweise irgend jemanden verletzen, würde ich sofort die Herstellung von Coca-Cola einstellen, auch wenn ich mich damit wirtschaftlich ruinieren würde, da die Herstellung von Coca-Cola meine einzige Einnahmequelle ist.« Angesichts der Tatsache, daß Mr. Candler ein eifriger Kirchgänger sei, der es liebe — so urteilten Zeitgenossen —, Kirchenchoräle lauter als jeder andere zu singen, dürfe man das von ihm abgegebene Statement als wahrheitsgetreu betrachten, hieß es weiter in der Anzeige.
Davon unbeeindruckt setzte Candler kurz nach Erscheinen der vorgenannten Broschüre einen weiteren Chemiker auf das Getränk an, der 1905 seine Analysen mit der Erkenntnis abschloß, daß die von ihm untersuchten Getränkeproben keinerlei Spuren von Kokain mehr enthielten.

Plagiate und Prozesse

Nach der Jahrhundertwende, besonders kraß in der Zeit zwischen 1910 und 1920, wuchs die Zahl der Nachahmer, die sich an den Erfolgsdrink anhängen wollten, ins Uferlose. Allein 1916 wurden 153 Plagiate vor Gericht niedergekämpft. Bei den meist einfallslosen, ganz bewußt auf Verwechslung abzielenden Konkurrenten handelte es sich um Produkte wie: Koca-Nola, Fig Cola, Candy Cola, Cold Cola, Gay Ola, Coca oder nur Cola.
Die Namensliste aus den Goldenen Zwanzigern hat sämtliche Möglichkeiten ausgeschöpft, den eingeführten Firmennamen Coca-Cola zum Verwechseln ähnlich zu kopieren beziehungsweise zu verballhornen: Caro-Cola, Coca-Kola, Kora-Nola, Kola-Nola, KoKola, Co Kola, King-Kola, Coke ola, Kos-Kola, Toca-Cola, Sola Cola, Kel Kola, Kaw-Kola, Dope, Ko-Co-Lema.
Das Datum vom 6. Dezember 1920 ist ein Meilenstein in der Geschichte der Schutzmarke Coca-Cola. An diesem Tag entschied Richter Oliver Wendall Holmes des United States Supreme Court in einem der Fälle gegen einen Imitator der Marke Coca-Cola, in diesem Fall gegen die Koke Company of America, nicht nur, daß mit dem Spitznamen »Coke« einzig und allein Coca-Cola gemeint sein kann, sondern besiegelte ein für allemal das Recht der Company an der Schutzmarke Coca-Cola. Der Richter: »Damit ist ein einfaches Ding gemeint, das aus einfachen Zutaten hergestellt wird und in der Gesellschaft sehr gut bekannt ist.«
Mit dieser verknappten Umschreibung der Schutzmarke Coca-Cola fuhr der Richter fort: »Es wäre ganz einfach zuviel gesagt, wollte man behaupten, der Drink charakterisiere den Namen in demselben Maße wie der Name den Drink. Mit anderen Worten, Coca-Cola bedeutet für die meisten Personen eher ein überall erhältliches Getränk als die Zusammensetzung verschiedener Zutaten.«

Das 20. Jahrhundert

Im ersten Jahr des 20. Jahrhunderts stieg der Gesamtverkauf der Coca-Cola Company auf 468 411 Gallonen Sirup. Für die Werbung wurden über 100 000 Dollar ausgegeben. Nur vier Jahre später, im Jahre 1905, erreichten die Zahlen das Vierfache: 1 549 886 Gallonen Sirup, für deren Verkauf 436 844,25 Dollar aufgewendet wurden. Zehn Jahre später, 1915, verkaufte die Company 7 521 833 Gallonen und setzte für die Werbung 1 561 060,65 Dollar ein.

Harold Hirsch, Anwalt der Coca-Cola Company, machte sich stark dafür, eine einheitliche Coca-Cola Flasche zu entwickeln. Benjamin Thomas, einer der Anwälte, die das Riesengeschäft mit der Cola-Flaschenabfüllung an Land gezogen hatten, beschrieb die Idee folgendermaßen: »Das Problem bestand darin, eine einheitliche Verpackung zu finden, eine Flasche, die instinktiv von jedermann als die Flasche von Coca-Cola zu identifizieren sein mußte, selbst wenn er sie nur im dunkeln fühlen kann.«

Alexander Samuelson, Angestellter von »The C. J. Root Glass Company«, entwarf das Design für die uns allen bekannte Flasche mit dem »weiblichen Sexappeal«. 1915 ließ sich die Glasfabrik das Design patentieren. Ein Jahr später wurden alle Abfüllstationen (bereits 1919 gab es allein in den USA tausend) mit dem neuen »shape« der Einheitsflasche beliefert.

1916 erteilte das Patentamt der Vereinigten Staaten der berühmten Flasche die Anerkennung als Schutzmarke, eine Auszeichnung, die nur einigen wenigen Verpackungen überhaupt zuteil wurde.

Zu Weihnachten 1917, die Coca-Cola Company verkaufte in diesem Jahr 12 109 420 Gallonen Sirup und setzte über 1,6 Millionen Dollar für die Werbung ein, machte Asa G. Candler seiner Familie ein respektables Weihnachtsgeschenk. Er überschrieb ihr seine Aktienmajorität an der Coca-Cola Company.

Coca-Cola wurde seit 1906 in Kuba, Panama und Kanada in eigenen Abfüllfabriken hergestellt. 1912 nahm die »San Miguel Brewery« in Manila den Verkauf von Coca-Cola auf den Philippinen auf. Mit dem Eintritt der Vereinigten Staaten in den Krieg, im Jahr 1917, zählte Zucker als Grundnahrungsmittel zu den kriegswichtigen Gütern und wurde von der amerikanischen Regierung rationiert. Am Dienstag, den 27. November 1917 veröffentlichte die Coca-Cola Company eine ganzseitige Anzeige unter dem Titel: »Making a soldier of sugar«. Der Text war pathetisch: »So, wie wir Männer ins Ausland geschickt haben, um für Amerika zu kämpfen, so, wie wir Geld geschickt haben, so, wie wir Eisen und andere wichtige Güter in die Kampfgebiete verschifften oder rationierten Weizen und andere kriegswichtige Nahrungsmittel, so müssen wir aus dem Zucker einen Soldaten machen.

Nahrung ist für die Nation in Kriegzeiten genauso lebensnotwendig für das Überleben wie das Pulver für die Gewehre . . . Zucker ist nun aufgerufen, eine heroische Rolle zu spielen, um die Bevölkerung unserer Allierten zu unterstützen — deren Stärke auch die unsere ist.

Zucker in die amerikanische Flagge einzuwickeln, um es bildhaft auszusprechen, und mit in den Krieg zu nehmen ist ein Gebot der Loyalität. Jede Industrie, jeder Händler, jede Einzelperson wird dieser Aufforderung Folge leisten. Eine Anzahl von Industrien wird diese Entscheidung schwer treffen — und vor allem die Arbeiter, die ihren Lebensunterhalt dort verdienen müssen. Doch jeder amerikanische Zivilist befindet sich zusammen mit den Soldaten im Krieg. Amerikas Wirtschaft, groß oder klein, Amerikas Kapital aus der Wall Street, die entfernteste Bank auf dem flachen Land ist mit der Regierung auf Schritt und Tritt verbunden. Die Vereinigten Staaten, das bedeutet: wir! Jeder einzelne von uns befindet sich im Kampf gegen alles, was die Dinge bedroht, für die es sich zu kämpfen lohnt. . . « Abschließend bat die Company in der Anzeige um Verständnis für die Entscheidung, auch weiterhin an der gewohnten Qualität des Getränks festzuhalten. Aufgrund der eingeschränkten Zuckermengen sei es daher leider nicht möglich, daß jeder US-Bürger soviel Coca-Cola kaufen könne, wie er wolle. Im Kriegsjahr 1917 erreichte der Sirup-Abverkauf mit weit über zwölf Millionen Gallonen eine neuerliche Höchstmarke. Die Umsatzsteigerung betrug fast 25 Prozent im Vergleich zum Vorjahr. Ein Jahr später ging der Umsatz auf etwas über zehn Millionen Gallonen zurück. In der Nachkriegszeit schuf außerdem der um das Vierfache gestiegene Zuckerpreis erhebliche Probleme.

1919 endete die Ära der Familie Candler als Inhaber der Coca-Cola Company. Die Kinder verkauften die Firma für die damals unvorstellbare Summe von 25 Millionen Dollar. Das war die größte finanzielle Transaktion, die bis dato im Südosten der Vereinigten Staaten über die Bühne gegangen war.

Robert Woodruff

Erste Familienpackung (1923)

Lieferwagen aus dem Jahr 1920

Coca-Cola Konzentrat in Holzfässern (1930)

Coke-Sirup im Tonkrug (1940)

Flaschenautomat aus dem Jahr 1940

Die Ära Woodruff

Ein Konsortium, angeführt von dem Geschäftsmann Ernest Woodruff aus Atlanta — er war Präsident der »Trust Company of Georgia«, hinter ihm standen zwei New Yorker Banken, die »Chase National« und die »Guarant Trust Company« —, zahlte an die Candlers 15 Millionen Dollar in bar und stellte die restlichen 10 Millionen in Vorzugsaktien aus.
Die neuorganisierte Gesellschaft, in Delaware eingetragen, legte insgesamt 500 000 Aktien auf, die vorrangig durch die Trust Company Bank für 40 Dollar das Stück angeboten wurden. Der Wert dieser Aktien wurde 1981 mit 16 000 Dollar notiert.
Doch diese atemberaubende Wertzuwachsentwicklung erfolgte erst nach einer besorgniserregenden Einbruchsphase in den Jahren 1920 bis 1922. Die Abverkäufe von Coca-Cola sanken um rund 18 Prozent, und die Aktie fiel von 40 auf 18 Dollar. Der Aufsichtsrat drängte auf eine personelle Veränderung. Gegen die Stimme von Ernest Woodruff wurde dessen Sohn Robert 1923 zum Präsidenten gewählt. Ein langjähriger Mitarbeiter der Coca-Cola Company kommentierte diese Aufsichtsratsentscheidung damals folgendermaßen: »Candler hatte uns auf die Füße gestellt, aber Woodruff gab uns Flügel!«
Um die Bedeutung dieses Mannes zu verstehen, ist es unerläßlich, eine knappe Biographie einzufügen. Mit dem Eintritt von Robert Woodruff wurde der »all American dream« personifiziert. Das Erfolgsmärchen der Weltfirma Coca-Cola erhielt einen Helden, dessen Werdegang allein eine jener Bilderbuchkarrieren beschreibt, die zu beweisen scheinen, daß im Land der unbegrenzten Möglichkeiten menschlicher Wille, ein hohes Maß an Energie und Unbeirrbarkeit auf dem Weg nach oben konsequenterweise zum angestrebten Ziel führen müssen.
Robert Woodruff wurde 1889 geboten. Sein Vater Ernest war ein sehr wohlhabender Mann, dessen Vater mit einer Mühle Millionen verdient hatte. Schon in seinen jungen Jahren entwickelte Robert Winship Woodruff ein hohes Maß an Eigenständigkeit und konnte nichts schwerer ertragen, als von jedermann in erster Linie als der Sohn eines reichen Vaters abgestempelt zu werden. Sehr früh ließ er seinen ausgeprägten Geschäftssinn erkennen. Und die nachfolgende Geschichte gehört zu den vielen Legenden, die sich um den publicityscheuen »Koloß von Coca-Cola« ranken, wie das Atlanta-Magazin ihn einmal bezeichnete.
Der junge Woodruff mußte täglich zur Schule reiten. Sein Vater gab ihm pro Woche 50 Cent für die Unterbringung und Fütterung des Pferdes. Roberts Taschengeld war so minimal, daß er davon keine Rücklagen machen konnte. Er fand relativ schnell einen Weg, sein erstes eigenes Geld zu verdienen. Die Stallungen der Coca-Cola Company lagen sehr nahe bei der Schule, und der Stallmeister, ein alter Farbiger namens Jim Key, war schon seit langer Zeit sein Freund. Anstatt sein Pferd in einem öffentlichen, gebührenpflichtigen Stall unterzustellen, überließ der Junge Jim Key das Pferd; der kümmerte sich täglich darum und verlangte kein Geld dafür. Woodruffs Vater hatte davon keine Ahnung und zahlte treu und brav während des gesamten Schuljahres die Gebühren, was Robert Woodruff zu einem Vermögen von 35 Dollar verhalf.
Die Legende will es, daß die Freundschaft zu dem Farbigen nie zerbrach. 1923, als Woodruff als Präsident in die Coca-Cola Company einzog, stand sein alter Freund vor dem Aufzug und erwartete ihn. Nach einer herzlichen, wirklich ehrlich gemeinten Begrüßung sagte Woodruff: »Jim, ich bin hier noch ganz neu und habe keine Ahnung, wie die Spielregeln aussehen. Aber eines verspreche ich dir jetzt schon in die Hand, du wirst hier bis ans Ende deines Lebens einen Job haben.« Jim Key starb als Angestellter der Firma.
Nach dem Abschluß der High-School und der Militärakademie von Georgia schrieb er sich nur mit großem Widerwillen an der Emory-Universität in Atlanta ein. Er selbst hatte nie den Wunsch gehegt, die Universität zu besuchen, und tat es nur, weil sein Vater ihn permanent drängte. Er hielt knapp ein Jahr aus und eröffnete dann seinem Vater, daß er das Studium aufgeben werde.
»Verdammt noch mal«, schimpfte sein Vater, »zwischen Aufstieg und Rückfall ins Arme-Leute-Leben liegen oft nur drei Generationen. Also lern irgendwas!«
»Ich will lieber die Ärmel aufkrempeln, jetzt, wo ich noch jung bin«, antwortete der Junge. Ernest Woodruff ließ sich erweichen, aber nur unter einer Bedingung: »Die Rechnungen von der Uni bezahlst du selbst!«

Das war ganz nach dem Geschmack von Robert Woodruff. Er verließ die Universität von einem Tag auf den anderen, bezahlte mit dem »Eingemachten« die College-Rechnungen und fing als Lehrling bei einer Röhren- und Gießerei-Gesellschaft an. Sein Gehalt betrug 60 Cent am Tag.

Sein nächster Job war der eines Verkäufers für die »General fire Extinguisher Company«. Er fand schnell heraus, daß Verkaufen zu seinen Talenten gehörte, da sein ausgeprägter Wettbewerbssinn und die rastlose Energie hier am besten einzusetzen waren. Seine Erfolge im Verkauf von Feuerlöschanlagen sprachen sich schnell herum und weckten Interesse an seiner Person bei der »Atlantic Ice and Coal Company«, die ihm einen besseren Job anbot, den er sofort annahm.

Das nächste Jahr, 1912, sollte das Leben von Robert Woodruff verändern. Zum einen heiratete er Nell Hodgson aus Athens. Zum anderen traf er Walter White. Woodruff hatte sich intensiv mit dem Transportproblem seiner Firma beschäftigt und war zu dem Ergebnis gekommen, daß Lkws als Transportmittel weitaus besser waren als die damals noch üblichen Pferdewagen. Er nahm deshalb Verhandlungen mit Walter White auf, dem Inhaber der Firma White Motors, um einen Wagenpark für seine Firma anzukaufen. White hatte diese Verhandlungen später so beschrieben: »Ich dachte, ich hätte einen Säugling vor mir, als ich mit diesem Greenhorn die Verhandlungen über den Verkauf von Lkws aufnahm. Die Geschichte endete mit einem Handel, bei dem mein Gewinn nicht einmal ausgereicht hätte, mir das Hemd zu kaufen, das er mir dabei ausgezogen hat.«

White war vom Verhandlungsgeschick Woodruffs so begeistert, daß er ihm sofort einen besser bezahlten Job anbot, den Woodruff prompt annahm. Woodruff erhielt Südgeorgia als Gebiet für den Verkauf von Lkws. Er war damals 23 Jahre alt und am Wendepunkt seiner Karriere. Er hatte Walter White mit seiner geschickten und harten Verhandlungsführung beeindruckt und führte ihm nun sein Talent als Verkaufsmanager vor. Das Ergebnis war ein sofortiger Umsatzanstieg in Südgeorgia. Und es ist typisch für Woodruff, daß er umgehend eine Strategie entwikkelte, die Verkaufsabschlüsse in hohen Stückzahlen garantierte. Er verhandelte mit Städten und Landkreisen und machte den Behörden klar, daß Lkws das einzige probate Mittel waren zur Reparatur der in einem grauenhaften Zustand befindlichen öffentlichen Straßen und Wege. Kein Wunder, daß Lkws der Marke White innerhalb kürzester Zeit überall im Bundesstaat zu sehen waren.

White beobachtete seinen Protogé sehr genau, und innerhalb der nächsten elf Jahre stieg er auf zum Manager für den gesamten Staat Georgia, dann für den gesamten Südosten, und schließlich wurde er Assistent des Präsidenten und siedelte über nach Cleveland. 1919 war Robert Woodruff Vizepräsident und Generalmanager von White Motors. Dieser konsequente und schnelle Aufstieg in die Chefetage eines Großkonzerns blieb nicht lange im verborgenen. Seine Reputation als energischer und kreativer Manager wuchs gewaltig, und ohne die Kette von Ereignissen, die nun folgten, gälte Woodruff heute mit Sicherheit als einer der Titanen in der Automobilindustrie.

Im selben Jahr, in dem Robert Woodruff zum Vizepräsidenten von White Motors ernannt wurde, übernahm sein Vater die Coca-Cola Company. Im folgenden Jahr stiegen die Umsätze auf 32 Millionen Dollar. Doch dann begann die bereits erwähnte Abwärtsentwicklung.

Im April 1923, im Alter von 33 Jahren, übernahm Robert Woodruff die Coca-Cola Company.

»Ich wußte über Coca-Cola nicht mehr«, gab er irgendwann einmal zu, »als ein Schwein über den Sonntag.« (I didn't know anymore about Coke than the pig knows about sunday.)

Was er wußte und beherrschte war, wie man eine erfolgreiche Organisation aufbaut, führt und wie man Verkaufsstrategien plant. Kurz nach der Übernahme der Geschäftsführung entwickelte er eine neue Philosophie, die zum Leitfaden für die Firmenpolitik wurde. Regel Nummer eins war, daß die Loyalität dem Produkt und nicht der Firma gelten müsse. In der Anfangsphase, angesichts der Verkaufseinbrüche, wurde in der Chefetage diskutiert, ob das Produkt nicht möglicherweise den Marktsättigungspunkt schon erreicht habe, und Robert Woodruff war der einzige, der dieser Analyse heftig widersprach. Er behauptete, wenn es jemals zu einer Marktsättigung für das Erfrischungsgetränk Coca-Cola kommen sollte, dann frühestens nach seinem Tode. Woodruff forderte: »Gebt dem Produkt nicht nur Qualität und eine höchstmögliche Verfügbarkeit, sondern Würde [dignity] und Einmaligkeit; nicht nur einen Ruf, sondern Charakter!«

1923 zogen die Verkäufe von Coca-Cola Sirup bereits wieder an. Mit 17 300 275 Gallonen wurde der Anschluß an die Zahlen vor 1921 gefunden. Der Werbeetat stieg auf 2,6 Millionen Dollar. 1925, am 9. November, verkündete die Coca-Cola Company in einer ganzseitigen Anzeige in »The Saturday Evening Post«, daß Coca-Cola einen durchschnittlichen Verkauf von mehr als sechs Millionen Drinks pro Tag in diesem Jahr erreicht habe.

1930 betrug der Umsatz 35 Millionen Dollar, der Gewinn stieg auf 13 Millionen Dollar. Zwei Jahre vorher, 1928, fünf Jahre nach Woodruffs Einstieg bei Coca-Cola, war der Flaschenverkauf um 65 Prozent gestiegen und übertraf das erste Mal in der Geschichte von Coca-Cola den Sirup-Verkauf an die Erfrischungshallen.

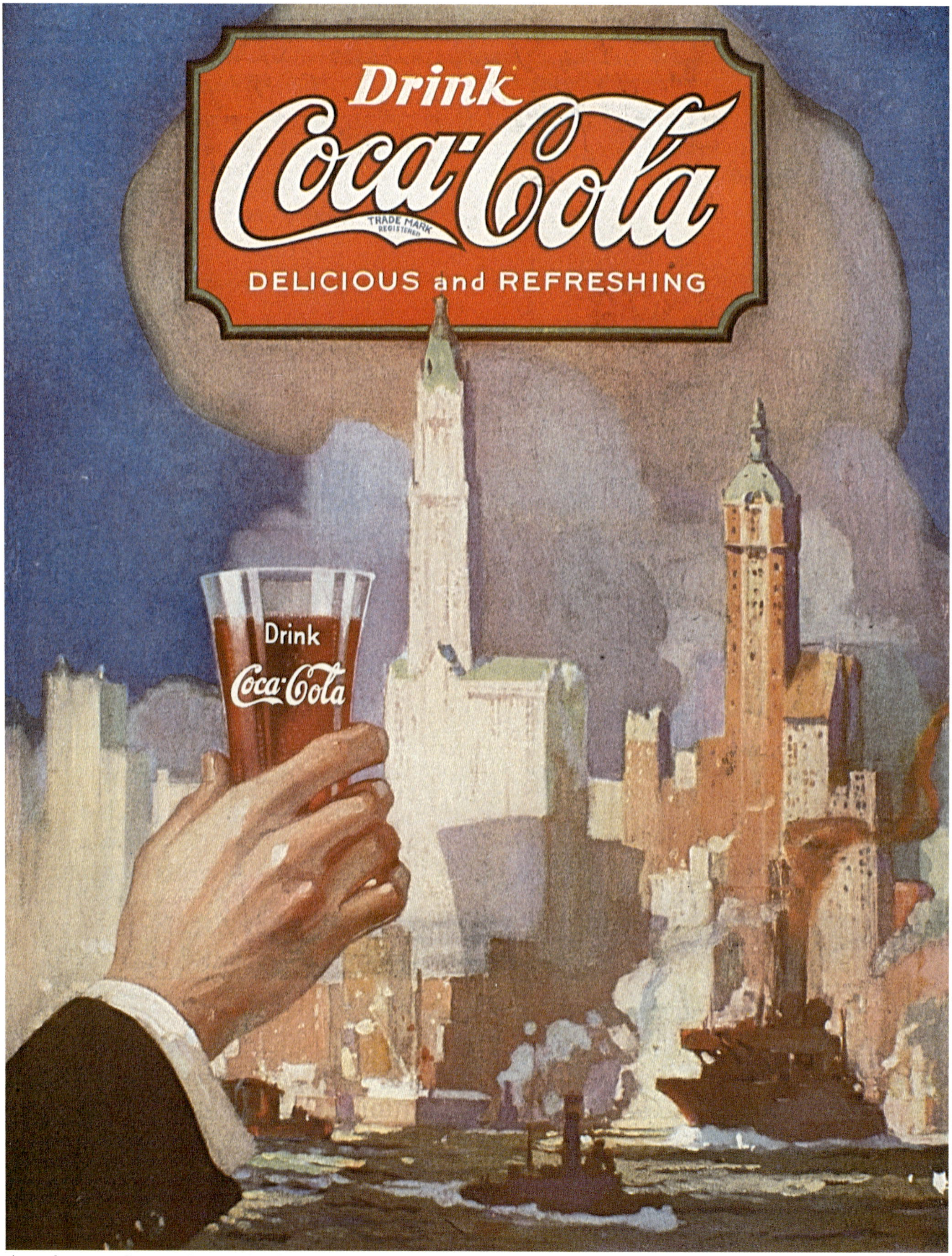

Anzeigenmotiv aus dem Jahr 1920

1922

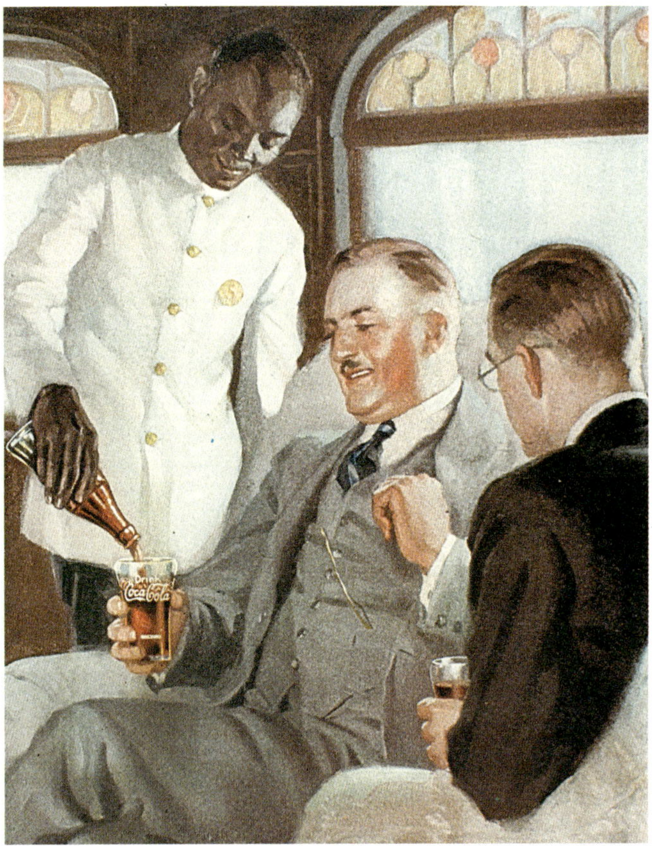

1924

Zwei Symbole der Freiheit, Coke und Freiheitsstatue (1928)

1928, in Amsterdam, ist Coca-Cola erstmals offizieller Ausrüster der Olympiade.

Coca-Cola Erfrischungsstand in China (1930)

Ambulanter Coke-Händler in Südamerika (1930)

Drehpause in Hollywood (Anzeige von 1934)

Plakatmotiv Mitte der dreißiger Jahre

Anzeigenmotiv, das Regisseur Ernst Lubitsch bei den Dreharbeiten für »Die lustige Witwe« zeigt (1934)

Plakatmotiv Mitte der dreißiger Jahre

Die wohl erfolgreichste Strategie und Korrektur der Firmenpolitik in der simplen Überlegung, jedem Geschäftspartner der Company die Möglichkeit einzuräumen, mit dem Produkt Coca-Cola Geld zu verdienen. Woodruff forderte, daß jeder Coca-Cola Mann in jeder Stadt eine aktive Rolle in der Kommune übernehmen sollte, eine vitale Rolle im kulturellen und gesellschaftlichen Leben seiner Stadt.

Für die Coca-Cola Company selbst stellte er die bis heute geltende Maxime auf, daß sie sich ausschließlich auf die Produktion von Sirup konzentrieren und keine eigenen Abfüllanlagen oder Zuckerplantagen besitzen solle und als nächsten Schritt das Ziel verfolgen müsse, Coca-Cola für jedermann auf der Welt verfügbar zu machen.

Bereits 1926, als er zu dem Ergebnis kam, daß die meisten Coca-Cola Verkäufer zu reinen Auftragssammlern degradiert waren, rief er alle Verkäufer nach Atlanta zu einem Meeting und kündigte an, daß die Coca-Cola Company ab sofort keine Verkäufer mehr beschäftigen würde. Mit Entsetzen nahmen die Männer zur Kenntnis, daß sie von einem Tag auf den anderen arbeitslos geworden waren. Dies war Teil der Woodruffschen Strategie. Er fügte hinzu, daß eine neue Abteilung aufgebaut werden würde, über deren Aufgabe er die Männer am nächsten Tag unterrichten würde.

In dieser Nacht gingen die Exverkäufer sicherlich durch die Hölle. Sie hatten ihren Job verloren und keine Ahnung, wie die Zukunft aussehen sollte. Sie sahen dem nächsten Tag mit Bangen entgegen.

Woodruff erklärte, das neue Service-Department würde sich ausschließlich der Aufgabe widmen, den Einzelhändler darin zu unterstützen, seinen Gewinn durch den Verkauf von Coca-Cola zu vergrößern. Er erläuterte detaillierte Pläne, wie diese neue Verkaufsförderung aussehen sollte, und fragte die Exverkäufer, ob sie neue Aufgaben in diesem neu geschaffenen Unternehmensbereich übernehmen wollten. Selbstverständlich wurde jeder eingestellt, doch Woodruff ging es, wie er später zugab, um den psychologischen Effekt, der durch eine kurzfristige Arbeitslosigkeit sicher wirkungsvoller war als durch einen automatischen Jobwechsel innerhalb der Firma. Der Erfolg gab ihm recht. Diese kurze Episode schuf eine immense Motivation, für das gemeinsame Produkt in einem verschworenen, erfolgsorientierten Team zu arbeiten. Von 1930 bis 1941 verdreifachten sich die Umsätze der Company. Und mit demselben Faktor wurden die Ausgaben für Werbung von 4,6 Millionen auf 11,5 Millionen im Jahr 1941 erhöht.

Auf die Frage eines Reporters, welche Entscheidung Woodruffs den größten Einfluß auf die Entwicklung der Company gehabt habe, antwortete ein damaliges Mitglied des Aufsichtsrates: »Die Beantwortung dieser Frage ist unmöglich. Er ist Coca-Cola. Aber wenn ich eine Entscheidung herausgreifen müßte, die unseren Geschäftserfolg am entscheidendsten beeinflußte, so war es sicherlich sein genialer Schachzug, Coca-Cola zu einem weltweit bekannten Produkt zu machen.«

Zur Verwirklichung dieses ehrgeizigen Planes hatte Woodruff einen unerwarteten Verbündeten. 1941 trat Amerika in den Zweiten Weltkrieg ein, und mit militärischer Unterstützung gewann die Coca-Cola Company den Feldzug um die Märkte dieser Erde.

Der Mäzen

Woodruff besaß ein großes Interesse für Medizin und Forschung. Es wurde durch einen Zufall geweckt. In den dreißiger Jahren kaufte er im tiefsten Süden Georgias, in Bakercounty, eine alte Baumwollplantage. Sie hieß Ichauwai, so genannt nach einem Fluß, der sich mitten durch das Land zieht. Auf einer Besichtigungsfahrt mit dem Verwalter — Woodruff wollte sich einen Überblick verschaffen, wie die brachliegende Produktion wieder auf die Beine zu bringen war — trafen sie auf einen klapprigen Wagen, gezogen von einem steinalten Muli, gefahren von einem greisen Farbigen. Sie hielten an, und der alte Mann stieg vom Kutschbock, um den neuen Besitzer zu begrüßen. Als sie miteinander sprachen, wurde dem Mann plötzlich schwindelig. Die Stimme fing an zu flattern, und mit Entsetzen mußte Woodruff mit ansehen, wie der Mann plötzlich zu Boden fiel und sich krümmte, als habe er einen epileptischen Anfall.

Der alte Mann hatte einen schrecklichen Malariaanfall. Der Verwalter zuckte hilflos die Schultern. »Das ist nichts Außergewöhnliches«, sagte er, »Malaria hat hier fast jeder, nach einer Weile wird er wieder auf den Beinen sein!«

Woodruff raste sofort zum Telefon. Er gab in Atlanta die mit Sicherheit größte Einzelbestellung für Chinin-Tabletten in der Geschichte des Staates auf und orderte eine Blitzlieferung an die Farmen. Die Chinin-Tabletten wurden zunächst auf der Farm an das gesamte Personal ausgegeben, später im ganzen Süden.

Anschließend konfrontierte er die Medizinische Fakultät der Emory-Universität und das Gesundheitsministerium in Washington mit diesem Problem. Er finanzierte umgehend eine wissenschaftliche Klinik in der Nähe der Ichauwai-Plantage, die für das gesamte Areal zuständig war. Die Untersuchungsergebnisse ergaben, daß sechzig Prozent der gesamten Landbevölkerung, unabhängig, ob weiß oder schwarz, positiv auf den Malariatest reagierten. Im Verlauf einiger Jahre wurde nicht ein einziger Fall von Malaria mehr registriert im gesamten County. Woodruffs Mutter, von den Aktivitäten ihres Sohnes angetan, gründete die erste Stiftung, die »Emily and Ernest Woodruff Foundation«. Wie viele Millionen insgesamt über diese Stiftung an medizinische Forschungseinrichtungen geflossen sind, läßt sich heute nicht mehr genau rekapitulieren. Sicher ist nur eins, daß mit den Mitteln der Woodruff-Foundation eine Reihe von großen, wichtigen medizinischen Forschungsaufträgen finanziert wurde, deren Resultate nicht nur Amerika, sondern der ganzen Welt Möglichkeiten eröffneten, Menschenleben zu retten. Die Familie Woodruff hat mehrere Stiftungen gegründet. Den Löwenanteil aus diesen Stiftungen erhielt die Emory-Universität in Atlanta/Georgia. Bis zum heutigen Tag flossen mehr als 150 Millionen Dollar an die Universität der Hauptstadt des Staates. Der größte Teil des Geldes ging ans Woodruff Medical Center.

Das Coca-Cola »Headquarter« in Atlanta

Legenden um den Märchenprinzen

Robert Woodruffs langjähriger Privatsekretär und Freund Joe Jones plauderte 1981 im »Wall Street Journal« einige bis dato unbekannte Episoden aus dem Leben dieses so zurückgezogen lebenden publicityscheuen Multimillionärs aus: ». . . Mr. Woodruff verließ das College und hat seit dieser Zeit nie wieder ein Buch gelesen oder einen Brief, der länger war als zwei Seiten. Er hat nie eine öffentliche Rede gehalten. Er hat jeden Tag nach dem Mittagessen ein Nickerchen gemacht. Er ist nur ein einziges Mal in einer Linienmaschine geflogen, von Birmingham nach Memphis. Und diesen Kurzstreckenflug haßte er so sehr, daß er nie wieder ein Verkehrsflugzeug bestieg. In krassem Gegensatz zu seinem Mäzenatentum für die schönen Künste hat er nie Musik gehört. Er lud Gesellschaften ins Theater ein und ließ sie an der Tür alleine. Und die einzigen Gemälde, die ihm persönlich gefielen, zeigten Jagdszenen . . . Er war ein begeisterter Golfspieler, gründete zusammen mit Bobby Jones den Augusta National Golfclub und das Masters-Turnier. Präsident Eisenhower liebte es, mit ihm Golf zu spielen, ›weil Woodruff‹, so Ike, ›der einzige Spieler ist, den ich schlagen kann‹.

. . . Wenn große schwierige Entscheidungen ins Haus standen, hat er die Probleme mit jedermann besprochen. Ich kann mich erinnern, als einmal ein Austausch im Topmanagement bevorstand, fragte ich seinen Chauffeur Lawrence Calhoun, ob der Boß mit ihm darüber schon gesprochen habe. Lawrence sagte, bis jetzt noch nicht, aber er wird es tun . . . Auf Reisen zeigte der Boß keine der typischen Interessen. Er hat sich einen Dreck um die Geschichte gekümmert. Ich kann mich noch genau erinnern, wir waren auf einer Reise in Rom hängengeblieben, und er war damit einverstanden, am Sonntagmorgen eine kurze Stadtrundfahrt mit dem Auto zu machen. Wir waren ungefähr 15 Minuten unterwegs, als der Fahrer sagte, zwei Straßen weiter südlich ist der Petersplatz. Woodruff sagte zu dem Fahrer: ›Das ist dicht genug, fahr weiter.‹

. . . Er war ein begeisterter Jäger, ein besessener Pokerspieler und ein erbarmungsloser, harter Arbeiter. Der 91jährige, so Joe Jones, trauert ein bißchen den alten Zeiten nach: ›Ich war ein sehr guter Schütze‹, erzählte er unlängst. ›Ich konnte tagelang jagen ohne einen einzigen Fehlschuß. Und nun darf ich kein Gewehr mehr in die Hand nehmen wegen meiner Augen. 91 Jahre klingt nicht besonders schlimm, ist aber ein höllisch hohes Alter für einen alten Mann.‹«

Die erste Anzeige mit Santa Claus 1930 in »The Saturday Evening Post«

»Weg mit dem müden, durstigen Gesicht« (1933)

Coca-Cola gibt Santa Claus ein Gesicht

Bis zum Jahre 1930 konnte sich kein Kind der Vereinigten Staaten unter dem »Santa Claus«, wie man den Nikolaus in den USA nennt, irgend etwas Konkretes vorstellen. 1822 schrieb der Lyriker Clement Moore ein Gedicht mit dem Titel »Twas the Night Before Christmas«. In diesem Gedicht beschrieb Moore Santa Claus als einen gemütlichen, plumpen, lustigen, alten Greis.
Außer dem Autor konnte sich darunter niemand etwas vorstellen. Er war der einzige, der diesen alt gewordenen Kobold gesehen haben wollte.
Daß diese visuelle Unsicherheit der Vergangenheit angehört, verdankt die westliche Welt der Coca-Cola Company. Im Jahre 1930 wurde der Zeichner Haddon Sundblom mit einer Anzeigenkampagne für das Weihnachtsgeschäft beauftragt. Sundblom schuf einen Nikolaus aus Fleisch und Blut. Nicht von ungefähr besteht die »Uniform« des menschgewordenen Santa Claus aus einem roten Mantel mit weißem Pelzbesatz, den traditionellen Farben der Firma Coca-Cola. Als Vorlage für das gütige, großväterliche Gesicht diente dem gebürtigen Schweden der pensionierte Verkäufer Lou Prentice, dessen Gesicht die genau richtige Kombination aus Güte, Alter, Falten und einem freundlichen Schmunzeln aufwies.
Nach dem Tod von Prentice, Sundblom selbst war inzwischen ebenfalls in die Jahre gekommen, benutzte der Zeichner sein eigenes Gesicht als Vorlage für den Nikolaus, den heute alle Welt kennt.
»Als Lou starb, suchte ich einige Jahre lang nach einem Ersatz. Eines Tages erzählte ich einem Freund beim Mittagessen von meiner bislang erfolglosen Suche. Der machte mich darauf aufmerksam, doch einmal in den Spiegel zu schauen. Ich folgte seinem Rat und stellte fest, daß ich inzwischen tatsächlich so alt geworden war, daß es mein Äußeres durchaus mit dem meines ehemaligen Modells aufnehmen konnte. Seit dieser Zeit benutze ich mein Gesicht als Vorlage für die jährlich wiederkehrende, neu zu konzipierende Werbung mit dem Santa Claus«, erinnerte sich der Schwede 1953 in einer Titelgeschichte der Coca-Cola Hauszeitschrift »The Refresher«.
Der Santa Claus von 1981 war der 31. Nikolaus, der sich nach dem anstrengenden Bescherungsritual für die Kinder dieser Welt zu seiner verdienten Pause mit einer Flasche Coca-Cola zurückzieht.
Dies ist bezeichnend für das konsequente Zu-Ende-Denken einer Kampagne: In keinem einzigen Anzeigenmotiv erfrischen sich Kinder beim Warten auf den Nikolaus. Sie sind nur Handlanger, signalisieren ihre Dankbarkeit gegenüber dem guten Mann, der sie so reich beschert. Und um diese Absicht noch intensiver auszudrücken, findet sich ein kleiner, versteckter Zettel irgendwo im Anzeigenmotiv, auf dem mit Kinderhand geschrieben steht: »It's for Santa Claus« (Für den Nikolaus). Oder Brüderchen sagt zu Schwesterchen, im Flüsterton, weil man den Nikolaus ja nur im verborgenen eine Freude bereitet: »Es ist für ihn«, das Sechserpack Coke, das die beiden vorsorglich im Kühlschrank kalt stellen.

Coca-Cola entdeckt die Deutschen

Ein Amerikaner namens Ray Rivington Powers, ein persönlicher Freund Präsident Woodruffs, brachte den ersten Sirup nach Deutschland, den er mit einem Hilfsarbeiter als Assistent selbst mixte, in Flaschen abfüllte und an den Mann zu bringen versuchte. Als Standort hatte man Essen auserkoren, weil es im Zentrum der bevölkerungsreichsten und durstigsten Region, des Industriegebiets, lag. Leicht war dies für den Mann aus den Südstaaten nicht, in Essen und Umgebung Käufer zu finden. Zu seinen beliebtesten Verkaufshilfemaßnahmen gehörte es, so erinnerten sich Zeitgenossen aus der Ära der ersten Stunde, sich mit einem Jo-Jo-Spiel vor irgendein Geschäft zu stellen, bis ausreichend Leute um ihn herumstanden und seine Geschicklichkeit dabei bewunderten. War das Auditorium groß genug, öffnete er seine Aktentasche, die innen mit Blech ausgeschlagen war und einige Flaschen Coca-Cola auf Eisstücken enthielt, zog mit dramatischer Geste ein Flasche heraus und ließ sie zum Probieren reihum gehen. Dies half zwar, den Namen populär zu machen, aber ein Geschäft kam auf diese Weise nicht zustande. Da nützten auch seine beschwörenden Worte nichts, mit denen er jedem potentiellen Wiederverkäufer Reichtümer und eine eigene Villa in Florida versprach, wenn er sich nur energisch genug für das amerikanische Getränk einsetzte.
Am 8. April 1929, so will es die Firmenchronik, wurde im Norden Essens, in der Hammerstraße, die erste Flasche Coca-Cola in Deutschland abgefüllt. In zäher Kleinarbeit mußten die Kneipenwirte und Restaurantbesitzer überredet werden, im Land des Biers auch dem alkoholfreien, braunen Saft aus Amerika eine Chance einzuräumen. Die ersten Bestellungen wurden flaschenweise erteilt, nachbestellt wurde nur auf unermüdliches Nachhaken. Einer der ersten Mitarbeiter aus dieser Zeit erinnerte sich in einer Festschrift zum 50jährigen Bestehen der Coca-Cola GmbH, Essen: »Es war ein bescheidener Anfang. Wir hatten einen halbautomatischen Füller mit nur sechs Füllstellen. Halbautomatisch bedeutete, daß die Füllung der Flaschen maschinell erfolgte, wäh-

Der erste Tourenwagen 1929 in Duisburg

rend ich das Einstellen und Herausnehmen der Flaschen noch von Hand besorgen mußte. Bei einiger Geschicklichkeit gelang es uns damals, 30 bis 35 Kisten pro Stunde abzufüllen.« Das reichte für die Anfangsphase, denn im ersten Jahr wurden ganze 5840 Kisten à 24 Flaschen verkauft.
Im nächsten Jahr gelang es, den ersten Vertragsabfüller unter Vertrag zu nehmen. Mister Powers hatte inzwischen schon das Weite gesucht, nachdem sein Eigenkapital von rund 5000 Dollar aufgebraucht und der erhoffte Durchbruch in deutschen Landen immer noch nicht geschafft war. So blieb die Einführung in Deutschland den Deutschen vorbehalten. 1933 wurden erstmals mehr als 100 000 Kisten abgesetzt, und dieses Verdienst kommt einem Mann zu, der in diesem Jahr in die Firma eintrat, Max Keith. In einem Interview mit dem amerikanischen Journalisten Hunter Bell erinnterte sich Keith an die Ausgangslage: »Die Firma bestand aus einem sechsarmigen halbautomatischen Füller, einem alten Lkw der Marke Chevrolet und einem Verkaufsfahrer, dem ich häufig kündigen mußte, weil er oft zuviel getrunken hatte.« Das sei nicht alleine seine Schuld gewesen, denn wenn er eine Kneipe betrat, sei er gar nicht umhin gekommen, ein Bier oder einen Schnaps zu trinken, denn vorher hätten ihm die Wirte nicht einmal erlaubt, über sein Geschäft zu reden. So sei es kein Wunder gewesen, wenn er von vielen Verkaufstouren ziemlich angeschlagen zurückgekommen sei.
Keiths entscheidende Tat bestand darin, eine attraktive Handelsspanne für den Großhandel zu kalkulieren, über den Coca-Cola zum größten Teil abgesetzt wurde. »Leute, die wir für unser Geschäft interessieren konnten, waren nicht Geschäftsleute mit Geld oder Kapital.« Leute mit Kapital hätten diesem Geschäft, das ja noch in den Kinderschuhen steckte, nicht getraut und kein Interesse gezeigt, in das Soft Drink Business zu investieren, da es ein Geschäft für kleine Leute war, mit schmalen Profiten. Das hätte zur Konsequenz gehabt, daß die meisten der Partner nur als Großhändler, aber nicht als Flaschenabfüller in Frage kamen. Er glaube, daß ein Großteil des Erfolgs auf die Tatsache zurückzuführen sei, daß die meisten Menschen, die damals zur Organisation stießen, arm waren, kein Geld hatten oder bankrott gegangen waren in den Zeiten der Weltwirtschaftskrise und auf irgendeine Art ihren Lebensunterhalt verdienen mußten. »Sie waren begeistert von den Möglichkeiten, die ihnen mit dem Verkauf von Coca-Cola erwuchsen, und arbeiteten Tag und Nacht, sonntags, jeden Tag. Sie allein haben Coca-Cola in Deutschland vorangebracht.«

Coke
Serve Ice Cold
Coca-Cola
Delicio
efreshing
"For Santa"
COPYRIGHT 1950, THE COCA-COLA COMPANY

1950

1956

Für einen Blumenkorso geschmückter Wagen (1932)

Was es hieß, in dieser Zeit Konzessionär zu sein, beschrieb Keith am Beispiel des Offenbacher Händlers Peter Herdt. Zwischen drei und vier Uhr morgens sei er in der 15 Kilometer entfernten Flaschenabfüllanlage in Frankfurt erschienen, habe seine Schubkarre mit 12 bis 15 Kästen vollgeladen und sei denselben Weg zu Fuß zurückmarschiert. War die Karrenladung verkauft, sei er am Nachmittag zurückgekommen und habe eine zweite Tour ausgeliefert.

Eine der ersten Verkaufsförderungsmaßnamen, die Keith einführte, war die Ausstattung aller Verkaufsfahrer mit den als »Seufzertaschen« bekanntgewordenen Aktentaschen, die, mit Zinnblech ausgeschlagen, einige eiskalt gelagerte Coke-Flaschen aufnahmen. Die Wiederverkäufer sollten unmißverständlich lernen, wie dieser neue Erfrischungstrank serviert werden mußte, damit er auch köstlich und erfrischend war. Und in Anlehnung an amerikanische Verkaufsstrategien benutzte er Jugendstaffelläufe oder Fahrradrennen, die er sponserte, um Coca-Cola bekannter zu machen.

Bereits ein Jahr später, 1934, war das Fundament für einen erfolgreichen Siegeszug in Deutschland mit Abfüllfabriken in Frankfurt, München, Leipzig und Hamburg gelegt. Die Zahl der Konzessionäre, die von der Essener Zentrale betreut wurden, war auf 120 angestiegen. Grund genug, eine der ersten Werkzeitschriften in Deutschland, die »Coca-Cola Nachrichten«, herauszugeben.

Das Jahr 1936 brachte dann den Durchbruch für die Coca-Cola GmbH. Anknüpfend an die Tradition der Spiele in Amsterdam (1928) und Los Angeles (1932) stellte Coca-Cola auch bei den Olympischen Winterspielen in Garmisch-Partenkirchen und den Sommerspielen in Berlin der Jugend der Welt seine Dienste zur Verfügung. Der Erfrischungsdienst stellte die junge Organisation unter eine harte, aber erfolgreich gemeisterte Bewährungsprobe. Einziger Wermutstropfen: Auf Anordnung der Nazis mußte auf jeder Flasche vermerkt werden, daß der Inhalt koffeinhaltig ist. Im Olympiajahr, genauer, am 15. Mai 1936 wird auch die Verkaufsschule der Coca-Cola GmbH gegründet, in der Mitarbeitertrainingsprogramme abgehalten wurden.

1937 erscheint die erste tönende Bildschau der

Coca-Cola GmbH, damals das modernste Schulungs- und Werbemittel, mit dem Titel »Irgendwo an der Hauptstraße«. Und das klang so: Nach einer einschmeichelnden Unterhaltungsmusik-Ouvertüre trällerte ein Männerchor »Freut euch des Lebens . . .«, und diese Anregung nahm eine forsche Männerstimme auf. »Freut euch des Lebens, das ist recht. Jawoll, wir wollen uns des Lebens freuen, dann trägt sich alles leichter. Jeder von uns hat sein Päckchen Probleme, und jeder hat wieder andere zu meistern. Eines von denen, die wir alle gemeinsam haben, ein großes, wichtiges Problem, ist das Problem, den Lebensunterhalt zu erwerben. Und daran liegt es oft, daß wir uns überhaupt des Lebens erfreuen können. Deshalb sei Ihnen diese kleine Geschichte gewidmet, die alle interessiert, die nach Geschäftserfolg, Lebenserfolg und Lebensglück streben. Unsere Geschichte beginnt an einem Ersten, und sie spielt überall und an jedem Ersten, denn dieses Kalenderblatt erinnert an den Hauswirt, der auf die fällige Miete wartet, an den Gasmann, an den Milchmann und an all die anderen, die an diesem Tage einander die Türklinke in die Hand geben. Da steckt der Briefträger gerade die Post in einen Briefkasten. Die Post für Willy Schmidt, der irgendwo, unweit der Hauptstraße wohnt, wie viele andere in jeder Stadt des deutschen Vaterlandes . . .« Den Rest kann sich jeder selbst ausmalen: die wundersame Veränderung zum Guten im Leben des Willy Schmidt, dank seines Weitblicks, in die Dienste der erfrischenden Pause einzutreten.

Die einfältige Happy-End-Werbung trug Früchte. 1938 stieg die Zahl der Abfüllfabriken auf 41, und bei der Jahres-Konzessionärsversammlung konnte Max Keith bereits 1500 Geschäftsfreunde aus dem ganzen Reich begrüßen. Der damalige Fabrikleiter Rudolf Kirchner geriet darob ganz offensichtlich so aus dem Häuschen, daß er für die Veranstaltung einen eigenen Marsch textete, den ein gewisser Herr Schafgans vertonte. Musik und Gesang spielten auf dem Siegeszug Coca-Colas durch die deutschen Lande eine ganz bedeutende Rolle. Als Ersatz für den Text seines ersten Marsches sei im nachfolgenden ein anderes Liedchen aus der Feder von Kirchner vorgestellt, das 1953, in der geschäftigen Aufbauphase nach dem Krieg, von einem Fräulein Plaschke zum besten gegeben wurde:

»Wir trinken Coca-Cola und das hat seinen Grund,/eiskaltes Coca-Cola ist köstlich und gesund./Für Arm und Reich, für groß und klein,/zu jeder Jahreszeit, steht es für jedermann bereit,/weil es gesund und rein./Cooca-Cola, Cooooca-Cola trinkt man auf der ganzen Welt./Coca-Cola, klarer Fall,/Coca-Cola überall,/unerreicht, wunderbar, aber nur eiskalt/bietet es Erfrischung dar, jederzeit für Jung und Alt,/wer erprobt, wer es lobt,/darauf stimmen ein,/wir trinken Coca-Cola und das hat seinen Grund,/eiskaltes Coca-Cola ist köstlich und gesund./Für Arm und Reich, für groß und klein,/zu jeder Jahreszeit steht es für jedermann bereit,/weil es gesund und rein./Cooca-Cola, Cooooca-Cola triiiinkt man auf der gaaanzen Weeeelt.«

Max Keith, bis 1968 Chef der Coca-Cola GmbH in Essen

Doch zurück zur Chronologie der Ereignisse. »Nach Hitlers Machtergreifung«, erinnerte sich Max Keith im eingangs bereits erwähnten Interview, »wurden wir als amerikanisch-jüdisches Unternehmen bezeichnet, weil für die Nazis Amerikaner und Juden ein und dasselbe waren.« Es bedurfte großer Anstrengungen und diplomatischen Fingerspitzengefühls, die Firma durch diese existenzbedrohenden Zeiten zu schmuggeln. Keith gelang es, über Beziehungen befreundeter Bankiers und dank des Firmenanwalts in Berlin zum offiziellen Verwalter der Soft-Drink-Anlagen in den besetzten Gebieten zu werden. Dieses Kunststück, Keith konnte sich gegen den Parteieintritt bis zum Schluß erfolgreich zur Wehr

THE HAND-AND-BOTTLE...

For Outdoor Painted Signs

POSITION B.

Where the design calls for more height and less width to the pictorial element, Position B for the Hand-and-Bottle is used. Pounce patterns indicate clearly the correct liquid level and the wrist line is cut off as indicated on the design being painted.

POSITION A.

The Hand-and-Bottle should be painted only in the three positions illustrated on this page (A, B and C). Pounce patterns will indicate the correct liquid level for each position. The wrist line is cut off as illustrated on each design.

The above illustration should be carefully followed as a color guide for painting all details of the Hand-and-Bottle.

Vorgaben für die Außenwerbung 1941

DESIGN 9-C

In this series, the Hand-and-Bottle has been placed against a red background with a white outline painted around it to provide contrast between the pictorial element and the background. The general design is simplified and the size of the trade-mark proportionately increased by the use of the trade-mark directly on the red field. The use of the green circle emphasizes the copy line. Below are five horizontal and one vertical design for the series. This latter design is another treatment for high and narrow spaces.

DESIGN 9-A (10' high by 10' wide)

DESIGN 9-B (10' high by 15' long)

DESIGN 9-C (10' high by 20' long)

Each square represents 2 feet on each side. In order to reproduce a design accurately, the painter must lay out the wall itself in corresponding 2 foot squares.

DESIGN 9-D (10' high by 25' long)

Vorlagen für Werbung an Hauswänden 1941

setzen, verschaffte ihm einige Freizügigkeit beim Reisen und ermöglichte die erfolgreiche Erledigung der Aufgabe, sich um die europäische Produktion und deren Erhalt zu kümmern. Keith hatte es der Zentrale in Atlanta zu verdanken, daß nach dem Krieg die aufgebauten Organisationen nicht vollends zerschlagen waren.

Seinem Weitblick war es auch zu verdanken, daß noch vor dem Abbruch der Verbindungen nach Amerika 1940 in Deutschland ein neues Getränk namens »Fanta« — abgeleitet von fantastisch — auf den Markt kam, das aus Ingredienzen zusammengestellt wurde, die auch während des Kriegs in Deutschland erhältlich waren. Zwei Jahre später mußte die Coca-Cola Produktion eingestellt werden, doch die Organisation brauchte nicht aufgelöst zu werden. Fanta wurde in eigenen Flaschen vertrieben, so daß eine Unmenge leerer Coca-Cola Flaschen verfügbar war. In Abstimmung mit den offiziellen Stellen vereinbarte Keith, in diese Flaschen Mineralwasser abzufüllen, um damit die Zivilbevölkerung im Katastrophenfall versorgen zu können. Neben der humanitären Hilfsbereitschaft hatte diese Aktion natürlich auch einen profitablen Hintergrund. Dank dieser kriegsangepaßten Versorgungsaufgabe verfügte die Essener Zentrale auch weiterhin über einen Lkw-Fuhrpark und bekam auch die entsprechenden Benzinrationen zugeteilt.

Max Keith ist die legendäre Gestalt im deutschen, europäischen Coca-Cola Aufbaustadium. Wie alle starken Persönlichkeiten besaß auch er seine Macken und Eigenarten, die seine Mitarbeiter sowohl fürchteten als auch schätzten und — wenn sie vor ihm sicher sein konnten — mitunter auch belächelten. Er pflegte beispielsweise täglich mit seinen leitenden Angestellten mittags zu essen, aber die Verabredung war nicht obligatorisch, sondern wurde täglich telefonisch ausgesprochen. Jeder seiner Gäste war gut beraten, sich nicht zu verspäten — daran änderten auch die besten Entschuldigungen nichts —, wollte er es vermeiden, vor aller Augen abgekanzelt zu werden. Und eine seiner Lebensweisheiten besagte, der Mensch arbeitet, wie er ißt. Wer mit Keith speiste, tat deshalb gut daran, nicht als langsamer Esser aufzufallen, wollte er nicht zugleich als langsamer Arbeiter entlarvt werden.

Dank Keiths Umsicht konnte am 3. Oktober 1949 erstmals wieder Coca-Cola in Westdeutschland verkauft werden, nachdem die Zuckerbewirtschaftung aufgehoben war. Und mit der ihm eigenen Scharfsinnigkeit für alles Geschäftliche erhielt jeder der Händler lediglich pro drei bestellter Fanta-Kisten eine Kiste Coca-Cola. »Coca-Cola ist wieder da«, propagierten Werbeschilder auf den Lieferwagen und drückten auch ein bißchen von dem Stolz aus, den Max Keith empfand, daß die Produktion dank seines umsichtigen Agierens so schnell und relativ problemlos wiederaufgenommen werden konnte.

Coca-Cola zieht mit in den Krieg (Deutschland 1939).

Der Zweite Weltkrieg

7. Dezember 1941: Die amerikanische Geschichtsschreibung will es — diese Legende wird mit allen Mitteln weiter am Leben erhalten —, daß der Eintritt der Vereinigten Staaten in den Zweiten Weltkrieg durch einen Überraschungsangriff der Japaner auf den Flottenstützpunkt Pearl Harbor erfolgte. Am 7. Dezember 1941 erklärte Präsident Roosevelt dem japanischen Volk den Krieg. Die Welt drohte aus den Angeln gehoben zu werden. Für die Coca-Cola Company war der amerikanische Kriegseintritt auslösendes Moment für einen gigantischen Werbefeldzug rund um den Globus. Drei Wochen später, das ist einmal mehr ein Beweis dafür, wie schnell, geschickt und konsequent dieser Weltkonzern sich an die aktuelle Tagespolitik anzupassen verstand und heute noch versteht, erklärte Mister Robert Woodruff öffentlich: »See that every man in uniform gets a bottle of coca-cola for five cents, wherever he is, and whatever it costs.« (Sorgt dafür, daß jeder Mann in Uniform seine Flasche Coca-Cola für fünf Cent erhält, egal, wo er ist und was immer es kostet.)
In den Anfangswochen fiel diese Rolle den örtlichen Coca-Cola Händlern zu. Doch mit fortschreitender Mobilisierung der amerikanischen Streitkräfte verdoppelte sich die Zahl der Männer in Uniform über Nacht. Verdreifachte sich und erreichte schließlich innerhalb weniger Monate die vierfache Stärke der Anzahl der Soldaten in Friedenszeiten. Mehr als zwei Millionen Männer kämpften rund um den Globus. Das vom Präsidenten der Coca-Cola Company gegebene Versprechen war durch das existierende Händlernetz in den USA allein nicht zu erfülllen. Die Company traf Vereinbarungen mit dem Pentagon, daß die Auslieferung von Coke über die PX-Shops der Army und die Navy-ship-service-stores sichergestellt würde.
1942, im ersten Kriegsjahr, belieferten die 437 »Bottlers«, die Großhändler sozusagen, mehr als 1800 Militäreinrichtungen in den USA. In den 4941 PX-Shops der amerikanischen Armee standen mehr als 3750 Zapfstationen und über 23 000 Münzautomaten. Im ersten Kriegsjahr verkaufte die Coca-Cola Company rund 32 Millionen Kisten Coca-Cola allein an die Streitkräfte der Vereinigten Staaten.
Wie bereits im Ersten Weltkrieg zählte Zucker, neben Treibstoff, Schuhen, Kaffee, Konserven und Fleisch, zu den kriegswichtigen Gütern und mußte rationiert werden. Die Company schaltete Anzeigen unter dem Titel: »Again, Sugar enlists for Victory«.
Der Text der Anzeige ist ein Beweis mehr dafür, mit welchem Geschick dieser Konzern aus der Not eine Tugend machte: »Die Geschichte wiederholt sich im Zweiten Weltkrieg. Zucker wurde erneut zu den Waffen gerufen. Unsere Regierung hat den Zucker für alle rationiert, auch für Coca-Cola. Sie werden zwar weiterhin Coca-Cola überall um die Ecke kaufen können, doch wir befürchten, Sie werden nicht in der Lage sein, sich diese ›erfrischende Pause‹ so oft leisten zu können, wie sie gerne möchten. Denn unser Produktionsvolumen mußte reduziert werden. Doch dafür garantieren wir: Qualität und Geschmack von Coca-Cola bleiben dadurch unverändert. Das amerikanische Volk kann weiterhin diesem Qualitätsversprechen Glauben schenken.
Wie 1917 vertrauen wir auf das Verständnis unserer Händler und Konsumenten überall in der Nation. Das vernünftige Haushalten mit dem zur Verfügung stehenden Zucker ist ein weiterer Schritt in Richtung Sieg. Egal, was jeder von uns möglicherweise hat oder nicht hat, den Sieg brauchen wir vor allem anderen!«
Unterschrift: The Coca-Cola Company
»Making a Soldier of Sugar« lautete die Headline einer Anzeigenkampagne aus dem Jahr 1917, erstmals veröffentlicht am 27. November, die das Anzeigenmotiv vom 16. Februar 1942 zierte und an patriotische Gefühle vergangener Tage erinnern sollte.
Der Abverkauf innerhalb Amerikas an die Streitkräfte erreichte seinen Höhepunkt im August 1943 mit acht Millionen Kisten Coca-Cola und dem Rekordjahresergebnis von insgesamt 75 Millionen Kisten, die 1943 an die Streitkräfte der Vereinigten Staaten ausgeliefert wurden. Zu diesem Zeitpunkt wuchs die Zahl der Großhändler von 437 im Jahr 1942 auf 684 Bottlers Ende 1943. Mit dem Anwachsen der Invasionstruppen, die in aller Herren Länder verschifft wurden, stellte sich für die Firma ein noch viel größeres Problem. Die Nachschubeinheiten der amerikanischen Armee waren verständlicherweise nicht in der Lage, die benötigte Menge von Coca-Cola, in Flaschen abgefüllt und in Kisten verpackt, zu transportieren. Neue Wege mußten gefunden werden. Mit Hilfe des eigens für diesen Zweck geschaffenen »Military Sales Department« erarbeitete man logistische Pläne für den Überseetransport kompletter Abfüllanlagen dorthin, wo auch immer amerikanische

Titelseite des Werbemittel-Katalogs von 1934

1938

Guests like Coca-Cola ice-cold...when all its life, sparkle and taste are at their best.
Among those present, you find ice-cold Coca-Cola. For when you stand in a receiving line, just as surely as when you work or play, there are times when you want to pause and be refreshed. That's when you welcome the refreshing life and sparkle of ice-cold Coca-Cola.
COPYRIGHT 1939, THE COCA-COLA COMPANY

1939

Truppen stationiert waren. Mit jedem neuen Brükkenkopf, den die Amerikaner in der Welt aufbauten, reduzierte sich die Zahl der in den Vereinigten Staaten stationierten Truppen. Zwangsläufig sank im Laufe des Jahres 1944 die Zahl der Bottlers von 684 auf etwas mehr als 500, und die PX-Shops der Army reduzierten sich auf ungefähr 1000. Und dennoch, 1944 verschlang der Bedarf der heimischen Truppen immer noch 55 Millionen Kisten Coca-Cola.
Während der gesamten Kriegsjahre, so belegt die Statistik der Firma, wurden insgesamt 212 Millionen Kisten Coca-Cola allein an die inländischen Streitkräfte verkauft. Für die Versorgung der Truppen gab es keine Rationierungsvorschriften. Coca-Cola war für jeden GI Bestandteil seiner monatlichen Bezugsschein-Verpflegung. Der Krieg war ein Geschäft. Doch lukrativer als die Versorgung der Etappe war die Belieferung der Kampftruppen.
Im Atlantik tobte die Schlacht um die Vorherrschaft auf See. Deutsche U-Boote überfielen die alliierten Geleitzüge wie hungrige Wölfe und fügten den schwimmenden Versorgungseinheiten fürchterliche Verluste zu. Genügend Schiffsraum zum Transport kriegswichtiger Güter war Mangelware. Kritik wurde deshalb bei den alliierten Nationen laut, als bekannt wurde, daß Coca-Cola komplette Abfüllstationen in diesem so immens wichtigen Frachtraum in alle Welt verschiffte. James M. Kahn, der Chronist der Firma für die Kriegszeit, berichtet von einer scharfen Attacke des australischen Journalisten Martin Agronsky am 30. Mai 1942 in einer NBC-Rundfunksendung. Er übte heftige Kritik an der Tatsache, daß mit einem Schiffskonvoi auch Coca-Cola Nachschub transportiert wurde. In einer Fußnote merkt der Chronist an, daß Mister Agronsky offensichtlich nicht wußte, daß amerikanische Nachschub-Offiziere und nicht, wie der Kritiker vermutete, die Coca-Cola Company diesen Coca-Cola Nachschub aus den regulären PX-Shops auf die Liste der kriegswichtigen Güter für diesen Transport gesetzt hatten.
Berechnungen von Experten ergaben, daß der Drei-Monats-Bedarf an Coca-Cola für die jeweils zu beliefernden Truppen nur 800 Kubikfuß (ca. 23 m^3) Frachtraum beanspruchte, wenn komplette, zerlegte Abfüllstationen verschifft wurden. Fertig in Kisten verpackte Coca-Cola Flaschen für nur einen Monat würden dagegen 4100 Kubikfuß (ca. 116 m^3) Frachtraum erfordern. Wie der Chronist anmerkt, war die Verschiffung dieser Abfüllanlagen eine unbestreitbare militärische Notwendigkeit und nicht, wie manche Kritiker glauben möchten, ein geschickter Schachzug der Company selbst.
In einer weiteren Fußnote legt Kahn großen Wert auf die Feststellung, daß alles, was die Coca-Cola Company während der Kriegszeiten tat, aus eigener Kraft geschah. Niemand sei gezwungen worden, Coca-Cola an die Männer der Streitkräfte zu verkaufen. Im Gegenteil, es sei Wunsch, besser gesagt, eine Forderung der Männer selbst gewesen, an jedem Platz dieser Welt, an dem gekämpft wurde, ihren Drink kaufen zu können. »Diese GIs haben nicht irgendeinen Soft Drink gefordert, sondern verlangten nach Coca-Cola!«
In den frühen Kriegstagen hatte ein hochdekorierter Offizier in einem Memorandum an Donald Nelson, den Vorsitzenden des Kriegsproduktionsausschusses, gefordert, die Hersteller von Coca-Cola von der Zukkerrationierung freizustellen. Diese Forderung der Streitkräfte nach Coca-Cola wurde in einem Rundschreiben des Kriegsministeriums, Nr. 51, vom 4. Februar 1944, schriftlich festgehalten. Die Kommandeure der Truppen wurden autorisiert, vom Army Quartermaster komplette Abfüllanlagen zu bestellen.
Und wie der Chronist, sicher nicht ohne Stolz, weiter festhält: »Dies heißt nichts anderes, als daß nicht irgendeine Soft-Drink-Anlage bestellt wurde, sondern eine Coca-Cola Abfüllstation.«
Diese neue Verkaufsstrategie erforderte eine bewundernswerte logistische Meisterleistung. Und die Anforderungen, die die Firma an ihre Mitarbeiter stellte, waren hoch. Denn der selbstdiktierte Forderungskatalog an die Qualität des zu produzierenden Getränks entsprach höchsten Anforderungen. Jede überseeische Abfüllstation war verpflichtet, mindestens einmal im Monat Proben aus der laufenden Produktion an ein eigens geschaffenes Laboratorium einzusenden, das die Qualitätsüberprüfung vornahm, um sicherzustellen, daß »The Real Taste«, ganz gleich, wo auf der Welt, sichergestellt war.
Jeder Technical Observer — diesen Titel trugen die von der Coca-Cola Company abkommandierten Experten, die, obwohl sie Zivilisten waren, militärische Ränge bekleideten — erhielt monatlich vom »The Coca-Cola Export corporation products control laboratory, 515 Madison Avenue, room 1305, New York 22« eine genaue Analyse seiner eingeschickten Coca-Cola Proben. Während des gesamten Krieges arbeiteten insgesamt 148 Technical Observers, diese »Botschafter des echten richtigen guten Geschmacks«, und bauten insgesamt 63 Abfüllstationen in der ganzen Welt auf (s. Seite 95). 1944 erschien die erste Ausgabe ihres eigenen Magazins »T. O. Digest«. Dieses monatlich erscheinende Heft stellte den Dialog zwischen dem Stammhaus in Atlanta und den Einzelkämpfern hinter den vielen Fronten in aller Welt dar.
Die folgenden Leserbriefe geben ein beredtes Zeugnis von der Naivität dieser amerikanischen Nation.

Coca-Cola Lager in Manila/Philippinen (1945)

Don Cowan, Sardinien, 11. Juli 1944: »*Habe mich endlich auf der Insel Sardinien, wo ich eine Abfüllstation betreue, eingerichtet. Habe an einigen unserer Operationen in Nordafrika und Italien teilgenommen, und glaubt mir, alle Boys machen einen exzellenten Job, und ich bin sehr, sehr stolz, mit ihnen zusammenzuarbeiten.*
Unsere Anlage arbeitet einwandfrei, doch wir können den gewünschten Bedarf nicht produzieren. Haben einheimische Helfer, denen wir erst einmal beibringen mußten, was Sauberkeit heißt. Denn der Himmel mag wissen, warum die Kerle davon keine Ahnung haben. Am Anfang sah es wirklich so aus, als ob jedermann versuchte, schmutziger zu sein als sein Nebenmann. Aber alles in allem sind die Burschen ganz in Ordnung, wir müssen halt nur die Geduld aufbringen, sie zu lehren, den Job so zu handhaben, wie wir es uns vorstellen ...«

Quint Adams, Oran, 31. Juli 1944: »*Es ist mir ein großes Vergnügen, Euch mitteilen zu können, daß wir in der Lage sind, die Ration für ganz Nordafrika auf drei Flaschen Coca-Cola pro Mann und Woche und in Italien, Sardinien und Korsika auf zwei Flaschen pro Mann und Woche erhöhen zu können.*«

Watt Lovett, Tunis, 13. August 1944: »*... Ihr würdet mit dem Kopf schütteln, wenn Ihr unsere einheimischen Arbeiter sehen könntet. Sie sind Araber und angezogen wie die Türsteher einiger New Yorker Night-Clubs. Von Zeit zu Zeit gebe ich ihnen ein Stück Seife und halte mit dem Wasserschlauch voll auf sie drauf. Denn ohne diese Methode würden die Kerle stinken wie die Ziegenböcke. Natürlich kann ich mich mit ihnen nicht unterhalten, habe aber Mittel und Wege gefunden, den Kerls zu zeigen, wo's langgeht. Mein Übersetzer für alle Notfälle, ein 14 Jahre alter rothaariger Knabe, spricht Englisch, Französisch, Arabisch, Italienisch und Spanisch. Er selbst nennt sich ›Coca-Cola Junior‹.*«

Jake Sutton, Kairo, 14. August 1944: »*Hier läuft alles prima. Am letzten Donnerstag, dem 10. August, gab es hier die große Eröffnungsfeier. Der kommandierende General hat persönlich das Eröffnungsband durchschnitten. Mitglieder des Diplomatischen Corps, Angehörige der alliierten Einheiten und lokale Politiker nahmen an der Eröffnungsfeier teil. Ich habe tolle Bilder gemacht und hoffe, sie Euch schicken zu können, vorausgesetzt, ich erhalte die Freigabe durch den örtlichen Zensoren. Der König will uns nächste Woche besuchen.*«

»Take off refreshed«, Anzeige aus dem Jahr 1940

Bill Lawo, Kairo, 28. August 1944: »*... Um ganz ehrlich zu sein, unsere mehr als vierzig einheimischen Arbeiter sind eine mittlere Katastrophe. Einerseits kann man sich fast totlachen, andererseits bereiten einem die Kerle mehr als nur Kopfschmerzen. Ganz am Anfang hatten sie ziemlich Schiß vor den Maschinen. Aber mit der Zeit haben sie an den Dingern Gefallen gefunden. Wie kleine Kinder drücken sie an den Knöpfen ohne jede Warnung, und wenn das so weitergeht, wird die Sterblichkeitsrate der Araber immens anwachsen, wenn wir diese verdammten Idioten nicht endlich darüber aufklären, wie gefährlich diese Spielerei ist. Ein anderes Problem war die Einführung in die Geheimnisse der Körperpflege. Es war anfangs einfach unmöglich, den Kerlen beizubringen, daß sie täglich vor und nach der Arbeit duschen müssen. Es war einfach zum Verzweifeln. Doch irgendwie scheinen sie jetzt daran Gefallen gefunden zu haben. Denn wann immer uns ein Arbeiter abgeht, können wir sicher sein, daß wir ihn grinsend unter einer Dusche finden. Letzte Woche haben wir sie mit alten Uniformen eingekleideet. Ob Ihr es glaubt oder nicht, wir müssen die Kerle regelrecht aus der Uniform rausprügeln, denn sie würden sie am liebsten Tag und Nacht tragen, was wir natürlich nicht erlauben. Am meisten gelacht haben wir an dem Tag, als alle zur medizinischen Untersuchung mußten. Der Armeearzt gab jedem von ihnen drei Unzen Abführmittel, was ausreicht für ein ausgewachsenes Pferd, und sagte, daß keiner von ihnen nach Hause darf, bevor da nichts passiert ist. Um es kurz zu machen, jeder von ihnen brauchte mindestens sechs Unzen und sieben von ihnen sogar 18, bevor sie in Richtung Latrine gespurtet sind.*

... Wie Euch Jake schon erzählte, war unsere Eröffnungsfeier ein großer Erfolg. Leider hat der Zensor mir nicht erlaubt, Euch Bilder davon nach Hause zu schicken.

Der König ist ein großer Coca-Cola Trinker und ruft wöchentlich persönlich an, damit wir ihm einige Kisten in seinen Palast schicken. Irgendwann für diese Woche ist sein privater Besuch in unserer Abfüllstation bereits angekündigt.

Tagtäglich besuchen uns GIs, um Bilder in der Station zu schießen, die sie dann nach Hause schicken, um ihren Leuten zu zeigen, daß hier in Ägypten Coca-Cola, anders als zu Hause, nicht rationiert ist.

Dank unserer großen Produktionskapazität hat uns die Armee erlaubt, Einheiten unserer alliierten Freunde mit Coca-Cola zu versorgen. Wir verkaufen Coca-Cola nach Südafrika, Kanada und Neuseeland, und ich glaube, die lieben Coke.

Einer der Leute vom Roten Kreuz hat uns erzählt, daß bei den Soldaten so viel Interesse besteht, daß sie planen, einen Besuch in der Abfüllstation in die vom Roten Kreuz organisierten Stadtrundfahrten aufzunehmen. Ich halte das für eine gute Idee und habe bereits meine Zustimmung gegeben.

Das Fronttheater spielt zur Zeit die Show ›This Is The Army‹. Wir verkaufen 100 Kisten Coca-Cola pro Nacht und Vorstellung. Es ist wirklich phänomenal zu sehen, wie Männer jeder Nationalität in den Pausen an unsere Coke-Bar rennen, um sich einen Drink hinter die Binde zu gießen ...«

Gene Braendle, Neuguinea, August 1944: »*Es wird für ewig ein Geheimnis bleiben, wie Bill Musselman diesen Trümmerhaufen von einer Abfüllanlage zwölf Stunden am Tag in Action hält. Aber irgendwie funktioniert die Kiste. Vom Base Commander bis zum kleinsten Angestellten ist jeder brennend daran interessiert, daß unsere Abfüllanlage arbeitet. Wir können alle Hilfe von ihnen bekommen, die man sich nur vorstellen kann, lediglich mit Ersatzteilen stehen wir ziemlich schlecht da.*

Madden hat ungefähr fünf Pfund Gewicht verloren, ich selbst 16, und das, ob ihr es glaubt oder nicht, genau an den richtigen Stellen, so daß ich über diese Entwicklung ganz zufrieden bin. Phil allerdings sieht so aus, als hätte er schon seit Wochen nichts mehr zu fressen gehabt.

Ich kann es kaum erwarten, bis ich endlich einen dieser Superfilme sehe über die Schönheit dieser Südseeinseln mit diesen Wahnsinnsweibern, dem tropischen Mondschein und dem weichen, warmen Sonnenschein. Es wird mir ein sehr großes Vergnügen sein, dem Regisseur höchstpersönlich eins auf die Schnauze zu hauen. Denn das hier ist der einzige Platz in der Welt, den ich kenne, wo du ein Schlammbad nimmst und den Dreck eine Stunde später mit dem Messer zerschneiden kannst. Glaubt mir, ich weiß, warum diese Einheimischen hier alle so fette Ärsche haben. Ein Captain und ich sind an einem Tag mit dem Jeep mehr als 92 Meilen gefahren. Ich habe in den folgenden zwei Nächten nur noch auf dem Bauch schlafen können, und in einen Stuhl konnte ich mich überhaupt nicht setzen. Mein Arsch war durch die Bocksprünge über dieses Meer von Schlaglöchern ganz wundgescheuert.

Das Essen ist ganz gut, aber die Armee wird großen Ärger kriegen, wenn die Jungs weiterhin ihre Flaschenöffner verlieren. Ich selbst bin schon fast so gelb wie einer dieser Japse, das kommt wohl von der Malariaprophylaxe, die wir täglich nehmen müssen.

Vor einigen Tagen habe ich meine erste Python gesehen. Einer der GIs hat eins dieser 20 Fuß langen Biester getötet. Wir alle haben Fotos gemacht, und ich wette, daß diese Bilder unsere Angehörigen sehr beeindrucken werden.«

Kampfpause in Italien 1944

1942

1943 warb der Coke-Kobold für Kriegsanleihen.

So sollte der Tisch gedeckt sein, wenn die Boys auf Urlaub nach Hause kommen (1943).

Jim Parham, Neuguinea, 24. Oktober 1944: *»Ich gebe einen kurzen Überblick über die Situation im Südwestpazifik. Wir sind auf dieser heißen, schlammigen und verregneten Insel am 28. Juni angekommen. Innerhalb einer Woche arbeiteten bereits 76 Zapfsäulen für Coca-Cola. Während der Monate Juli und August habe ich viele Frontabschnitte persönlich besucht. Die Jungs auf den Admiralitätsinseln haben seit Monaten weder Eis noch irgendein Getränk gesehen. Nach zwölf Jahren bei der Coca-Cola Company zählt der Tag zu den Höhepunkten in meinem Leben, als wir den Jungs den ersten kalten Drink servieren konnten. Die Reaktion war überwältigend. Hier einige Originalzitate: ›Ich kann es nicht glauben, die Leute zu Hause haben uns nicht vergessen!‹ — ›Das ist die erste Cola, seit ich San Francisco verlassen habe.‹ — ›Ich habe seit 14 Monaten keine Cola getrunken. Die hier schmeckt besser als die letzte, an die ich mich erinnern kann!‹«*

Paul Bacon, Paris, 30. August 1944: *»Hatte heute mein erstes Bad seit drei Wochen. Im eiskalten Wasser im Hotel Ritz. Es war trotzdem wunderbar. Alle Leute um uns herum scheinen unendlich glücklich zu sein. Die Leute lachen, fallen sich in die Arme, dekorieren uns mit Blumen, Ihr habt so was sicher noch nie gesehen.«*

In der 4. Ausgabe des »T. O. Digest« findet sich der Nachruf auf einen der Technical Observers: *»Mit großem Bedauern geben wir den Tod von Johnson Warde (Jake) Sutton am 23. Februar 1945 bekannt.*
Jake wurde bei einem Flugzeugzusammenstoß getötet, auf dem Rückweg nach Kairo von einer Inspektionsfahrt zu den Stationen in Khartoum und Asmara. Die Übermittlung dieser traurigen Nachricht verzögerte sich, da sich der Unfall in einem Gebiet ereignete, das die Suchtrupps erst nach 2½ Tagen erreichten. In den Wracks waren keine Überlebenden.
Jake wurde mit allen militärischen Ehren in Khartoum bestattet. Nachfolgend veröffentlichen wir einen Auszug aus der Gedenkrede des Präsidenten der Coca-Cola Verkaufsgesellschaft: ›Das Direktorium hat mit großem, tiefem Bedauern den plötzlichen Tod von Johnson Warde Sutton in der Erfüllung seiner Aufgabe als Technical Observer der bewaffneten Streitkräfte der USA zur Kenntnis genommen.
Als unsere Firma aufgerufen wurde, das ist nachzulesen im Rundschreiben 51 des Oberbefehlshabers General Marshall, den bewaffneten Streitkräften technisches Personal für die Kontrolle und den Betrieb überseeischer Abfüllstationen zur Verfügung zu stellen, war Jake Sutton unter den ersten Freiwilligen, die einen Vertrag unterzeichneten und unter dem Befehl der Armee in den Mittleren Osten gingen. Während seines Dienstes an dieser Front tat er sein Bestes, die Politik der Company zu vertreten, schnell und effektiv eine Organisation auf die Beine zu stellen, die es möglich machte, unseren bewaffneten Streitkräften das Getränk Coca-Cola zu liefern und die Nachfrage zur vollsten Zufriedenheit zu befriedigen. Er hat unserem Land einen großen patriotischen Dienst erwiesen und zählte zu den besten Repräsentanten der Coca-Cola Company dank der Art, wie er Tradition und Geist des Hauses nach außen vertrat.‹«

Arthur Mc Cash, Casablanca, 13. März 1945: *»Coca-Cola ist in dieser Gegend nicht mehr rationiert. Ein normaler Arbeitstag schließt 16 Stunden Flaschenabfüllen in zwei Schichten ein. Es hat sich als notwendig erwiesen, die Arbeit auf 24 Stunden auszudehnen, und wir nutzen die Samstagnacht, um den Abfüllraum zu desinfizieren und zu streichen. Die Armee deckt ihren Bedarf, soweit das per Lkw erfolgen kann, durch tägliche Wagenlieferungen. Die restliche Produktion wird per Eisenbahn nach Oran und Marrakesch transportiert, die eine Anzahl von weiter entfernt liegenden Einheiten versorgen. Ein kleiner Teil der Produktion wird per Flugzeug ausgeflogen.*
Die hier stationierten amerikanischen Soldaten sind an unserer Entwicklung und den Verkaufserfolgen sehr, sehr interessiert. Es hat unzählige Inspektionsbesuche offizieller und privater Natur gegeben. Die Jungs sind hellauf begeistert.«

Burke Nicholson, Natal/Brasilien, 15. März 1945: *»Verglichen mit den Ereignissen in Europa, Afrika, dem Osten und dem Pazifik gibt es nichts wirklich Neues aus Natal zu berichten. Wie dem auch sei, hier läuft alles prima. Nach acht Monaten Arbeit werdet Ihr sicher verstehen, daß hier alles langsam Routine wird. Wir liefern unrationiert und in konstanter Menge Coca-Cola an die Streitkräfte und kommen dabei mit einer Schicht aus.«*

Ed Mc Glade, Tripolitania, 24. Februar 1945: *»Hier gibt es eine Sitte, die Euch möglicherweise interessiert. Wenn du an der Straße stehst und eine Zigarette rauchst, wirst du ständig von Arabern umlagert, die nur darauf warten, daß du die Kippe wegwirfst. Meist gibt es eine Keilerei, bevor einer triumphierend mit der Kippe davonläuft. Unser PX-Offizier sah sich aus diesem Grunde veranlaßt, Plakate auszuhängen, auf denen steht: ›Werft keine Zigarettenstummel in die Latrine!!!‹ und klein darunter in Klammern: (›Die Araber haben sich beschwert, sie könnten die Kippen nicht rauchen, wenn sie naß sind.‹)*
Unsere Zigarettenversorgung ist prima. Pro Tag gibt's ein Päckchen, und wer mehr braucht, kann seine Zigarrenration gegen Zigaretten eintauschen. Der PX-Offizier hat mir außerdem erlaubt, alle paar Tage an unsere Arbeiter Zigaretten zu verteilen.

Da die Mädchen in der Abfüllstation nicht rauchen, geben wir ihnen statt dessen Seife. Zu Hause würde es sicherlich mißverstanden, wenn man einer Lady Seife schenken würde, aber angesichts ihrer persönlichen Grundbedürfnisse werden die Geschenke hier nicht mißverstanden, sondern begrüßt. Je besser das Zeug riecht, um so stärker die Nachfrage. Kaschmirbouquet ist momentan der stärkste Renner.«

Bill Lawo, Kairo, 12. März 1945: *»Als das Hauptquartier am 1. März Nordafrika besetzte, erhielten wir Order, daß die Rationierung von Coca-Cola aufgehoben wird.«*

Phil Rubenstein, Philippinen, 24. Februar 1945: *». . . Noch ist es ein Privatgeheimnis, aber irgendwann in absehbarer Zeit werde ich mir die Freiheit nehmen, Befehl auszugeben, daß die Army Flaschenöffner an den Bajonetten tragen muß. Ich bin's verdammt noch mal leid zuzusehen, wie die Jungs an vorderster Front pausenlos die Flaschenköpfe abschlagen, weil sie keine Öffner in der Tasche haben!«*

John Talley, Antwerpen, 22. Februar 1945: *»Letzte Woche habe ich eine Tausendmeilenfahrt durch Nordfrankfreich und Belgien gemacht und dabei die große Abfüllstation in Spa, Belgien, besucht, die jetzt für die Armee produziert. Wir hoffen, daß die Station in ein paar Wochen 50 000 Kisten per Woche produzieren kann, momentan liegt die Stückzahl bei 20 000 Kisten. Das ist die einzige Station, die ich bisher gesehen habe, bei der kohlensäurehaltiges Wasser natürlich gewonnen wird. CO_2-Zusatz wird nicht benötigt. Zur Zeit kriegen wir in Antwerpen ordentlich was auf die Mütze. Jede Menge Bomben und V2s, das sind Raketenbomben. Vor diesen Dingern habe ich wirklich Angst. Glaubt ja niemandem, der Euch erzählen will, ihm ginge es nicht genauso. Eine ist direkt über mein Hotel geflogen. Mir ging die Muffe ganz ordentlich! Diese Stadt ist im Moment ein wirklich heißes Pflaster!«*

Red Davis, Kalkutta, 17. April 1945: *». . . Seit ich hier angekommen bin, habe ich versucht, eine komplette Ausrüstung für China zusammenzustellen. Erst hatten wir gedacht, alles wäre fix und fertig organisiert, und dann ist jedesmal irgend jemand aufgetaucht, der intervenierte. Aber jetzt bin ich sicher, daß wir die Sache in Gang bekommen. Sicherheitshalber habe ich bereits einige Maschinen und Ersatzteile auf den Weg gebracht. Fred Cooke will dem ganzen Krempel bis an seinen Bestimmungsort folgen. Henry Wou hat sich ebenfalls schon auf die Socken gemacht.*
Wie Ihr vielleicht wißt, arbeitet die erste Station in Neu-Delhi. Eine andere wird in weniger als einer Woche in Kalkutta die Produktion aufnehmen. Bruce arbeitet an der Errichtung einer 3. Abfüllstation. Fred hat ihm geholfen, während er auf seine Maschinenteile für China wartete. Innerhalb einer Woche planen wir, eine weitere Anlage an einem anderen Platz zu installieren. Mit anderen Worten, in allernächster Zukunft haben wir zwei Abfüllstationen in Indien, die bereits arbeiten, und drei weitere in der Aufbauphase.«

Walter R. Obaugh, Caserta, 18. Juni 1945: *»Wir sind dabei, die Installation der ersten zivilen italienischen Abfüllstation in der Nähe von Venedig, genauer gesagt, in dem Städtchen Recoaro zu installieren. Von hier aus sollen die stationierten Truppen in der Gegend und ein Erholungslager auf einer der Inseln vor Venedig mit Coca-Cola versorgt werden. Don Cowan ist hier eingetroffen, um das Projekt zu kontrollieren und nach Inbetriebnahme zu beaufsichtigen.«*

Pat O'Nalley, Marseille, 30. Juni 1945: *»Die Anlage in Marseille arbeitet nun täglich 18 Stunden und produziert im Durchschnitt 6100 Kisten pro Tag. Wir liefern Coca-Cola ohne jegliche Einschränkung an die drei Militärcamps in der Nähe, die insgesamt ungefähr 200 000 Mann umfassen. Coca-Cola ist jetzt in allen Rot-Kreuz-Clubs erhältlich. Unsere Station in Nizza hat jetzt angefangen, 24 Stunden pro Tag zu arbeiten, und produziert pro Tag 1000 Kisten.«*

Jim Houston, Accra/Afrika, 11. Juni 1945: *»Auf die Schnelle ein paar Zeilen, damit Ihr wißt, wie es uns geht. Wir haben ein sehr hübsches Camp mit prima Quartieren und einem Hausboy, der sich um unsere Klamotten, den Haushalt und den Abwasch kümmert. Es sieht so aus, als würden wir langsam in das zivile Leben zurückkehren und langsam wieder unsere eigenen Klamotten tragen.*
Das Essen ist sehr, sehr gut und reichhaltig. Wir kriegen jede Menge Steaks, Gemüse — und das alles frisch. Das hilft natürlich mächtig, das Leben ein bißchen angenehmer zu gestalten. Unser Standort ist nicht annähernd so heiß, wie wir erwartet haben. Es ist in der Regel ca. 30 bis 35 Grad warm während des Tages, mit einer netten Seebrise, so daß einem die Hitze gar nicht so bewußt wird.
Letzte Woche habe ich eine Busfahrt gemacht und sah, wie die Eingeborenen wirklich leben. Wir haben auf dieser Fahrt einen Missionar getroffen, der hier schon seit vier Jahren lebt. Natürlich hatten wir Coke dabei und haben ihm einige Flaschen davon geschenkt. Jungs, ich kann Euch sagen, der ist fast durchgedreht. Er hat uns erzählt, er hätte nie in seinem ganzen Leben geglaubt, so etwas in Afrika eines Tages in die Hand zu bekommen. Auf dem Heimweg haben wir bei ihm erneut haltgemacht und ihm unsere ganzen Restbestände dagelassen. Ich habe nie in meinem Leben einen Mann gesehen, der sich so über ein paar Flaschen Coca-Cola gefreut hat.«

Coca-Cola

Major Johnston (links) und Technical Observer Phillips im Coca-Cola Flaschenlager in Brüssel (1944)

Plakatmotiv 1944

Plakatmotiv 1944

Anzeigenmotiv 1942

Präsident Roosevelts Frau Eleanor in einer Marine-Kantine im Pazifik

Jim T. Lane, Paris, Juni 1945: *»Wir haben verdammt viel Schwein gehabt, ein geeignetes Gebäude in Paris zu finden. Vor uns haben es die Deutschen als Garage benutzt. Wir fanden jede Menge Ersatzteile, Autowracks und zusammengebrochene Armeefahrzeuge vor. Bis heute haben wir die meiste Zeit damit verbracht, das Gerümpel aus der Anlage herauszuräumen. Momentan beschäftigen wir ungefähr fünfzig französische Zivilisten, haben unsere eigene Messe und mehrere Köche, die unser Essen kochen.*
Unsere Transportprobleme wurden teilweise von der US-Army gelöst, die uns einen Waffentransporter zur Verfügung stellte und uns half, einen sehr schönen Mercedes-Krankenwagen, den wir hier im Gebäude fanden, zu reparieren; den benutzen wir jetzt als Kleintransporter.
Die Franzosen haben sehr schnell gelernt, mit unseren Maschinen zu arbeiten. Die Perfektion der angelieferten Ausrüstung hat die Franzosen sehr beeindruckt. Wann immer die Waschanlage für die Flaschen streikt, befürchten wir, daß einer der Franzosen seinen Overall reingeschmissen hat, um zu sehen, wie sauber er aus dieser Waschanlage herauskommt! Letzte Woche haben wir das ganze Gebäude innen mit einer hellgrauen Farbe ausgemalt, den Waschraum weiß. Die Franzosen hielten uns sicherlich für absolut verrückt, bis wir ihnen erklärten, daß zu den hohen Anforderungen an die Sauberkeit einfach auch gehört, daß die für das Abfüllen so wichtigen Räume in einem einwandfreien, sauberen Zustand sind.«

Paul Lesko, Niedermendig, 24. Juni 1945: *»Ich habe meinen ersten Ausflug an den Rhein gemacht. Das war im März. Aber die Armee hatte zu dieser Zeit noch keine Möglichkeit, unsere Ausrüstung zu transportieren. Erst Ende April konnte unser Material an den Rhein gebracht werden. Am 15. Mai lieferten wir die ersten Flaschen für die in Deutschland stehenden Truppen.*
Vier Tage später (19. Mai) verließen die ersten Coca-Cola Flaschen aus der Brohler Mineralbrunnenquelle das Werk. Brohl produziert pro Tag 1700 Kisten pro 9½-Stunden-Schicht am Tag. In Niedermendig werden im selben Zeitraum rund 3200 Kisten produziert. Auf dem Rückweg fuhr ich über Essen, wo in der letzten Woche Vorgespräche abgeschlossen wurden, das alte Werk wieder aufzubauen. Momentan laufen die Reparaturarbeiten auf Hochtouren und sollten nach meiner Einschätzung in absehbarer Zeit abgeschlossen sein.«

Jim Nash, Nürnberg, 19. Juli 1945: *»Das Leben in Nürnberg ist sehr interessant und unheimlich geschäftig. Meine Anlage ist sehr hübsch. Den einzigen Ärger macht die Army, weil sie pausenlos nach mehr Cola fragt, als ich produzieren kann.«*

Charles Carroll, Kalkutta, 4. Juli 1945: *»Als Anlage erhaltet Ihr die Kopie einer Rede mit dem Titel ›Auf Wiedersehen, Mister Haymes‹, ebenso ein Bild von der feierlichen Zeremonie.*
Haymes hat, wie Ihr alle wißt, die Abfüllstation Nr. 44 zusammengebaut und als Leiter auch in Betrieb genommen. Die einheimischen Hindus respektierten ihn als absoluten Chef. Als sie hörten, daß Red Haymes auf einen anderen Posten versetzt werden sollte, geriet das ganze Camp in helle Aufregung. Sie engagierten einen Fotografen, schrieben eine Rede und besorgten sich ein regelrechtes Blumenmeer als Dekoration. An einem Sonntagmorgen stellten sie sich alle in einer Reihe auf, brachten ein Coca-Cola Faß, hängten uns Amerikanern eine Blumengirlande um den Hals und drückten jedem von uns Sahibs eine rote Rose in die Hand. Dann folgte eine unvergeßliche Rede, nach der das beiliegende Foto geschossen wurde. Es war einfach großartig, und wir hatten unter uns amerikanischen Sahibs vereinbart, der erste, der auch nur grinst, hat den anderen eine Strafe von fünf Rupien zu zahlen. Mit Hängen und Würgen brachten wir diesen ›Festakt‹ in angemessener Würde über die Bühne, obwohl diese Rede einige humoristische Elemente aufwies, die es uns allen schwermachte, sich das Lachen wirklich zu verkneifen.«
Hier der Originaltext der Rede:
»To: Mr. A. H. Haymes, T. O., Coca-Cola Sales Co., Calcutta

Sir: It is with a deep feeling of irreparable loss that we the workers of the Coca-Cola Department, U. S. Army, Cassipore, approach you with the following words on the coming of your departure from our midst.
Our language fails to describe what our hearts feel for the impending event which was quite unexpected to us as well as full of abiding pain and poignancy, and because of your going away from our presence, tern away, without our being able to see you, speak with you and above all to have the pleasure to serve under a master like you.
Let others think what they may, you were not only an office master to us, we never entertained the idea; you were rather a ›master‹ to us in the Russian sense of the term, that is ›comrade‹ — a master, a guardian, a well wisher, a friend everything what our pain fails to picture.
Sir, genuine sympathy, your painstaking care and fatherly solicitude for the physical, intellectual and moral advancement of your workers have made you their idol, and it is not possible for them in any way to express here a small fraction of what you have done for them. Suffice it is to say, that in you we lose a great teacher, an ardent friend, and a sincere well wisher.
Though it is not proper to lament for this when a greater call of duty has come upon you yet we see no other way to console our bereaved heart than to pray to God from the utmost corner of our heart for your gradual physical and mental get-up. Believe us, Sir, our hearts will be with you wherever you go. So this is a meagre and inadequate address, but we are confident that you will understand all that it fails to say.
Heaven alone knows if we are to meet again, and therefore pray to the Almighty Father that you may have a happy life and to you that we may be in your sweet recollection.
May the blessings of Heaven attend you! And with Emerson we say ›Go with the starry speed‹!
We remain Sir, Your most obedient servants,
The workers of the Coca-Cola Dept.,
U. S. Army, Cassipore.«

Phil Rubenstein, Manila, 12. Oktober 1945: *»Hab' geschuftet wie der Teufel, um alle Vorbereitungen für die geplante Abfüllanlage hier auf die Reihe zu bekommen, und nun geht der ganze Krempel nach Japan! Diese Umlegerei der bereits beschlossenen Aktionen, jetzt, wo der Krieg endlich vorbei ist, macht mich noch wahnsinnig. Eine Anlage ist auf ein ganzes Dutzend Schiffe verteilt worden und kommt möglicherweise in Japan in genausoviel verschiedenen Häfen an. Wie die Jungs das Zeug jemals zusammenbasteln wollen, ist mir ein Rätsel.*
Ursprünglich hatten wir vor, zwei Anlagen in der Region von Manila aufzubauen. Aber die Anlagen 5 A und 8 A wurden von der Basis R nach Kobe umdirigiert. Es sind zwar immer noch zwei Anlagen hier im Hafen, aber auch die sollen wieder eingeladen und nach Japan geschickt werden. Ich habe keine Ahnung, was das soll, bin aber sicher, daß Ihr Euch was dabei gedacht habt.«

Dick Foster, Saipan, 5. September 1945: *»Die wichtigste Nachricht über Ereignisse, die uns hier beschäftigen, seit meinem letzten Brief, war der V-J Day [Victory Day = Kapitulation]. Als Samstagnacht die ersten Nachrichten durchsickerten, schliefen wir alle. Bill weckte mich nachts auf und rief, jetzt komm schon, laß uns nach draußen gehen! Mein erster Gedanke war, die Japsen sind zurückgekommen. Dann rief irgendjemand, die Scheiße ist vorbei, und uns allen war, als wäre die Hölle untergegangen. Am folgenden Dienstagmorgen, dem 15. August, war es dann offiziell. Auf der ganzen Insel wurde die Arbeit niedergelegt, mit Ausnahme unserer Coca-Cola Fabrik. Am Nachmittag war die Aufregung so groß, daß ich den Laden schließen mußte und alle Jungs nach Hause schickte, inklusive der japanischen Zivilisten. Es war einfach köstlich zuzuschauen, wie unsere Jungs versuchten, den Japanern zu erklären, was eigentlich passiert war. Sie konnten es ganz einfach nicht glauben!«*

That Extra Something!
...You can spot it every time
Word comes back again and again from those who have been at far-flung fronts that next to wives, sweethearts and letters from home among the things our fighting men mention most is Coca-Cola . . . Coke.
Is it hard to realize how this famous soft drink could mean so much to so many? Remembrance of its taste and refreshment sailed with them. Ice-cold Coca-Cola was their associate on bright, happy occasions. Part of their growing up . . . a pleasant thing to remember and look forward to. A reminder of home ways.
Even so far away from home, each time they enjoy it, they realize that the only thing like Coca-Cola is Coca-Cola, itself.
COMPANY MAIL
Although war has changed and disrupted so many things in their lives, our fighting forces overseas are so often delighted to find in far-off places an old familiar friend . . . Coca-Cola . . . being bottled in Allied Nations all over the globe, just as it is at home.
Few things equal the thrill of knowing that someone they know and love is caring, is thinking, is writing
When you write to the boys in Service, try to limit your letters only to those close to you by family or friendship. Remember, Uncle Sam wants the boys' to hear from home, but preferably from those nearest and dearest to them.
Drink
Coca-Cola
Delicious and Refreshing
The best is always the better buy!
5¢
COPYRIGHT 1943, THE COCA-COLA COMPANY

1943

The rest-pause that refreshes
Welcome in peace...
more welcome in war work
MANAGERS and personnel directors will tell you that regular rest-pauses plus the refreshment of ice-cold Coca-Cola increase contentment in their plants. Thus production is increased. A pause for Coca-Cola is a little thing in itself, but it's one of those little things that brightens a busy day.
You might think it strange that workers have such a welcome for a 5¢ soft drink. But Coca-Cola has something all its own in goodness. Made with a finished art, it has taste that always pleases. And more than just quenching thirst, it brings a happy after-sense of complete refreshment. The only thing like Coca-Cola is Coca-Cola, itself.
Letters from plant managers from coast to coast emphasize that the little moment for an ice-cold Coca-Cola means a lot to workers in war plants. It's a refreshing moment on the sunny side of things . . . a way to turn to refreshment without turning from work.
Hard work, rush work, hot work. Wouldn't you, yourself, welcome a frosty bottle of Coca-Cola when it came your time to pause? Who wouldn't.
Coca-Cola
Drink Coca-Cola Trade-Mark
A breathing spell, a rest-pause and ice-cold Coca-Cola. Contentment comes when you connect with a Coke.
Drink
Coca-Cola
Trade-Mark
Delicious and Refreshing
5¢
The best is always the better buy!
COPYRIGHT 1943, THE COCA-COLA COMPANY

1943

In der Ausgabe Nr. 8 des »T. O. Digest« schreibt der Chefredakteur in seinem Kommentar: *»Es ist eine Menge Wasser den Berg hinuntergelaufen, oder sollen wir besser sagen, eine Menge ›Coke‹ ist die durstigen Kehlen hinuntergeflossen, seit der letzten Ausgabe. Denn kurz nach deren Erscheinen haben wir dem Zweiten Weltkrieg adieu gesagt. Mit der vorliegenden Ausgabe habt Ihr unseren ersten Nachkriegskommentar in Händen: ›Wir begrüßen das Invasionsheer der Technical Observers von Coca-Cola in den hintersten Ecken der Welt!‹«*

George Ross, Tokio, 2. Oktober 1945: *»Zur Zeit haben wir mehr als 500 Zapfstellen im Tokio-Distrikt zu installieren, und bis jetzt bin ich der einzige Artist, der diesen Job erledigen soll, hoffe aber, daß einige Männer nachkommen. Ich habe zwei oder drei japanische Abfüllanlagen-Experten gefragt, ob sie bereit sind, mir bei der Installation und Reparatur der Zapfanlagen zu helfen. Die Japaner waren harte, brutale Kämpfer, aber sie sind hervorragende Arbeiter und sehr bemüht, uns ihre Bereitschaft zur friedlichen Zusammenarbeit zu zeigen. Tokio wurde das letzte Mal im Juni oder Juli angegriffen, und heute sind die ausgebombten Stadtteile bereits wieder so sauber, als wäre nie etwas geschehen. Es grünen bereits Gärten, wo früher Warenhäuser und Fabriken standen.«*

A. J. Marley, Alaska, 18. Oktober 1945: *»Alles klappt hier ganz wunderbar. Haben hervorragende Kontakte gemacht und die Produktion für die Army aufgenommen. Momentan bekommen wir einen leichten Vorgeschmack auf den arktischen Winter. Es schneit ganz fürchterlich, Väterchen Frost macht uns ordentlich zu schaffen. Aber das Schlimmste von allem ist der starke Wind. Zu Fuß muß man wirklich Schiß haben, daß einen der Sturm in das sicherlich eiskalte Beringmeer pustet.«*

Ed Mc Glade, Tripolis, 2. Oktober 1945: *»Wir haben eine interessante Geschichte hinter uns. Auf Anfrage des britischen kommandierenden Brigadiers erhielten wir die Erlaubnis, Seiner Königlichen Britischen Majestät Armee Coca-Cola zu servieren. Sehr vorsichtig ausgedrückt, sie mögen Coca-Cola. Die Briten gehörten innerhalb kürzester Zeit zu unseren besten Kunden. Als wir gezwungen waren, bedingt durch eine Verknappung des Sirups, der aus den Staaten geliefert wurde, für einen gewissen Zeitraum die Lieferungen an sie einzustellen, heulten sie wie die Wölfe. Lauter, viel lauter als damals, als wir kurzerhand ein Grundstück in ihrem Verwaltungsbezirk besetzten, um unsere Anlage aufzubauen.*
Die Jungs sind wirklich in Ordnung. Nur ihre seltsamen Gebräuche haben mich etwas verunsichert. Am grausamsten ist wohl die Unart, Coca-Cola mit Bier zu mixen. Dieses Gesöff nennen sie ›Shandy‹. Bis jetzt habe ich die Courage, dieses Zeug zu probieren, noch nicht aufgebracht. Aber an einem der nächsten Tage will ich mich überwinden und einen Schluck nehmen. Ich hoffe, daß ich mit dieser ›heroischen Tat‹ in den Kreis jener Berühmtheiten aufgenommen werde, zu denen auch der Mann zu zählen ist, der als erster eine rohe Auster gegessen hat.
Eine andere interessante Geschichte ist die Reaktion der Araber. Viele von ihnen sind in der Flaschenwaschanlage beschäftigt. Und selbstverständlich kann jeder der Arbeiter Coca-Cola trinken, soviel er in sich hineinbekommt. Zu Beginn des Ramadan-Festes, während dessen Dreißig-Tage-Dauer kein überzeugter Moslem zwischen Sonnenauf- und Sonnenuntergang ißt und trinkt, kam eine Delegation der arabischen Arbeiter und fragte mich, ob sie die ihnen während des Tages zustehende Coca-Cola mit nach Hause nehmen könnten, um sie am Abend zu trinken. Ich hatte verständlicherweise nichts dagegen, und es war wirklich lustig zu sehen, wie sie am Abend von ihrem Vorarbeiter die vereinbarte Ration an Coca-Cola Flaschen ausgehändigt bekamen und von ihm jeden Morgen kontrolliert wurden, ob sie auch dieselbe Anzahl leerer Flaschen wieder zurückbrachten.«

Art Sacht, Regensburg, 25. September 1945: *»Am 17. August in Regensburg angekommen, fing ich sofort an zu arbeiten. Als erstes bauten wir einen 4000-Gallonen-Wassertank auf und zapfen jetzt einen verdammt guten Drink.«*

George Downing, Paris, 11. September 1945: *»Das Foto in der Sommerausgabe des ›Red Barrel‹ [Titel der Hauszeitschrift für die Großhändler von Coca-Cola], das zeigte, daß die ›Pause‹ auf dem Eiffelturm serviert wird, war wirklich kein Witz! In Frankreichs bekanntestem Wahrzeichen, 185 Meter über dem Boden, wird Coca-Cola im GI-Nachtclub serviert.«*

George Downing, Paris, 6. November 1945: *»Letzten Donnerstag habe ich mit zwei Freunden den Park-Club besucht, der wohl zu den besten Rot-Kreuz-Clubs überhaupt gehört. Jeden Abend ist Tanz, und die Gäste können Kaffee, Kuchen und Coke haben. Während unserer halbstündigen Stippvisite zählte ich 22 Tische, an denen Coca-Cola serviert wurde. Mehr als ein Drittel des gesamten Personals tat nichts anderes, als Coca-Cola zu servieren.*
Sonntagnachmittag war ich beim Fußball. Im Stadion waren mehr als 30 000 Zuschauer. Überall, wohin man schaute, war Coca-Cola zu sehen. GIs hielten es in der Hand, hatten die Taschen voll davon, und viele von ihnen, wohl in der Angst, es während des Spiels

nicht zu bekommen, schleppten ganze Kisten mit sich herum. Das hat mich als Coca-Cola Mann natürlich fasziniert. Der Höhepunkt aber war, als die Jungs während der Halbzeit auf dem Spielfeld mit Wasser versorgt wurden, das in leere Coca-Cola Flaschen abgefüllt war. Glaubt mir, oder auch nicht, das war für mich das Höchste.
Wir haben es geschafft, daß in den 17 wichtigsten Army-Hotels von Paris Coca-Cola auf der Karte steht und serviert wird. Wir hoffen, den Rest der Hotels zu knacken, bevor der Schnee fällt.«

Charles Schmidt, Hof, 7. September 1945: »*Nach einem ewig langen Trip kreuz und quer durch Deutschland, auf der Suche nach Flaschen, Maschinen, Ersatzteilen und allem anderen Kram, der verfügbar war, habe ich mich in dieser ruhigen und friedlichen Stadt namens Hof niedergelassen. In der östlichsten Ecke von Bayern, keine sechs Meilen von der tschechischen Grenze entfernt, nur vier Meilen vom russisch besetzten Gebiet. Die Stadt selbst ist sehr intakt, hat nur wenige Bombentreffer abbekommen. Mein erster Besuch in Hof galt dem Militärgouverneur. Er war sehr kooperativ und hat mich bei der Standortauswahl sehr gut unterstützt. Einer Einladung folgend, bezog ich Quartier mit den anderen Offizieren der Garnison. Das Quartier ist sehr schön, und die Deutschen würden sagen, alles prima!«*

Assel Morrison, Stuttgart, 21. August 1945: »*Ich kam in Stuttgart an, als die Franzosen gerade dabei waren abzurücken. Am 13. Juli begannen wir mit dem Verkauf von Coca-Cola. Die Anlage arbeitet nun auf Höchsttouren, und heute liefern wir täglich 3800 Kisten aus. Ein Lkw-Konvoi hat heute die erste Tagesproduktion aufgeladen und die ›erfrischende Pause‹ an die amerikanischen Soldaten in Deutschland ausgeliefert.*
Mit der Einführung der Nachtschicht können wir einen Überschuß von 3800 Kisten produzieren, um uns gegen jede ungewöhnliche Nachfragesteigerung zu wappnen. Die Flaschen wurden in mühsamer Kleinarbeit aus zerbombten Häusern, Kellern und ehemaligen Filialen der deutschen Coca-Cola Gesellschaft zusammengestellt.
Mit der Normalisierung des Lebens in Deutschland kehren die früheren Coca-Cola Männer in das ganz dicke Geschäft zurück. Die ehemaligen Mitarbeiter kommen langsam von den Gefangenenlagern und Schlachtfeldern zurück und nehmen die Geschäfte wieder auf. Ausgebildete Maschinisten und andere erfahrene Leute haben aus der hoffnungslosen Misere innerhalb kürzester Zeit ein glänzendes Erfolgsgeschäft gemacht.
Das Leben in Stuttgart kann man sicherlich nicht mit dem im sonnigen Kalifornien vergleichen. Doch, ganz ehrlich, dies ist ein wunderbares Land. Die Stadt liegt zu Füßen der Alpen [!], die Landschaft rundum ist ein riesengroßer, gepflegter Garten mit majestätischen Wäldern.«

Verladung der ersten Coca-Cola Kisten für die 5. Armee in Italien

GIs und Coke in der Werbung

1944 erschien ein Kalender mit Schlachtszenen der siegreichen Luftwaffe.

Im Pulverdampf der kämpfenden Truppe eroberte Coca-Cola neue Absatzmärkte in Übersee.

DRINK
Coca-Cola
TRADE-MARK REG. U.S. PAT. OFF.

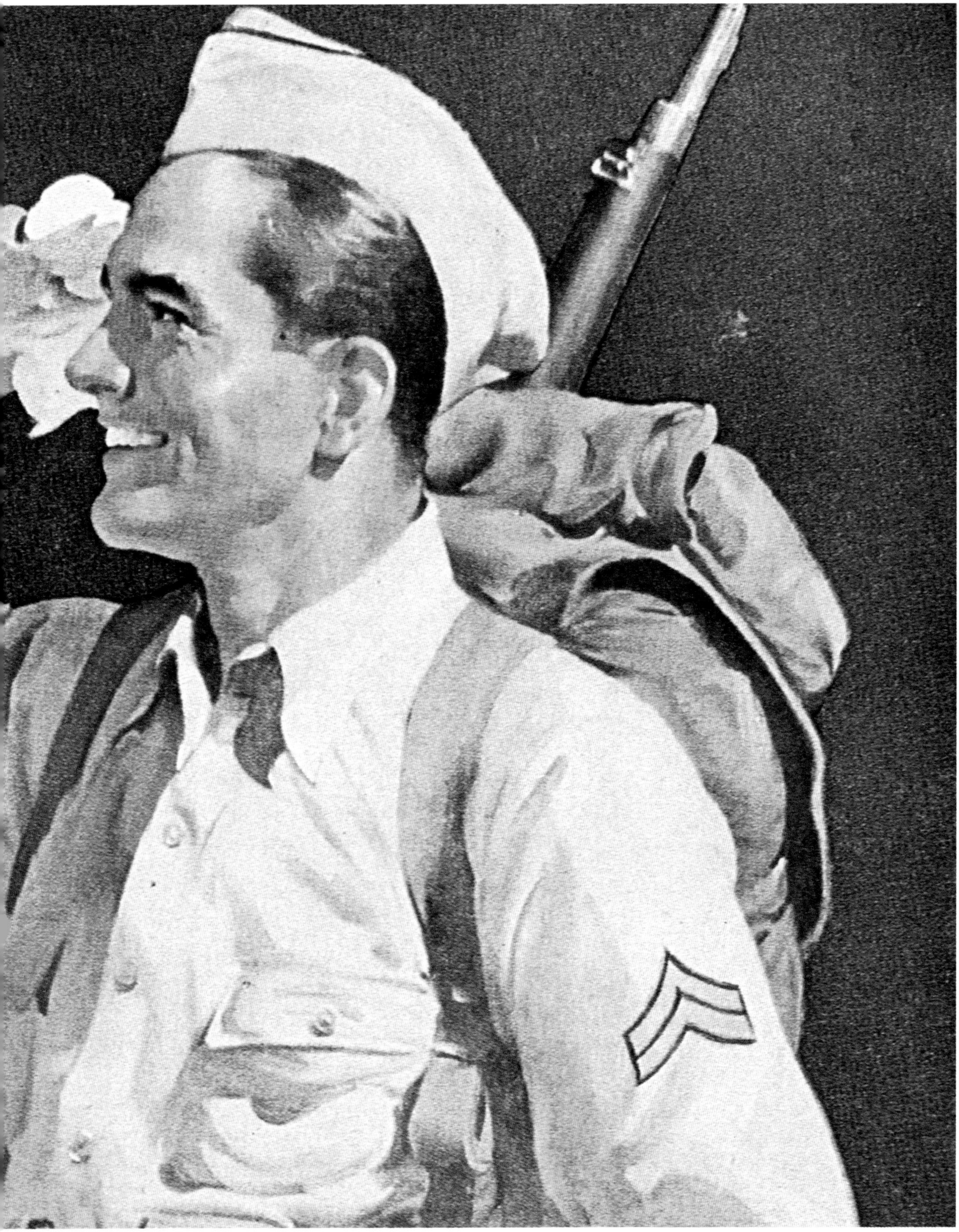

George L. Biddick, Frankfurt, 10. Oktober 1945: *»Zur Zeit bin ich in Frankfurt stationiert. Die Fabrik, in der wir arbeiten, gehörte früher zur Coca-Cola GmbH Deutschland. Die Anlage selbst wurde in Deutschland hergestellt und arbeitet hervorragend.*
Wir sind glücklich, daß die ganze Fabrik hier in Frankfurt nur dreißig Meter von einer Eisenbahnlinie entfernt liegt. Die Unterstützung von seiten der amerikanischen Armee ist hervorragend.
Mister John Talley hat sich mit seinem Büro in Frankfurt fest niedergelassen und sich als ein ganz exzellenter Pokerspieler bereits einen Namen gemacht.«

Bill Burke, Rouen, 30. Oktober 1945: *»Beschäftige in der Fabrik sowohl Franzosen als auch deutsche Kriegsgefangene als Arbeiter. Und mit einiger Sicherheit werde ich meine besten Männer in kürzester Zeit verlieren. Denn man hat mir zu verstehen gegeben, daß alle Kriegsgefangenen aus der Region der Normandie freigelassen werden und nach Deutschland zurückkehren können.«*

Paul Kornegay, Manila, November 1945: *»Unsere Fabrik in Manila arbeitet 44 Stunden in der Woche. Der Verkauf im Oktober erreichte die Rekordmarke von 153 109 Kisten.*
Madden und Braendle sind mit dem Schiff unterwegs nach Indien, auf der Route nach Hause in die USA. So gegen den 10. Dezember werden sie in einem Hafen an der Ostküste ankommen. Bei ihrer Ankunft werden sie einmal um den ganzen Globus gereist sein, seit ihrer Abfahrt aus New York. Wenn mich nicht alles täuscht, sind sie die beiden ersten Technical Observers, die einmal rund um die Welt gereist sind.«

Jim Nash, Nürnberg, Mai 1946: *»Die neue Fabrik ist ein Hammer. Nachdem alle Ersatzteile hier eingetroffen sind, können wir Coca-Cola in jeder verlangten Menge produzieren.*
Ich habe die Kriegsverbrecherprozesse an zwei Verhandlungstagen besucht und fand es sehr interessant. Meine Idee, einen Cola-Automaten im Verhandlungssaal aufzustellen, wurde leider abgelehnt.«

Knut Robsahm, Berlin, Februar 1946: *»Unser Geschäft boomt, und das macht mich natürlich glücklich. Wir haben hier einige Coca-Cola Bars für unsere Jungs eingerichtet und machen ein Bombengeschäft. Unsere Abverkäufe erreichten im Januar 56 000 Kisten, das sind 20 000 mehr als im Dezember. Wenn man bedenkt, daß in unserem Einzugsgebiet nur ungefähr 30 000 Army-, Navy- und Zivilpersonen beschäftigt sind, kann sich dieser Umsatz doch sicher sehen lassen, oder?*
Ich bin sicher, daß wir noch in diesem Sommer den Umsatz auf 75- bis 80 000 Kisten steigern können.
Diese Fabrik zu führen ist für mich keine Arbeit, sondern ein Riesenspaß. Ich fühle mich hier pudelwohl, und vom deutschen Manager bis runter zum kleinsten Arbeiter herrschen eine tolle Stimmung und ein phantastisches Betriebsklima.«

Knut Robsahm, Berlin, 1. April 1946: *»Jetzt geht hier wirklich die Post ab. Obwohl seit dem 1. Januar ungefähr 10- bis 12 000 Armeeangehörige abgezogen wurden, klettern unsere Umsatzzahlen unaufhörlich nach oben. Im März erreichte der Umsatz die neue Rekordmarke von 85 404 Kisten. Und die Umsatzkurve steigt weiter. Momentan versorgen wir rund 25 000 Armeeangehörige und Zivilpersonen, darunter geschätzt rund 2500 German ›frauleins‹, die in den verschiedenen Clubs zu Coke greifen. Mein Pro-Kopf-Umsatz ist einfach gespenstisch. 2 1/2 Flaschen pro Tag und Kopf, das muß Rekord sein, oder?«*

Charlie Mc Coy, Augsburg, 1946: *»Das Geschäft hier in Augsburg entwickelt sich phantastisch. Sicher spielt das Wetter auch eine große Rolle. Wir hatten einen milden Winter, und momentan steht die ganze Landschaft in voller Blüte, und es sieht so aus, als würden wir einen prächtigen Sommer bekommen. Im März haben wir 152 850 Kisten Coca-Cola verkauft und im April bereits die Marke von 175 000 überschritten. Ich bin davon überzeugt, daß wir es schaffen, im Juni eine Million Kisten zu verkaufen. Cliff Johnson ist meiner Meinung.*
Ich bin gerade von einer Rundreise über Fulda, Bremen, Stuttgart, Salzburg und Wien zurückgekommen. In Bremen hat es Ansel Morrison geschafft, 4000 Kisten Coca-Cola pro Woche für die kanadischen Truppen, die den Nord-West-Sektor Deutschlands besetzt halten, abzuzweigen.«

Ray Spencer, Tokio, Mai 1946: *»Mister Farley und Mister Davis sind gestern um 3.30 Uhr nach Shanghai zurückgeflogen. Gestern abend hatte ich mit ihnen zusammen ein Mittagessen mit General MacArthur und seiner Frau in der Botschaft. Während des Essens sagte der General: ›Coca-Cola folgt der Flagge, und es sieht so aus, als sei Coca-Cola genauso ein Stück Amerika wie die Flagge selbst.‹«*

Tex Spradling, Shanghai, Mai 1946: *»Hallo, Jungs, ich habe mir eine Gelbsucht eingefangen und liege momentan im Armeehospital. Die Ärzte haben mir gerade eröffnet, daß ich ungefähr fünf Wochen hier liegenbleiben muß. Die Krankheit schmerzt nicht, und ich habe das Gefühl, mir fehlt nichts. Das einzig Blöde ist, daß ich nur faul hier im Bett herumliege und nichts zu tun habe. Sobald ich entlassen werde, kehre ich zurück nach Yokohama, fahre dann weiter nach Manila und nehme den nächsten Dampfer in die Staaten.*

Schnappschuß von der Front

Ich bin heilfroh, daß ich die Fabrik hier drei Tage, bevor ich mir diese Gelbsucht eingefangen habe, in Schwung gebracht habe. Vermutlich wißt Ihr, daß Coca-Cola früher hier sehr streng rationiert war. Ihr könnt Euch vorstellen, mit welchem Vergnügen ich hier im Hospital eines Morgens die Zeitung aufgeschlagen habe und die beiliegende Anzeige in der chinesischen Presse las:
›Watson Mineralwasser GmbH freut sich anzukündigen, daß Coca-Cola für den Hausgebrauch ab sofort *zum Sensationspreis von 500 Dollar pro Flasche im 24er Pack verkauft wird. Suchen Sie den nächstgelegenen Händler auf.‹*
Dieser Preis von 500 Dollar pro Flasche bezieht sich natürlich auf chinesische Dollars und entspricht etwas mehr als zehn Cent amerikanischer Währung.«

Während des Zweiten Weltkriegs gab es kein Schlachtfeld auf dem gesamten Globus, auf das die Technical Observers der Coca-Cola Company den kämpfenden Truppen nicht gefolgt wären. Als die Waffen schwiegen und die Welt neu geordnet wurde, ganz simpel in Ost und West, in Böse und Gut, in Elend und Luxus, in Kommunismus und Demokratie, da standen auf der richtigen, der profitablen Seite Abfüllanlagen in:
Adak auf den Aleuten
Afrika: Aden, Kairo, Asmara, Accra, Tripolis, Algier, Casablanca, Oran und Tunis
Australien: Perth
Europa: Brüssel, Spa in Belgien; Luxemburg; Marseilles, Lille, Paris, Nizza, Nancy, Rennes, Reims und Rouen in Frankreich; Niedermendig, Brohl, Frankfurt, Fulda, Hof, Stuttgart, Regensburg, Bad Vilbel, Bremen, Berlin, Augsburg, Mannheim in Westdeutschland; Amsterdam/Holland; Reykjavik auf Island; Bari, Cividale, Florenz, Leghorn, Mailand, Neapel, Rom und Venedig in Italien sowie Cagliari auf Sardinien
Asien: Kalkutta, Chabua, Delhi und Ledo in Indien; Okinawa, Kobe, Yokohama in Japan; Manus auf den Admiralitätsinseln; Saipan und Guam auf den Marianen; Finschaven in Neuguinea (Sirup-Stützpunkt für die Inselwelt); Leyte, Manila und San Juan auf den Philippinen
Südamerika: Natal und Recife in Brasilien
Mittlerer Osten: Chorramschahr im Iran

James M. Kahn beschreibt in seinem unveröffentlichten Report aus dem Jahr 1946 unter dem Titel »Coca-Cola geht in den Krieg« die Schwierigkeiten, mit denen die Technical Observers zu kämpfen hatten, ganz im Stile der klassischen Heldenstories aus dem guten alten Wilden Westen:
»... Die T. O., die auf den Aleuten an Land gingen, um in Adak eine Abfüllstation aufzubauen, mußten ihre Sirupfässer am Strand mit einem Echolot suchen. Denn die Fässer lagen unter einer 1,80 Meter dicken Schneedecke.
... In Le Havre mußten die Männer von Coca-Cola einen Taucher auftreiben, der die beim Löschen über Bord gegangene Abfüllanlage zwischen den unzählig gesunkenen Wracks aufzuspüren hatte.
... Auf dem Höhepunkt der Schlacht um Frankreich, als Panzerkonvois über die Straßen rollten, mußte ein Tank losgeeist werden, um die 35 Tonnen schwere Flaschenwaschanlage von Le Havre nach Paris zu transportieren. Der Coca-Cola Mann bekam seinen Panzer!
... Und in Neapel, wo die Fabrik 24 Stunden am Tag arbeitete, nur elf Meilen südlich von der aktuellen Front, mußte die gesamte Belegschaft allabendlich gegen Mitternacht in volle Deckung gehen, wenn die deutschen Bomber angriffen. Unter diesen widrigen Umständen und Schwierigkeiten wurden die Fabrikationsanlagen zusammengebaut und für die Inbetriebnahme vorbereitet.
... Die erste Fabrik, die die Produktion aufnam, entstand in Nordafrika. Denn hier gingen unsere Truppen das erste Mal auf dem Kontinent an Land. Später setzten sie über nach Italien und trafen erstmals direkt mit den Deutschen zusammen. Coca-Cola Fabriken lieferten in Italien abgefüllte Flaschen aus, während die Kämpfe um Monte Cassino ihren Höhepunkt erreichten.

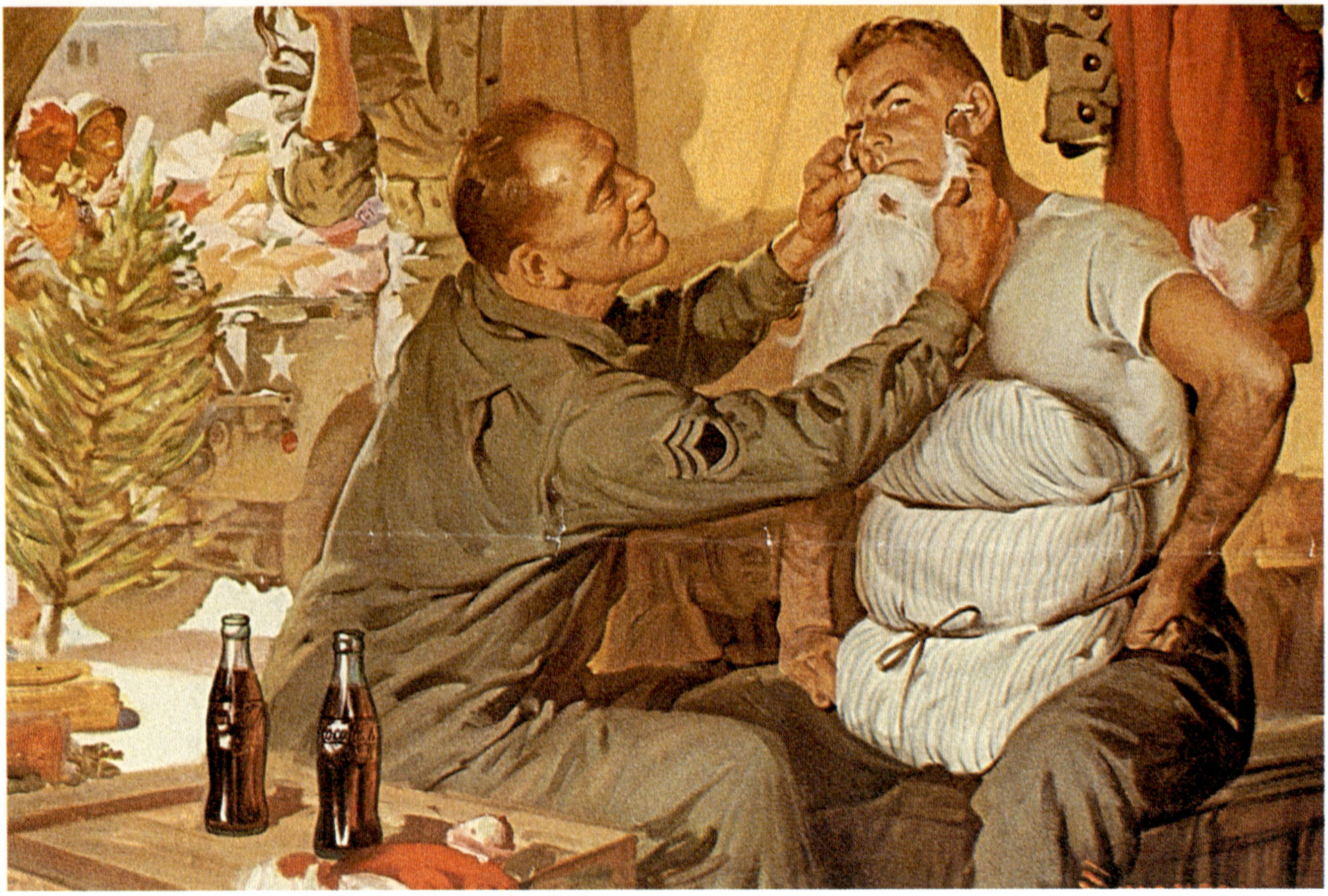

Anzeigenmotive einer Serie aus dem Jahr 1945

Ob in Italien oder Weihnachten an der Front, ob in Brüssel oder in Paris — mit Coke findet man Freunde.

... Nach dem D-Day, der Landung der alliierten Truppen in der Normandie, als unsere Truppen im Eiltempo durch Frankreich marschierten und sich mit den Deutschen an der Grenze heftigste Gefechte lieferten, kamen unsere Coca-Cola Männer nach Europa. Die erste Fabrik, die unsere GIs mit Coca-Cola versorgte, stand in Brüssel und nahm die Produktion sechs Monate nach der Landung unserer Truppen an den Stränden der Normandie auf.

... Einen Monat später eröffnete die nächste Fabrik in Spa, und als unsere Truppen nach Deutschland marschierten, gingen wir mit ihnen.

... Nur eine Woche nach der deutschen Kapitulation vom 8. Mai 1945 nahm die Abfüllstation in Niedermendig die Produktion auf, und als unsere siegreichen Streitkräfte das zerstörte Vaterland besetzten, waren die Männer von Coca-Cola an ihrer Seite. Bevor die Besatzung im Sommer abgeschlossen war, arbeiteten bereits zwölf weitere Fabriken, um unsere Soldaten mit Coca-Cola zu versorgen, eine davon auch in Berlin.

... Auf dem Kriegsschauplatz im Pazifik waren bereits fünf Fabriken installiert, als der ›V-J Day‹ heranbrach. So war es für unsere Jungs kein Problem, als aus dem Hauptquartier in Guam die Order kam, eine Ladung Coca-Cola auf die Reise zu schicken, um damit die Kapitulation der Japaner zu feiern. Als unsere Truppen in Japan an Land gingen, um das Land, wie sie es in Deutschland schon getan hatten, zu besetzen, marschierte einmal mehr der Coca-Cola Mann mit ihnen und baute Fabriken in Okinawa, Kobe und Yokohama auf ...«

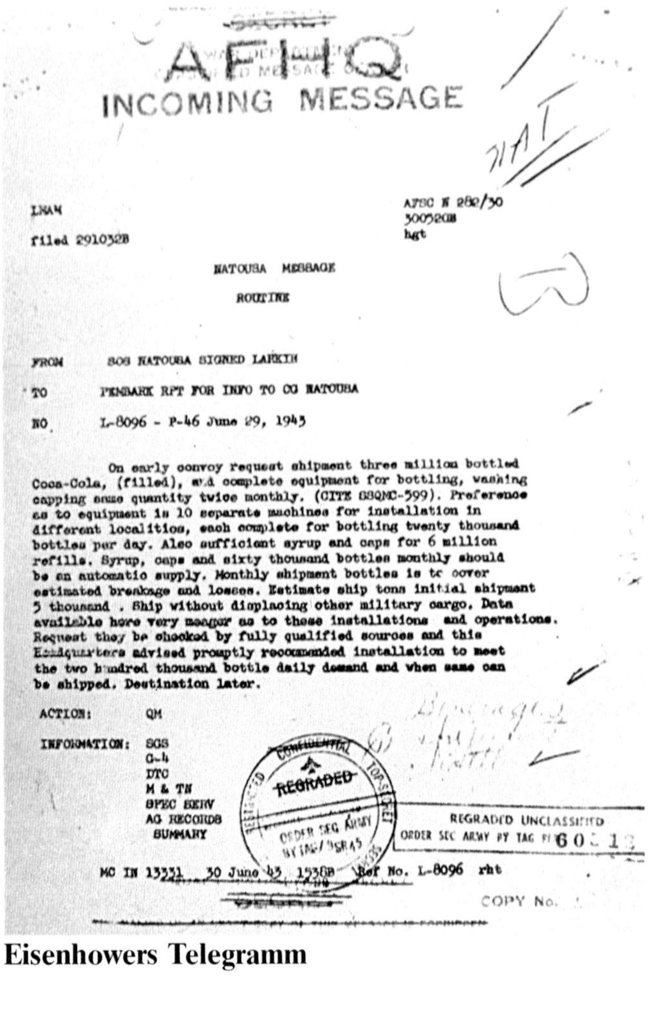
AFHQ
INCOMING MESSAGE

LNAM
filed 291032B

AFSC N 282/30
300520B
hgt

NATOUSA MESSAGE

ROUTINE

FROM SOS NATOUSA SIGNED LARKIN
TO PEMBARK RPT FOR INFO TO CG NATOUSA
NO L-8096 - P-46 June 29, 1943

On early convoy request shipment three million bottled Coca-Cola, (filled), and complete equipment for bottling, washing capping same quantity twice monthly. (CITE SSQMC-599). Preference as to equipment is 10 separate machines for installation in different localities, each complete for bottling twenty thousand bottles per day. Also sufficient syrup and caps for 6 million refills. Syrup, caps and sixty thousand bottles monthly should be an automatic supply. Monthly shipment bottles is to cover estimated breakage and losses. Estimate ship tons initial shipment 5 thousand . Ship without displacing other military cargo. Data available here very meager as to these installations and operations. Request they be checked by fully qualified sources and this Headquarters advised promptly recommended installation to meet the two hundred thousand bottle daily demand and when same can be shipped. Destination later.

ACTION: QM
INFORMATION: SGS
G-4
DTC
M & TN
SPEC SERV
AG RECORDS
SUMMARY

REGRADED
REGRADED UNCLASSIFIED
ORDER SEC ARMY BY TAG PER 60[illegible]1[illegible]

MC IN 13331 30 June 43 1530B Ref No. L-8096 rht

COPY No.

Eisenhowers Telegramm

Das Eisenhower-Telegramm

Am 29. Juni 1943 erreichte folgendes Telegramm das Nachschub-Hauptquartier (General Eisenhower war gerade in Nordafrika gelandet):
›Mit dem ersten Konvoi drei Millionen Flaschen Coca-Cola (gefüllt) und die komplette Ausrüstung, um dieselbe Menge zweimal im Monat neu abzufüllen, zu spülen und zu verschließen. Darüber hinaus zehn Abfüllanlagen, die an verschiedenen Plätzen aufgebaut und installiert werden können, jede so ausgelegt, daß am Tag 20 000 Flaschen gezapft werden können. Außerdem ausreichend Sirups und Korken für sechs Millionen Nachfüllungen. Sirup, Verschlußkappen und 60 000 Flaschen sollten monatlich automatisch nachgeschickt werden. Monatliches Verschiffen, um sicherzustellen, daß von den Flaschen nicht zu viele zerbrechen oder verlorengehen. Geschätzte Größe des Schiffes für die Ladung ein Fünftausendtonner. Verschiffen, ohne andere militärische Ladung zu behindern ...«
Dieses Top-Secret-Telegramm von General Dwight D. Eisenhower an das Oberkommando in Washington wurde 1966 freigegeben.

Kein Top-Secret für Coca-Cola

Operation Olympic und Operation Coronet, so schreiben die Historiker, waren die supergeheimen Codenamen für die geplante Invasion auf den japanischen Inseln und nur den Oberbefehlshabern der alliierten Nationen bekannt. Doch es ist kein Geheimnis, daß die amerikanische Marine mit Schreiben vom 6. Juni 1945, zwei Monate vor der Kapitulationserklärung der Japaner, bei der Exportabteilung der Coca-Cola Company 19 980 Kisten Coca-Cola à 36 Flaschen bestellte — mit dem schriftlich fixierten Bestimmungsort Tokio!

Coca-Cola Kolonialismus im Pazifik

Während sich die Kriegsschauplätze in Europa, Nordafrika und im Mittleren Osten als ideales Pflaster für die Invasoren der Company erwiesen, standen die Männer von Coke im gesamten pazifischen Raum vor großen Problemen. Denn in Europa tobte ein Landkrieg, im Pazifik aber war es zum größten Teil eine Luft- und Seeschlacht, und wenn Truppen angelandet wurden, so nur, um Inseln vom Feind zu säubern und um dann ohne längeren Aufenthalt auf die nächste Insel überzusetzen. Aus diesem Grund war es in den ersten Kriegsjahren einfach unmöglich, so wie in Europa, feste Fabriken einzurichten. Mit Ausnahme einer Fabrik auf den Aleuten, die am 3. März 1944 die Produktion aufnahm, konnte im gesamten Pazifischen Ozean bis 1945 nicht eine Flaschenabfüllfabrik errichtet werden.

»Aber die Männer im Pazifik verlangten ebenfalls nach ihrer Coke!« erinnert sich ein Mitarbeiter der Company in einer Aktennotiz. »Denn das Klima war mörderisch heiß, die Lebensbedingungen miserabel, und zivilisierte Städte, sofern es die überhaupt gab, waren in der Regel Lichtjahre entfernt.«

Die einzige Lösung für das beschriebene Problem bestand im Einsatz von tragbaren, transportablen Zapfanlagen. Dieser Überlegung entstammte der sogenannte Dschungel-Zapfer, den jeder GI, der im Pazifik kämpfte, kennt.

Die Firmengeschichte datiert die Geburt dieser Verkaufshilfe auf den November 1942. Die Japaner hatten überfallartig fast den gesamten Süden und Osten des pazifischen Raumes besetzt, und Pessimisten im Pentagon befürchteten eine Invasion in Australien. Port Moresby in Neuguinea, an der Torres-Straße, gegenüber der Halbinsel York in Queensland/Australien gelegen, war der einzige Brückenkopf in den Händen der Alliierten und lag unter Dauer-Bombenattacken durch die japanische Luftwaffe. Der Flughafen von Port Moresby war unbrauchbar geworden, die Flugzeuge wären noch am Boden in die Luft gejagt worden.

Der einzige Ausweg für die Alliierten, wollten sie der drohenden Invasion der Japaner in Australien ernsthaften Widerstand entgegensetzen, war die Errichtung eines Flughafens auf der australischen Halbinsel York. Unter unsagbaren Mühen wurde ein Flugfeld aus den Wäldern am Rande der Iron Range Mountains herausgeschlagen. Die Piloten sollten mit ihren B-26-Bombern von hier aus über die Meerenge nach Port Moresby fliegen, dort nachtanken, Bomben an Bord nehmen und dann sofort weiterstarten, um ihre tödliche Fracht über japanischen Einrichtungen abzuwerfen. Nach dem Feindeinsatz sollten sie direkt auf ihre Heimatbasis am Fuß der Berge zurückkehren.

Die B-26-Bomber waren schwer zu fliegende Maschinen, und die jungen amerikanischen Piloten verfügten anfangs nicht über die nötige Erfahrung. Auf der anderen Seite kämpften die Japaner wie die Löwen, um die Lufthoheit nicht an die Amerikaner zu verlieren. Fürchterliche Verluste unter den amerikanischen Piloten führten zu einer spürbaren Demoralisierung der gesamten Truppe. Nach jedem Feindeinsatz mußte mit Erschrecken festgestellt werden, daß die Zahl der Flugzeuge, die ihren Heimatflughafen wieder erreichten, immer kleiner wurde.

Die Armee suchte händeringend nach Maßnahmen, die die Moral der Truppe aufbauen halfen. Und so appellierte man an den Coca-Cola Mann in Australien, getreu und gläubig dem Wahlspruch der Firma »Things go better with coke« folgend, die Jungs mit ihrem geliebten Soft Drink zu versorgen. Transportschwierigkeiten und mangelnde Flaschenkapazitäten machten es unmöglich, Coke abgefüllt auszuliefern. Aber der Coca-Cola Mann erinnerte sich an eine tragbare Zapfstation, die er mit sich führte, wenn er bei Händlertreffen demonstrieren wollte, wie diese Anlagen, die in den Bars und Erfrischungsstationen installiert wurden, funktionieren. Er nahm eines dieser Demonstrationsmodelle und flog damit zu den Bomberpiloten in den australischen Bergen.

»Diese Zapfanlage wurde, im wahrsten Sinne des Wortes, zum Lebensretter«, schreibt Kahn in seiner Chronik über den Zweiten Weltkrieg, »und zwar so beeindruckend, daß die Armee sofort weitere hundert Exemplare anforderte!«

Die Männer von Coca-Cola versuchten der Armee den Einsatz dieser Geräte auszureden. Denn die Dinger konnten nicht von alleine stehen. Doch die Armeeführung ließ nicht locker, und so wurden hundert dieser Geräte in Australien gebaut und verschifft. Doch diese Dispenser, wie die Amerikaner die Zapfgeräte nannten, erwiesen sich in der Tat als unbrauchbar. Oberstleutnant Dave Morris, Mitglied des Stabs

»Ich weiß nicht, warum und wofür ich diese Cola aufhebe, aber ich habe einfach nicht den Mut, sie zu trinken. Ich glaube, diese Flasche hält meine Moral hoch, nur weil sie um mich ist und ich sie ansehen kann . . .«

COCA-COLA BO

von General MacArthur, wurde in die Vereinigten Staaten beordert, um sich um die Entwicklung eines Dispensers zu kümmern, der bei den bewaffneten Streitkräften eingesetzt werden konnte. Morris übernahm in der Export-Company in New York eine Forschungs- und Entwicklungsabteilung, die den legendären »Dschungel-Dispenser« schuf.

Für die Sirupversorgung dieser transportablen Zapfanlagen wurde eine eigene Fabrik in Finschaven in Neuguinea errichtet. Technical Observers flogen aus den Vereinigten Staaten in den pazifischen Raum, um die Armee in die richtige Mischung von Sirup und Wasser einzuweisen. Zucker für die Fabrik wurde aus Australien importiert, und das Konzentrat kam in Ein-Gallone-Gläsern direkt aus den Vereinigten Staaten. Die Anlage in Finschaven arbeitete bis in den Juli 1945. Danach wurde sie geschlossen, denn es war einfacher, mit den nachrückenden Truppen, die per Schiff in den Pazifik geschickt wurden, alle Versorgungsteile direkt aus den Vereinigten Staaten heranzutransportieren. Doch solange diese Anlage die amerikanischen Truppen im Südwestpazifik versorgen mußte, arbeitete sie höchst profitabel. Aus den anfänglich 320 Gallonen pro Tag wurden sehr schnell 1760, und in einem Spitzenmonat wurde die Höchstmarke von 37 000 Gallonen Sirupkonzentrat erreicht.

In den letzten Kriegsmonaten entwickelte die Forschungsabteilung der Coca-Cola Company spezielle Zapfeinrichtungen für kleine Kriegsschiffe wie Schnellboote und Minensucher, die jedoch nicht mehr zum Einsatz kamen, da bei Serienreife der Geräte der Krieg zu Ende war. Commander Creed Burlingame, Kapitän des berühmten U-Bootes »Silversides«, einer der großen amerikanischen Helden im U-Boot-Kampf, forderte 1943 von der Coca-Cola Company die Entwicklung eines Dispensers, der unter den beengten Verhältnissen auf einem U-Boot installiert werden konnte. Ein einziger Prototyp ging tatsächlich auf Feindfahrt, doch bevor er in Serie ging, war der Krieg ebenfalls zu Ende.

Sobald die Philippinen besetzt waren und General MacArthurs Männer nur noch Schlupfwinkel der versprengten gegnerischen Truppen aushoben, wurde in Manila eine Coca-Cola Abfüllstation aufgebaut. MacArthur persönlich eröffnete die erste Anlage im gesamten pazifischen Raum, die in einem Gebäude der San-Miguel-Brauerei untergebracht war. Die erste Flasche aus der Produktion wurde von MacArthur persönlich signiert und nimmt heute im Hauptquartier der Company in Atlanta einen Ehrenplatz in der Coca-Cola Sammlung ein.

Die gesamte Ausrüstung für diese Fabrik auf Manila wurde, zusammen mit 75 000 Kisten Coca-Cola, per Schiff transportiert, das San Francisco Anfang 1945 verließ. Der Versand von abgefüllten Flaschen hatte zwei gute Gründe. Bei Ankunft des Schiffes war Coca-Cola gleich konsumierbar, und zum anderen verfügte die zu errichtende Fabrik mit Aufname der Produktion bereits über die entsprechenden Flaschen, die erneut gefüllt werden konnten. Diese Praxis wurde weltweit übernommen, sobald Flaschen zum Abfüllen angefordert wurden. Die Tatsache, daß diese Sendung ihren Bestimmungshafen Manila mit einem Verlust von 2000 Kisten erreichte, war keine Überraschung. Diese Form von »Mundraub« mußte ganz einfach einkalkuliert werden.

Coca-Cola — ein Stück Heimat an der Front

Es ist für einen Europäer sicher nicht einfach, die nachfolgenden Zitate aus Briefen amerikanischer GIs und aus Kriegsberichten namhafter militärischer Persönlichkeiten zu verstehen. Doch diese Zeugnisse bekannter und unbekannter Zeitgenossen spiegeln wider, was die Amerikaner selbst als »the American way of life« bezeichnen.

». . . von einem Freund aus der Luftwaffe erhielt ich sechs Flaschen Coca-Cola geschenkt. Es waren die ersten seit meiner Abreise aus den Vereinigten Staaten. Ich weiß bis jetzt noch nicht, ob ich sie aufheben oder trinken soll. Jedem der Offiziere in meinem Zelt habe ich eine geschenkt, drei sind mir geblieben. Wir haben sie vor uns auf den Tisch gestellt, schauen sie an und sprechen darüber, dann packen wir sie ganz vorsichtig ein für den nächsten Tag. Wenn jemand geschickt ist, kann er sie für 100 Dollar das Stück verkaufen. Ich könnte das nie. Es ist überraschend, was so ein kleines Ding wie eine Coca-Cola Flasche für uns hier in der Armee bedeutet. Einige der Männer sind sogar so weit gegangen, nach Hause zu schreiben, daß die Verwandten ihnen doch mit der Post eine Flasche schikken möchten . . .«, schrieb ein junger GI an seine Mutter.

Ein anderer Brief an die Lieben in der Heimat liest sich so: *»Ich glaube nicht, daß sich irgendeiner von Euch vorstellen kann, welch strahlende Freude das Gesicht eines Yankees überflutet, wenn er in ein amerikanisches Rot-Kreuz-Center kommt, gerade auf direktem Wege von der Front zurückgekehrt, und plötzlich American fried chicken riecht und eine Flasche Coca-Cola in der Hand hält. Ihr könnt es glauben oder nicht, aber wenn diese Jungs für eine kleine Pause hierherkommen und sie könnten sich zu trinken wünschen, was sie wollen, ihr erster Wunsch wäre eine*

Coca-Cola. Ich kann es selbst nicht verstehen, aber es ist eine Tatsache, eine unumstößliche Tatsache. Der Grund dafür mag darin liegen, daß die Jungs nach etwas typisch Amerikanischem greifen. Und was ist typischer als Coca-Cola, Hamburger, Hot Dogs und fried chicken?«

Ein GI schrieb direkt an die Firma: *»Meine letzte Cola habe ich getrunken, als ich New York verließ. Vielleicht sollte ich diese Frage nicht an Sie stellen, aber ich habe gerade eine Idee, wie man Coca-Cola sogar hier an diesen Platz am Ende der Welt bringen könnte. Meine Frage: Gibt es Coca-Cola nicht in Pulverform? Wenn ja, könnten Sie mir nicht wenigstens so viel schicken, daß ich davon ein Glas mixen kann?«*

Und wieder ein GI an seine Mutter: *». . . und nun zu der Flasche Coca-Cola. Ich weiß nicht, warum und wofür ich diese Cola aufhebe, aber ich habe einfach nicht den Mut, sie zu trinken. Ich glaube, diese Flasche hält meine Moral hoch, nur weil sie um mich ist und ich sie ansehen kann . . .«*

Aber es kommt noch dicker.
General Carlos P. Romulo, General der philippinischen Armee, schreibt in seinem Buch mit dem Titel »Ich sah den Untergang der Philippinen« über den Rückzug von den Inseln: *»Dieser Tag, der die entscheidende Wende in der Schlacht um die Philippinen markierte, begann für mich mit einem Ereignis, das von allergrößter Wichtigkeit zu sein schien. Als ich in meinen Bunker zurückgekehrt war, nach einem der schrecklichsten Tage, die ein Mann in seinem ganzen Leben erleben kann, und mich hinsetzte, um das Erlebte zu schreiben, fügte ich mit zitternden Händen am Schluß an: Ich trank eine Coca-Cola.«* General Romulo schreibt weiter: *»Es ist zwecklos, den Versuch zu unternehmen zu erklären, wie wichtig diese Tatsache für mich war. An diesem Tag hatte ich Männer gesehen, die in Fetzen zerrissen wurden; ich hatte Krankenschwestern mit leichenblassen Gesichtern aus den blutigen, zerbombten Hospitälern krabbeln sehen; ich selbst war dem Tod mehrere Male nur haarscharf entgangen. Diese schrecklichen Bilder hatten mich aufgewühlt und waren plötzlich vergessen angesichts dieses Mirakels eines Fünf-Cent-Drinks, den jeder Amerikaner in seinem Tante-Emma-Laden um die Ecke kaufen kann . . .«*

Colonel Robert L. Scott, einer der berühmten »flying tigers«, der mit General Claire Chennault in China kämpfte, schrieb in seinem Buch mit dem Titel »Gott ist mein Co-Pilot«: *»Leute fragten mich, wie ich es fertiggebracht habe, meinen ersten Japsen abzuschießen. Meine Antwort: Ich tat es für das ›American girl‹. Wann immer wir über den Sinn dieses Krieges in China sprachen, waren wir uns einig, daß wir für das ›American girl‹ kämpfen. Sie war für uns Amerika, Demokratie, Coca-Cola — die amerikanische Lebensart.«*

Ernie Pyle, Chronist der GIs, der mit ihnen lebte und auf der Insel Jima starb, gilt in den Vereinigten Staaten heute noch als der legendärste Kriegsberichterstatter der Nation. In seinem Buch mit dem Titel »Brave Männer« erzählt er folgende, auf Tatsachen beruhende Geschichte: *»Mein Regiment veranstaltete eine Lotterie, deren Hauptgewinn eine Flasche Coca-Cola war. Frederick Williams aus Daytona Beach, ehemaliger Kompaniekamerad, sandte eines Tages zwei Flaschen Coca-Cola aus Florida an seine beiden ehemaligen Kumpels, Corporal Victor Glover und Master-Sergeant Woodrow Daniels. Niemand in unserer Einheit hatte seit mehr als einem Jahr eine Coca-Cola Flasche gesehen. Die Empfänger tranken eine der Flaschen aus und machten sich Gedanken, was sie mit der anderen tun sollten. Schließlich entschieden sie sich dafür, eine Lotterie zu veranstalten und aus deren Erlös Kinder, deren Väter, die in diesem Regiment gedient hatten, getötet worden waren, zu unterstützen. Die Jungs hofften, die Coca-Cola Company würde, egal, wie hoch der Lotterieerlös auch ausfallen würde, genausoviel noch mal drauflegen.*
Die Lotterie wurde in einer kleinen handabgezogenen Zeitung angekündigt, und die Lose wurden für 25 Cent das Stück zum Verkauf angeboten. Noch vor Ende der ersten Woche waren mehr als 1000 Dollar eingenommen. Das Geld kam in Quarters [25-Cent-Münzen], Dollars, Shilling, Pfund, Francs und Lire. Man mußte ein Komitee aufstellen, um nicht die Übersicht zu verlieren. Am Ende der dritten Woche betrug der Erlös 3000 US-Dollar. Zu diesem Zeitpunkt erhielt Lamyl Yancey aus Harlan/Kentucky eine Miniaturflasche Coca-Cola und setzte sie als 2. Preis aus. Kurz vor der Losziehung erreichte der Fundus 4000 Dollar. Alle Lose wurden in eine deutsche Munitionskiste gesteckt, und der Brigadekommandeur zog die Nummern. Sieger war Sergeant William de Schneider aus Hackensack/New Jersey. Die Miniaturflasche ging an Sergeant Lawrence Presnell aus Fajetteville in North Carolina. Sergeant Schneider war entsetzt, was ihm passierte. Daß diese eine Flasche soviel wert war wie 80 000 Flaschen zu Hause. ›Ich kann doch eine Flasche, die 4000 Dollar gekostet hat, nicht austrinken‹, erklärte er. ›Ich glaube, ich werde sie nach Hause schicken und ein paar Jahre aufheben.‹

Das erste Coke, das nach der Rückeroberung der Philippinen am 1. 8. 1945 abgefüllt wurde, signierte General MacArthur.

1949 hatte Coke den Durchbruch zur Weltmarke geschafft.

»Coke for the boys«

Radio Rom schnappte diese Episode auf, verdrehte sie völlig und benutzte sie für die Heimatfrontpropaganda. Derart auf den Kopf gestellt, lautete die Geschichte plötzlich so: Unsere Soldaten seien so knapp an Vorräten, daß sie bereit seien, für eine einzige Flasche Coca-Cola bis zu 10 000 Dollar zu bezahlen. Nicht genug damit, daß sie der Geschichte einen vollkommen falschen Dreh gegeben hatten, sie haben auch gleich noch ganz deftig den Preis um 6000 Dollar erhöht. Nun, das ist auch ein Weg, einen Krieg zu kämpfen.«

Coca-Cola goes to war — the big deal

The Coca-Cola Company und ihre überseeischen Fabriken, 63 an der Zahl, verkauften während des Zweiten Weltkriegs rund fünf Milliarden Flaschen Coca-Cola an die Streitkräfte der Vereinigten Staaten und ihre Alliierten. Das von Präsident Woodruff ausgesprochene Versprechen, daß jeder amerikanische Soldat, egal, wo auf der Welt er für die Freiheit kämpfe, einen Anspruch auf seine Flasche Coca-Cola für fünf Cent habe, war eine sicherlich patriotisch gemeinte Unternehmerpflicht, letztendlich aber unbestreitbar auch das, was die Amerikaner einen »big deal« nennen. Allein 59 Abfüllanlagen wurden auf Regierungskosten transportiert, als kriegswichtiges Gut klassifiziert. Bei Kriegsende gingen die Anlagen in die Hände örtlicher Konzessionäre über.

»Die Deutschen spotteten über Coca-Cola, weil es amerikanisch war. Aus diesem Grund wurde das Produkt verachtet«, schreibt Kahn im Schlußwort seiner Kriegschronik. »Otto Dietrich, Chef der deutschen Pressezensur, tönte in Hitlers Völkischem Beobachter 1942: ›Amerika hat nichts zur Entwicklung der Menschheit beigesteuert, außer Chewing-gum und Coca-Cola.‹ Heute stehen mehrere Fabriken auf deutschem Boden und liefern Coca-Cola an die Besatzungstruppen.

Selbst die Russen lieben es. Ein Technical Observer von Coca-Cola machte extra eine Reise in die russische Zone, um Marschall Schukow eine Kiste Coca-Cola zu liefern. Der russische Kommandeur lernte es während der Potsdamer Konferenz schätzen, als ihm General Eisenhower einige Drinks spendierte und versprach, eine ganze Kiste liefern zu lassen.«

Und der Feind ging nicht zimperlich mit seinen Gegnern um, konstatierte Kahn: »1943 zischelte einer unserer japanischen Freunde über die von den Japanern kontrollierte Radiostation Batavia auf den holländischen Ostindien-Inseln: ›Mit Coca-Cola haben wir die Krankheitserreger der amerikanischen Gesellschaft importiert. Die frühere Coca-Cola Fabrik hier vor Ort wird mit einem neuen Namen eröffnet. Anstatt Coca-Cola wird es einen Drink namens Sumarasi produzieren, der uns an Jasmintee anstatt heißen Jazz erinnern wird.‹«

In seinem Schlußwort zieht der Chronist mit unverhohlener Genugtuung ein firmenpolitisch gesehen sehr zufriedenstellendes Resümee: »Wie die Dinge stehen, können die Japaner, genausowenig wie die Deutschen, weder auf die amerikanischen Soldaten noch auf Coca-Cola verzichten. Heute (1946) produzieren Fabriken für unsere Besatzungsstreitkräfte in Okinawa, Kobe und Yokohama. Und wo immer sie die Gelegenheit haben, eine Flasche in die Hand zu kriegen, oder wo sie eine von unseren GIs geschenkt bekommen, trinken die Japaner auch Coca-Cola!«

Die Nachkriegsjahre

Die Titelstory des »Time«-Magazins vom 15. Mai 1950 war Coca-Cola gewidmet. Eine bislang einmalige Ausnahme in der Tradition dieses renommierten Blattes, dessen Titelseite vorher und nachher nie wieder ein Produkt zierte. »Time« schrieb unter anderem:

»... Sie haben sich erfolgreich gegen die konzertierten Attacken der Kommunisten gewehrt, die den Drink als abscheulich, imperialistisch und giftig bezeichnet hatten. Die Macher sind davon überzeugt, daß ihr Getränk das größte Ding ist, seit Amerika Öl für die Lampen der Chinesen lieferte und Fabelgeschichten auf Zelluloid bannte, um die Träume der Menschheit zu nähren.

... Eine unselige Verbrüderung von Kommunisten und Winzern hat es in Frankreich geschafft, ein sogenanntes Anti-Soft-Drink-Gesetz durch das Parlament zu boxen, das den Gesundheitsminister möglicherweise zwingen kann, Coca-Cola zu verbieten. Bis jetzt hat der Gesundheitsminister noch keine Entscheidung getroffen, und es sieht nicht so aus, als ob er sich dazu zwingen ließe. In der Zwischenzeit liefern die französischen Flaschenabfüller weiterhin monatlich 840 000 Flaschen Coca-Cola aus. Ein bescheidener, aber vielversprechender Anfang. Weintrinker, die überwiegende Mehrheit aller französischen Männer, Frauen und Kinder, beugen sich schützend über ihre Gläser, wenn die knallroten Coca-Cola Lkws um die Ecke biegen.

... Im Norden Europas ist Belgien gefallen. Ilja Ehrenburg, die rote Koryphäe, zufällig zu Gast in Brüssel, reagierte mit Empörung, als er einen Mann dabei erwischte, daß er in einem Café für sich und sein unschuldiges Kind ein Glas Coca-Cola bestellte. Doch die Warnung, eine Person, die anfinge Coca-Cola zu trinken, müsse sich nicht wundern, wenn sie über kurz oder lang zu noch ganz anderen, finstereren Dingen übergehen würde, half nichts. Der Mann blieb bei seiner Absicht. Dessenungeachtet haben die belgischen Fabriken sehr sehr große Probleme, die Nachfrage zu befriedigen.

... Cacoola, wie es hier jedermann kennt, fließt durch Ägypten wie ein zweiter lebenspendender Nil. Die Ägypter, durch das moslemische Recht zum Antialkoholismus gezwungen, waren es gewohnt, süße, unhygienisch zubereitete, von Bakterien wimmelnde Drinks von fliegenden Händlern auf der Straße zu kaufen. Jetzt konsumieren sie das kalte, saubere Coca-Cola 350mal im Jahr. Nur knapp fünf Jahre nach seiner Einführung ist dieses Land mit den glänzenden knallroten Kühlschränken zugepflastert.

... Seufzte eine Bedienung in Tokio: ›Es hat den süßen und bitteren Geschmack der ersten Liebe.‹

Sehr viele Geschäftsleute malen ein düsteres Bild für die Welt von 1950, sobald es um den freien internationalen Handel geht. Prophet Woodruff schiebt diesen Pessimismus zur Seite. Er sagte letzte Woche: ›Wir haben uns entschieden, mit dieser Welt zu leben und dafür, daß die Welt überleben muß als ein anständiger Planet, auf dem man leben kann!‹«

Front gegen Coca-Cola

Mit Beendigung des Zweiten Weltkriegs begann ein neuer, ebenso erbittert geführter, der »kalte Krieg«. Bei uns im Westen wuchs der Antikommunismus, auf der anderen Seite des Eisernen Vorhangs der Antiamerikanismus. Und was war amerikanischer als der braune Saft in der Flasche mit dem weiblichen Sexappeal? Coca-Cola stand plötzlich als Synonym für Amerika und bezog ideologische Prügel, stellvertretend für Onkel Sam! Der sowjetische Publizist Ilja Ehrenburg wetterte, wie gesagt, bei einem Besuch im Westen: »Eine Person, die Coca-Cola zu trinken beginnt, fällt bald auch anderen verderblichen Gewohnheiten anheim.«

Im Nachkriegsdeutschland mußte die Company vor Gericht ziehen, um ein »Koordinations-Büro für deutsche Getränke« daran zu hindern, weiterhin seine Pamphlete mit so ketzerischen Titeln wie »Coca-Cola, Karl Marx und die Geistesschwäche der Massen« öffentlich zu verteilen.

In Dänemark, Antiamerikanismus war in diesem speziellen Fall wohl nur vorgeschoben, um handfeste wirtschaftliche Interessen zu kaschieren, drängten die Lobbyisten der Brauereien die Regierung, ein Gesetz zu erlassen, das Cola-haltige Getränke so hoch besteuerte, daß es jahrelang ökonomisch völlig unrentabel war, den dänischen Markt zu beliefern. Erst im Sommer 1959 wurde dieses »Boykottgesetz« aufgehoben und Coca-Cola die Einfuhr erlaubt.

Titel der Mai-Ausgabe 1950 des »Time Magazine«

Zapfanlage 1963

Flaschenautomat 1950

Zapfanlage 1968

Markusplatz in Venedig

Plakatwerbung in der Volksrepublik China

Coca-Cola chinesisch

Coca-Cola arabisch

Coca-Cola thailändisch

»Um in einigen dieser [europäischen] Länder Fuß zu fassen, erfordert es eine ganze Menge Geduld«, stöhnte Präsident Woodruff. Denn kaum fielen in Dänemark die Handelshemmnisse, verlangten die Belgier, daß auf jeder Verschlußkappe vermerkt werden mußte: »Contient de la caféine«, zu deutsch: »enthält Koffein«. Österreichische Kommunisten behaupteten, das neu errichtete Coca-Cola Werk in Lambach könne im Nu in eine Atombombenfabrik umgewandelt werden. »Zittert«, hetzte »Der Abend«, die damalige führende kommunistische Zeitung in der Vier-Zonen-Stadt, »Coca-Cola ist auf dem Vormarsch.« Sowjetische Soldaten, die ihren Sektor der Stadt kontrollierten, täten so, als tränken sie von dem »braunen Gift«, hielten sich plötzlich vor Schmerzen den Bauch und riefen: »Coke nicht gut! Macht kaputt!«, das gehörte auch zur Kolportage. Die kommunistische Zeitung »L'Unità« warnte italienische Eltern, ihre Kinder könnten bei Coke-Konsum über Nacht schneeweißes Haar bekommen. Und ein 30jähriger Mann sei nach einer einzigen Flasche Coca-Cola auf der Stelle tot umgefallen. Die nichtkommunistische Presse berichtete von einem alltäglichen Herzanfall.

Coca-Cola war bereits 1927 in Italien eingeführt und mit gutem Erfolg verkauft worden, aber 1949, als die unterschiedlichsten Gruppierungen um die politische Vormachtstellung kämpften, galt vor allem für die Kommunisten Coca-Cola als nichtitalienisch, neumodischer Schnickschnack aus Amerika, der von der Jugend widerspruchslos hingenommen wurde. Als eine Botticelli-Venus aus einem Museum weichen mußte, weil die Zuständigen der Meinung waren, ihre Nacktheit sei zu unanständig, grollten Kunstkenner, in der Cola-Werbung tauchten nicht weniger provozierende junge Mädchen auf, und Botticellis Kunstwerk wäre nie verbannt worden, hätte der Meister den Weitblick besessen, die nackte Schöne eine Cola trinken zu lassen. Andere Ketzer verlegten sich auf die Weltgeschichte und kamen zu dem Ergebnis, daß Sokrates möglicherweise nicht durch einen Schierlingsbecher, sondern ein Glas Coca-Cola umgebracht worden sei. Möglicherweise stand diese Ketzerei Pate für eine der witzigsten Werbekampagnen der siebziger Jahre, nach der Weltereignisse anders, besser ausgegangen wären — mit Coke.

Noch schlimmer kam's in Frankreich. Die kommunistische Agitation gegen den erfrischenden Soft Drink aus den USA begann im Dezember 1949, Frankreich steckte im Indochinakrieg gerade eine Schlappe nach der anderen ein, als die Kommunisten in der Abgeordnetenkammer einen Gesetzentwurf einbrachten und durchzusetzen versuchten, der »Import, Herstellung und Verkauf von Coca-Cola in Frankreich, Algerien und dem gesamten französischen Kolonialreich verbietet«, um auf diese Weise zu verhindern, daß die Genossen »vergiftet« würden. Das Parlament schmetterte die Vorlage ab. Drei Monate später brachten sie einen neuen Vorschlag ein, der den Gesundheitsminister ermächtigte, den Vertrieb von Erfrischungsgetränken mit pflanzlichen Zusätzen ganz strikt zu reglementieren. Und unter diese Kategorie fiel nun endlich auch der verhaßte Drink der Amerikaner. Die Kommunisten alleine hätten dieses Kunststück sicher nicht fertiggebracht, hätten sie sich nicht auf die Hilfe der Weinbauern und deren Lobby verlassen können. Die gemäßigte Tageszeitung »Le Monde« schrieb: »Die moralische Landschaft Frankreichs steht am Schandpfahl.«

In Amerika brach ein Sturm der Entrüstung los. Man warf den Franzosen Undank vor: Erst ließen sie sich befreien, und dann dankten sie es auf diese Weise. Das State Department wurde eingeschaltet, Botschafter tauschten Noten aus, öffentlich wurden Boykottandrohungen gegen Champagner, französisches Parfum und Wein angedroht. Die »Times« schlug vor, den Toast zu verbannen, und die »News« aus La Grange/Georgia, einer Stadt, deren Einwohner pro Kopf und Tag eine Bottle Coke verkonsumierten, tobte: »Welche Beweise brauchen wir noch, um endlich zu begreifen, daß die Roten herzlose Monster sind, die den teuflischen Plan hegen, die Welt und alle ihre glorreichen Traditionen zu vernichten?« Und zum letzteren zählte offensichtlich Coke.

Die Angelegenheit wurde, wie viele verzwickte Situationen dieser Art, über diplomatische Kanäle geregelt. Nach mehreren Konsultationen auf höchster Ebene versagte letztendlich das »Oberhaus« des französischen Parlaments, die Ratsversammlung, dem Gesetz seine Zustimmung und beendete die Affäre, die ernsthaft drohte, das amerikanisch-französische Verhältnis zu stören.

Den Anschluß an eine gezielte Bekämpfung des Soft Drinks in Europa stellte ein Einzelkämpfer namens Bickel her, der in der jungen Bundesrepublik Anfang der sechziger Jahre einen partisanenähnlichen Kampf mit der Essener Coca-Cola Zentrale aufnahm. Als Drahtzieher hinter dem, auch unter dem heutigen Kampfnamen »Wladimir Fürst von Eschnapur« agierenden, Junggesellen mutmaßte man die deutsche Bier- und Brauselobby wie auch als Finanzier für so ausgefallene Kampfmaßnahmen wie folgenden Aufklärungsschlager des Herrn Bickel: »CC, das hat drei Gifte, drei Gifte hat CC, und hätt es nicht drei Gifte, dann wär es nicht CC«, gemeint waren damit die Coca-Cola Bestandteile Koffein, Phosphorsäure und der Coca-Absud. Zu singen war dieser Endlossong nach der Melodie »Mein Hut, der hat drei Ecken, drei Ecken hat mein Hut . . .«.

Erst 1969 konnte diesem Widersacher mit den eigenwilligen, oft unfairen Methoden das Handwerk gelegt werden. Eine Gefängnisstrafe beendete dieses Kapitel im deutschen Cola-Krieg.

Coke-Bude im Schatten der Sphinx, Mitte der fünfziger Jahre

Dafür war zwei Jahre später eine neue Front aufgebrochen. 1967 zogen die Araber die Konsequenzen, nachdem Atlanta sich unbeugsam zeigte und an seiner Hausmaxime festhielt, sich aus der Politik herauszuhalten und statt dessen die ganze Welt als einen einzigen Markt zu betrachten. Folglich beugte man sich dem Druck der Arabischen Liga nicht, die in Israel errichteten Flaschenabfüllanlagen zu schließen. Als Antwort wurden die für den Nahen Osten zuständigen Coca-Cola Betriebe in Ägypten geschlossen. Zehn Jahre darbten die Wüstensöhne, bis Coca-Cola Boß J. Paul Austin persönlich nach Ägypten reiste und sich mit Präsident Anwar as-Sadat traf. Auf eine Wiedereröffnung des arabischen Marktes hoffend, sagte man Ägypten großzügige technische Hilfe und finanzielle Unterstützung für den Aufbau einer eigenen Zitrusfrüchteindustrie zu. Mittlerweile besaß die Firma ja zwei Töchter, die für diesen Zweck prädestiniert waren, zum einen den größten Orangenhandel der USA und zum anderen eine Firma, die sich auf Meerwasserentsalzung, Bodenbewässerung und Wasserreinigung spezialisiert hatte. Zwei Jahre später, im Juli 1979, wurde die von Gamal Abd el-Nasser ausgesprochene Verbannung aufgehoben, Coca-Cola durfte wieder hergestellt und verkauft werden.

Auf ein vergleichbares Comeback müssen die Inder dagegen bislang immer noch warten. In einer Kampagne nach dem Motto »Indien den Indern« versuchte die Regierung 1977, die gesamte Produktion im Lande in rein indische Hände zu legen. Alle ausländischen Produzenten waren aufgefordert, diesen Wechsel im Management zügig durchzuführen, dessen Absicht schnell erkannt war und bei der Company zur Verstimmung führte. Durch diesen Schachzug versuchte man, an die »Geheimformel« von Coke zu gelangen. Das Ansinnen wurde auf die bekannt konsequente Art des Hauses beantwortet. Coca-Cola ließ den gesamten indischen Markt sausen und die heimischen Konzessionäre auf einer Riesenhalde leerer Cola-Flaschen sitzen. Besonders schmerzlich war die Entscheidung sowieso nicht, war doch der Markt ganz Indiens gerade so groß wie der von Rio alleine, so ein Firmensprecher damals.
Von den großen Schlachten sind heute lediglich kleinere Scharmützel übriggeblieben, die für kurze Momente Schlagzeilen produzierten. Bei den Wahlen in Rhodesien, so wollten findige Journalisten 1980 herausgefunden haben, sollte Coca-Cola an versuchtem Wahlbetrug schuld sein, weil angeblich mit Hilfe des Erfrischungstrunks eine Markierungsfarbe abwasch-

Weil sich die Coca-Cola Company weigerte, ihre Anlagen in Israel zu schließen, wurde Coke für zwölf Jahre aus Ägypten verbannt.

bar war, mit der die Wahlberechtigten kenntlich gemacht wurden, um ihnen eine zweite Stimmabgabe unmöglich zu machen. Man wollte unter den Wählern eine sprunghaft angestiegene Vorliebe für Coca-Cola ausgemacht haben, was wiederum zum Coke-Ausverkauf in einigen Geschäften von Salisbury führte und eine Partei auf den Dreh brachte, ihre Wähler mit Bussen von einem Wahllokal zum anderen zu karren, um den eigenen Stimmanteil zu erhöhen. Der englische Wahlleiter, Sir John Boynton himself, setzte diesem Gerücht ein Ende und erklärte vor der internationalen Presse, eine Gruppe von Commonwealth-Beobachtern habe diesen Abwaschtrick ohne jeglichen Erfolg ausprobiert, mit dem Wahlergebnis habe es seine Ordnung.

Weniger Anlaß zum Schmunzeln gab die Meldung, daß in der thailändischen Nordprovinz Nakon Sawan im Sommer 1981 ein Pepsi- und ein Coke-Verkäufer aneinandergerieten, weil sie vor einem Lokal ein Plakat ihrer Firma aufhängen wollten. Zunächst hätte man sich darauf geeinigt, die Angelegenheit durch eine Schlägerei auszutragen, berichteten Augenzeugen, doch dann habe der Coca-Cola Verkäufer plötzlich eine Handfeuerwaffe gezogen und seinen Pepsi-Kontrahenten kurzerhand erschossen und sei anschließend geflüchtet. Hätte dieser Streit unter Allerweltsverkäufern stattgefunden, wäre es keine Zeile wert gewesen, so aber lief er als Agenturmeldung um die Welt.

»Ärger wird es immer geben«, meint Vorstandsmitglied Klaus Pütter, »das gehört zum Leben. Es wird immer mal wieder passieren, daß eine engagierte muselmanische Gruppierung eines Tages beispielsweise feststellt, daß verdünntes Joghurt vom Wasserbüffel das einzig zulässige Getränk ist, und alle anderen alkoholfreien Drinks mit einem Bann belegt.« That's life and Coke adds life!

Der Krieg der Flaschen

Versuche, Coca-Cola zu kopieren, sich mit ähnlich klebrig-braunem Saft an den Erfolg anzuhängen, gab es einige hundert. Unerbittlich zog die Company gegen diese Plagiate vor Gericht und gewann alle Streitigkeiten um die Schutzwürdigkeit der Marke Coca-Cola bis hin zu höchstrichterlichen Entscheidungen. Nur eines Konkurrenten konnten sich die Erben des Südstaatenoffiziers Pemberton nicht erwehren: Pepsi blieb Coke stets hart an der Flasche.

1898, zwölf Jahre nach Pembertons Durchbruch auf der Suche nach dem unvergleichlichen Geschmack seines neuen Kopfschmerztonikums, kreierte der Apotheker Caleb D. Bradham seinen Drink in New Bern/Nordkarolina. Bradham war, ebenso wie Pemberton, ein vom Schicksal nicht gerade verwöhnter Mensch. Der Konkurs seines Vaters zwang ihn, das angefangene Medizinstudium aufzugeben und sich mit dem Betrieb einer Apotheke durchzuschlagen. Mit Pharmazie im heutigen Sinn hatten Apotheken vor der Jahrhundertwende allerdings wenig gemein. Bradham mixte verschiedene Elixiere, von denen sich eins besonders gut absetzen ließ. Die Ingredienzen ähnelten denen von Coca-Cola: Zucker, Öl, Vanille, afrikanische Kolanuß etc. Der Name Pepsi leitet sich aus dem medizinischen Fachwort »Dyspepsie« ab, wissenschaftlicher Ausdruck für Verdauungsstörungen. Und da sein Drink bei besagten Verdauungsstörungen helfen sollte, nannte Bradham ihn Pepsi-Cola. Im Gegensatz zum Gründer von Coca-Cola hatte Bradham zunächst die Puste, die Vermarktung seines Drinks ohne fremde Hilfe voranzutreiben. 1902 ließ er seine Marke Pepsi-Cola registrieren und gründete die Pepsi-Cola-Company. Der Traum vom großen Geld platzte im Ersten Weltkrieg.

Die Weltwirtschaft brach zusammen, und die Rohstoffpreise erreichten schwindelerregende Höhen. So auch der Zuckerpreis. Während des Krieges bei 5$^1/_2$ Cent pro Pfund, stieg er bis 1920 auf das fast Vierfache und machte jede Produktionskalkulation zum Unding. Bradham wollte weiteren Preissteigerungen begegnen, deckte sich mit großen Zuckermengen ein, und als der Zuckerpreis so schnell fiel, wie er gestiegen war, war Bradham pleite. 1922 meldete er Konkurs an. Nicht viel besser ging es Geschäftsleuten, die die Company in Richmond erneut auf die Beine stellen wollten. Sie gingen neun Jahre später erneut in Konkurs. Dem New Yorker Finanzier Roy C. Megargel war schlichtweg das Geld ausgegangen, um die damals schon notwendige Verbraucherreklame zu finanzieren.

Die Reste des Unternehmens übernahm die Süßwarenfirma »Loft Inc.« noch im selben Jahr, 1931, und gründete eine neue Pepsi-Cola-Company in New York, wo sich das Headquarter des Konzerns seither befindet.

In den Zeiten der Weltwirtschaftskrise und des Zusteuerns auf den Zweiten Weltkrieg hatte Pepsi Mühe, sich am Markt zu halten. Dies gelang vor allem dank der niedrigen Preise. Mit Ausbruch des Zweiten Weltkriegs schien Coca-Cola uneinholbar. Woodruffs geschickte Taktik verhalf der Company zur Eroberung überseeischer Märkte, die für Pepsi zunächst unerreichbar waren. War die Auslandsgewichtung bis zum Ausbruch des Kriegs noch einigermaßen ausgeglichen, beide verkauften in Kanada, Kuba und Südamerika, verschob sich das Bild nach dem Krieg ganz erheblich. In den Ruinen Europas und Asiens gingen 63 Flaschenabfüllanlagen in private Hände über und verkauften Coca-Cola außer an die Army auch an Privatleute.

Coke-Fan Kennedy

JFK-Nachfolger Präsident Johnson

Pepsi hatte lediglich in Südamerika, hauptsächlich aufgrund seines niedrigen Preises, zulegen können. Möglicherweise wäre Pepsi nie aus diesem stiefmütterlichen Dasein herausgekommen, hätte das Schicksal nicht auf recht eigenartige Weise Einfluß genommen. Man schrieb das Jahr 1950, als ein Alfred N. Steele das Ruder bei Pepsi übernahm. Steele war ein ehemaliger Mitarbeiter der Werbeagentur D'Arcy und sollte für die Cola-Werbung eingesetzt werden. Doch sein Stil gefiel Coke-Präsident Woodruff nicht, und als das ruchbar wurde, wollte man Steele auf einen uninteressanten Außenposten der Agentur abschieben. Da kam das Pepsi-Angebot gerade recht. Zusammen mit einigen unzufriedenen Coca-Cola Leuten im mittleren Managementbereich wechselte Steele die Fronten und setzte all seinen Ehrgeiz daran, den Umsatz-Abwärtstrend von 6,3 Millionen Dollar 1946 auf 2,1 Millionen Dollar 1949 abzufangen.

Steele ging aggressiv in den Markt, besann sich auf die Tradition der Niedrigpreispolitik — mit dem Slogan »Twice as much for a nickel, too« (Doppelt soviel, auch für nur 5 Cent) hatte Pepsi schon einmal, 1939, Erfolg —, reduzierte den Zuckergehalt für all jene Verbraucher, die aufs Gewicht achten müssen, warf Kingsize- und Familienflaschen auf den Markt und hatte Erfolg. Der Umsatz stieg in den nächsten fünf Jahren um mehr als 130 Prozent. Coca-Cola erwuchs ein ernst zu nehmender Gegner. Mit Donald Kendall an der Spitze baute Pepsi seine weltweite Marktbedeutung auf und sicherte sich den zweiten Platz im Soft Drink Business.

Kendall war ein cleverer Taktiker, der schnell erkannt hatte, daß der Marktführer mächtige Freunde und Verbündete besaß. Coke war das Getränk der Präsidenten, seit Eisenhower. Für den Verfolger des Marktführers blieb nur die, salopp formuliert, zweite Garnitur der Politprominenz. Richard Nixon war Vizepräsident, als der Erstkontakt zu Pepsi-Boß Kendall hergestellt wurde. Die USA betrieben im Jahr 1959 eine Verbrauchsgüterausstellung in Moskau, zu der auch die Soft Drinks Coke und Pepsi eingeladen waren. Doch die Bosse aus Atlanta winkten ab. Was auch immer die Motive dafür gewesen sein mögen, eine Abneigung, sich mit dem Erzrivalen Pepsi um einer amerikanischen Sache willen zusammentun zu müssen oder sich dem Vorwurf auszusetzen, auf Geschäfte mit den Kommunisten auszusein. Coca-Cola blieb der Ausstellung fern. Richard Nixon, so erzählt man sich, soll Kendall zugesagt haben, während des Eröffnungsrundgangs dafür zu sorgen, daß Chruschtschow von den Fotografen geschossen werden kann, während er den kapitalistischen Erfrischungstrunk zu sich nimmt. Die Bilder liefen um die Welt und wurden als Signal für das Einsetzen des Tauwetters in der Entspannungsphase nach dem kalten Krieg gewertet.

Für Nixon brachten die nächsten Jahre bittere Erfahrungen. Nach der hauchdünnen Wahlniederlage gegen Kennedy war er politisch zunächst erledigt. Kendall, zwischenzeitlich vom Auslandschef zum Chef der Company aufgestiegen, brachte den gelernten Juristen in der Hauskanzlei von Pepsi-Cola unter und setzte den Expolitiker als Botschafter der Company ein. Von 1962 bis zu seinem vielbeachteten Wahlsieg

Drink
Coca-Cola
Gedep.Merk
Coca-Cola
GEDEP. MERK

HERSTELLER
Coca-Cola
TRINK
Coca-Cola
COCA-COLA
..das erfrischt

Erfrischend
wie eine Brise
Coca-Cola

1968 reiste Richard Nixon durch die Welt, eröffnete die überseeischen Pepsi-Niederlassungen, traf dabei die Spitzen der Politikszene und erwarb sich damit außenpolitische Erfahrungen und einen internationalen Bekanntheitsgrad. Und auf diesen Studienreisen rund um die Welt lernte Richard Nixon, der überzeugte Kommunistenfresser, eine neue Lektion in Sachen freier Marktwirtschaft. Die Weitsicht eines Donald Kendall, daß die Staaten der kommunistischen Länder als potentielle Märkte für Amerika, nicht nur für Pepsi-Cola, interessanter sind als die Einstellung, in ihnen nur die Heimat des Klassenfeinds zu sehen, machte er zu seiner eigenen. Als Nixon ins Weiße Haus einzog, flogen die rot-weißen Coca-Cola Automaten raus, und rot-blau-weiße Pepsi-Maschinen nahmen ihre Plätze ein. Drei Jahre später, Chruschtschow war inzwischen gestürzt, reiste Kendall in die UdSSR und traf mit Alexej Kossygin zusammen, der ein Kompensationsgeschäft vorschlug: Pepsi gegen russischen Wodka und Krimsekt. Und nach zwei weiteren Jahren hatte sich Pepsi-Cola erstmals, von der ganzen Welt registriert, aus seiner Rolle des ewigen Zweiten gelöst. In Noworossijsk am Schwarzen Meer wurde die erste Pepsi-Cola-Abfüllstation eröffnet.

Zu einer größeren Marktverschiebung führte dies letztendlich nicht. Mit Nixons Sturz klärten sich die Fronten.

Jimmy Carter, Gouverneur von Georgia, stand längst im Bann des Coca-Cola Clans, als er sich zur Präsidentschaftskandidatur entschloß. Und zu einer seiner ersten Amtshandlungen soll das Freimachen der angestammten Plätze für die Coca-Cola Automaten im Weißen Haus gezählt haben. Aus der Tatsache, daß Cyrus Vance, dessen Anwaltskanzlei auch schon mal Coca-Cola vertreten hatte, Außenminister wurde, Griffin Bell Generalstaatsanwalt, er war Mitglied der Hauskanzlei des Konzerns, schlossen Kritiker, daß Coca-Cola Präsident Paul Austin bei Carters Kabinettsbildung kräftig mitgemischt hatte.

Ganz so einflußreich kann der Arm des Wahlkampfsponsors Coca-Cola nicht gewesen sein, denn durch seinen Boykottbeschluß für die Olympischen Sommerspiele 1980 in Moskau durchkreuzte Carter einen marktpolitischen Schachzug. Seit der Olympiade von 1928 in Amsterdam war und ist Coca-Cola der offizielle Ausrüster, der Soft-Drink-Hoflieferant für die sportliche Jugend der Welt. So auch in Moskau. Man hoffte über diese geschickte Schiene, das an Pepsi verlorene Terrain wiedergutzumachen. Zähneknirschend beugte man sich dem Carterschen Boykott, so daß bis Frühjahr 1985 Pepsi alleiniger Cola-Anbieter in der Sowjetunion war, die Coca-Cola Company aber in der UdSSR nach eigenen Angaben dreimal soviel Fanta absetzt wie die Konkurrenz Pepsi. Dieser fruchtige Orangengeschmack komme sensationell an, so die Company. Schließlich kenne man nur die bitteren Orangen von der Krim, wenn man sie überhaupt bekomme.

Endgültig wurde diese Scharte im Krieg der Flaschen ausgemerzt, als man den Exklusivvertrag mit Rotchina unter Dach und Fach gebracht hatte. Seither stimmen die Relationen wieder. Coca-Cola ist die Nummer eins, dicht gefolgt von Pepsi. Beide Weltkonzerne haben diversifiziert, aus der Monokultur eines einzigen Erfrischungsgetränks eine logische, abgerundete Produktpalette entwickelt, dabei aber nie das verbissene Match um die Märkte dieser Welt aufgegeben. Wie beim Schach der Meister folgt auf jeden Zug ein Gegenzug des Kontrahenten. Jüngstes Beispiel: Kaum hatte Pepsi den farbigen Sänger Michael Jackson unter Vertrag genommen, als Kult- und Integrationsfigur für die Jugend, Hauptzielgruppe der New Yorker, konterte Coca-Cola mit der Verpflichtung von Weltstar Julio Iglesias, dessen mehrsprachige Konzerttourneen rund um den Globus »The Coke-People« anmachen sollen, die Erfolgreichen, Dynamischen, Junggebliebenen, die, die ihren Weg gemacht haben, getreu dem Slogan-Versprechen »Things go better with Coke« (Besser geht's mit Coca-Cola).

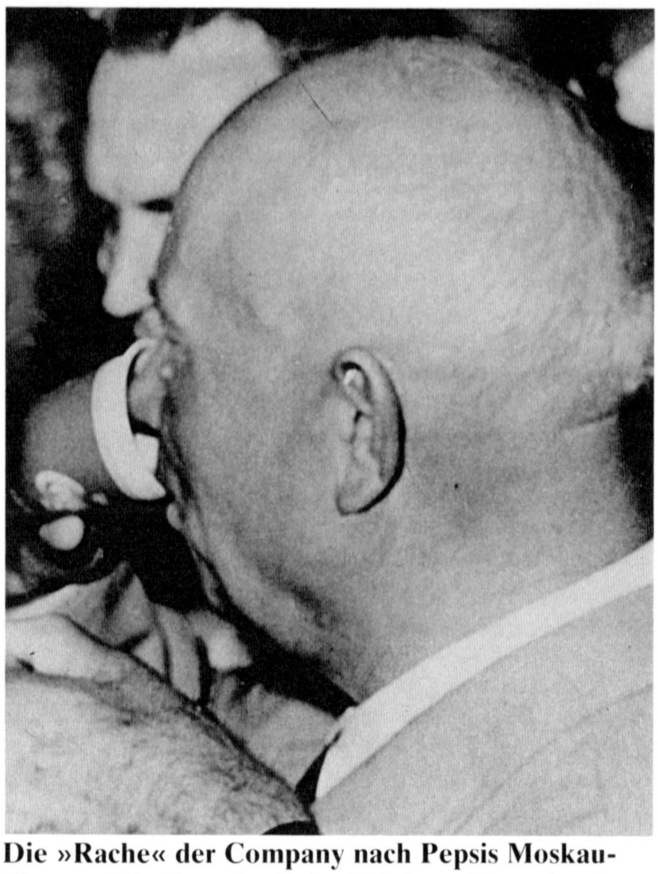

Die »Rache« der Company nach Pepsis Moskau-Vertrag: Ein Foto des Coke-Trinkers Chruschtschow ging um die Welt.

Die Philosophie der Company

Klaus Pütter, Vorstandsmitglied der Coca-Cola Company in Atlanta, ehemaliger Vorstandsvorsitzender der Coca-Cola GmbH in Essen, neben Claus Halle zweiter Deutscher im Vorstand des Mutterhauses in Atlanta und Präsident der Division Europa und Afrika zur Philosophie des Hauses und der Aufgabe Coca-Colas im Verbund mit seinen Konzessionären:
»Unsere Aufgabe ist es, ein erstklassiges Produkt zu marktgerechten Preisen auf Armeslänge an den Verbraucher heranzubringen. Dabei müssen wir unsere Franchise-Nehmer nach besten Kräften unterstützen. Wenn Sie so wollen, sind wir eine große Management-Beratungsstelle, eine riesige Ideenaustauschzentrale für unsere Partner in aller Welt. Unser Geschäft ist relativ einfach zu beschreiben. Ich nenne es die Push-and-Pull-Strategie. Wir pushen das Konzentrat in den Handel, produzieren beim Verbraucher durch Werbung Nachfrage und sorgen auf diese Weise dafür, daß der Kunde das Produkt wieder aus den Läden des Handels herauszieht.
Unsere Hauptaufgabe gilt demnach der Herstellung des Konzentrats, der Auswahl der geeigneten Konzessionäre, deren Betreuung und der Sicherstellung einer überall gleichwertigen Qualität des Produkts. Daneben sind wir Imagebildner, die Marken etablieren und deren Nachfrage sicherstellen.«
Kontrolliert wird die Erfüllung der gestellten Aufgaben von rund 84 000 Aktionären, deren Papiere an den Börsen in New York und Frankfurt gehandelt werden, die seit Asa Candlers Zeiten satte Profite und zufriedenstellende Dividenden gewohnt sind. Ein Grund auch, warum »The Company« die Unterstellung, sie mache weltweit auch handfeste Politik, mit Entschiedenheit von sich weist. Im Interesse der Aktionäre müsse jeder bedient werden, der seine Grenzen für das Produkt öffne, heißt das einzige politische Glaubensbekenntnis. Wo es Menschen gibt, gebe es Durst, und wo der Durst ist, müsse Coke dabeisein, so einfach und erfolgreich wird in Atlanta gedacht.
Und so fließt der braune Saft der Kapitalisten in 155 Ländern der Erde, auch in den Valuta-Shops der UdSSR — ohne viel Aufhebens wird seit 1985 neben Fanta auch Coke in der Sowjetunion verkauft —, DDR und ČSSR. Im übrigen Ostblock werden Gegengeschäfte abgewickelt: in Polen Coca-Cola gegen Badewannen, in Jugoslawien wird Rotwein in Zahlung genommen.

Coca-Cola im Wirtschaftswunderland

Die amerikanischen GIs kehrten als Sieger von den unzähligen Kriegsschauplätzen dieser Erde zurück und hinterließen nicht nur Schutt und Asche, verbrannte Erde und unsagbares Leid. So, wie andere Sieger und Eroberer Denkmäler errichteten, die Zeugnis ablegen sollten, wofür sie gekämpft hatten, wurde die Coca-Cola Flasche für die amerikanischen Truppen zum Symbol ihrer Kampfziele, ihrer Träume und Hoffnungen, für die sie litten und starben, ein Symbol für das amerikanischste unter den amerikanischen Produkten, von vielen in einem Atemzug mit Demokratie, Freiheit und Freizügigkeit genannt.
Die ganze Welt war in diesen Jahren im Auf- und Umbruch. Aus erbitterten Feinden wurden Freunde, Verbündete von einst lebten plötzlich im Haß miteinander, und über all den Gegensätzlichkeiten machte sich Optimismus breit. Diese Aufbruchstimmung war ansteckend, schier unerschöpflich. Hunger nach Leben, Lebendigkeit, ein schier unstillbares Verlangen nach ein bißchen Spaß, Fröhlichkeit, dominiert von der straffen Entschlossenheit, diese Welt neu zu ordnen, eine neue Zukunft aufzubauen, war ein fruchtbarer Acker für die Expansions- und Umsatzsteigerungsträume der Company in Atlanta.
Die Weltwirtschaft hatte bald die Talsohle überwunden und schickte sich an, wieder stabil Tritt zu fassen. Jahr für Jahr stiegen die Umsätze, die dafür nötigen Werbeausgaben und auch der Profit. Spektakulärer Schlagzeilen, revolutionärer Ideen bedurfte es in den Jahren nach 1950 bis Anfang der achtziger Jahre wenig. Der Wachstumsmarkt Soft Drink funktionierte fast von allein. Der braune Saft in der Flasche mit dem Sexappeal war ein Selbstgänger. Besonnene Kaufleute weiteten die Produktpalette von der Monokultur mit Coke zu einem Getränkeimperium aus, das neben alkoholfreien Getränken (Soft Drinks) auch Wein, Tee, Kaffee vertrieb, sich der kommerziellen Wasseraufbereitung widmete, sich mit dem Ankauf von Columbia-Pictures einen saftigen Marktanteil im Unterhaltungsmarkt sicherte und seinen rund 84 000 Aktionären dadurch erkleckliche Dividenden ausschüttete. Stellvertretend für den Wiederaufbau in der ganzen Welt mag der Neubeginn in der Bundesrepublik Deutschland stehen, dessen letztes Hemmnis auf dem Weg nach oben im Mai 1950 fiel: Die Bewirtschaftung von Zucker wurde aufgehoben.
Der sprichwörtliche Fleiß der Deutschen, ihre Entschlossenheit zum Wiederaufbau machten auch nicht vor der Company in Essen halt. Aus der Vielzahl kleiner Konzessionäre in den drei Westzonen wurde eine neue schlagkräftige Organisation aufgebaut, die den Müttern und Vätern des Wirtschaftswunders die erquickliche Pause verkaufte. Zu seinem hohen Be-

Kombiniere:
KOMBI-
KISTE
KOMBINIERE
KOMBI-KISTE
Teilnahmekarte
sofort ausfüllen
und gleich einwerfen.
Trink
Coca-Cola
Trink
Coca-Cola
Trink
Coca-Cola

TRINK
Coca-Cola
WARENZEICHEN

Coca-Cola
SCHUTZMARKE

FERNSEHEN
und
Coca-Cola
WARENZEICHEN

kanntheitsgrad, trotz all der Versorgungsengpässe durch den Krieg, kam das proamerikanische Konsumverhalten. Amizigaretten, amerikanische Musik, Kaugummi und der amerikanische Drink, das waren plötzlich mehr als Konsumartikel, das waren Statussymbole — wie heute in der Dritten Welt —, Beweise einer geläuterten Weltanschauung. Und in diesen veränderten Rahmen des Denkens, Fühlens und Wirtschaftens paßte auch die Ausgestaltung des 25jährigen Jubiläums 1954 in Essen. Den 125 selbständigen Konzessionären aus der ganzen Bundesrepublik, die im Jubeljahr 24,5 Millionen Kisten Coca-Cola verkauft hatten, erschien der Geist des Soft Drinks in Gestalt einer sprechenden Flasche mit einer erfrischend klaren Frauenstimme.

Mit Pauken und Trompeten schwebte eine überdimensionale Coke-Bottle auf die Bühne, im Rhythmus der Sprache aufleuchtend, und sprach mit reichlich Pathos aus, was damals scheinbar alle Mitglieder der deutschen Coke-Familie dachten: »25 Jahre Coca-Cola in Deutschland. So ist es wohl an mir, an diesem Festtage ein paar Worte des Stolzes und der Freude zu sagen. Ich bin nicht nur Glas und Inhalt, nicht tote Materie, für Euch bin ich sprudelndes Leben und prickelnde Lebendigkeit. Ihr habt mich zu einem königlichen Symbol erhöht, und das gibt mir das Recht, von hoher Warte zu Euch zu sprechen. Ich bin der Inbegriff Eures Tuns, strahlender Mittelpunkt für Euch, um den sich alles an diesem Jubeltage dreht. Ihr habt Euch einträchtig und frohgestimmt um mich geschart. Ich bin das Herz und die Seele Eures aufblühenden Geschäfts. Ich war, ich bin und will in alle Zukunft sein Symbol dessen, was Ihr mit der Kraft Eurer Hände und Eures Geistes geschaffen habt und worauf Ihr alle Eure Hoffnungen setzt. Sagt Ihr es nicht immer wieder selbst? Ich bin nicht Ware schlechthin, ich bin einmalig und einzig in meiner Art. Ich bin Coca-Cola!«

Götterdämmerungen dieser vierten, der Coca-Cola Art blieben ein einmaliges Erlebnis. In den Folgejahren diktierten der Wiederaufbau und das Geldverdienen das Leben des westdeutschen Cola-Clans. 1955 erklang zum erstenmal der Werbeslogan »Mach mal Pause — trink Coca-Cola«, der für die Nachkriegsjahre so etwas wie ein geflügeltes Wort werden sollte. Die ganze Nation spielte ja damals verrückt, versuchte in atemberaubendem Tempo all das wiederherzustellen, was in den Kriegsjahren in Schutt und Asche gefallen war. Fleißig und unermüdlich rackerte man sich für das Wahrwerden des überall herbeigesehnten Wirtschaftswunders ab. Die Managerkrankheit hatte eine ganze Nation erfaßt, und dieses Heer der Workoholics war dankbar für die Idee der kleinen Pause. Und Essen wußte die Gunst der Stunde zu nutzen. Noch im selben Jahr, 1955, wurden die ersten Flaschenverkaufsautomaten in den Betriebskantinen aufgestellt, einem Grundgedanken des Geschäfts folgend, nach dem das Getränk bis auf Armlänge an den Verbraucher herangeführt werden sollte, wo immer der danach verlangte. »Mach mal Pause«, diese vier Silben wurden zu einem Begriff, der auch musikalisch zu dem bekannten Pausenpfiff umgesetzt wurde. Verständlich, daß es auch bald die ersten Songs zu diesem Thema gab, geben mußte, da die Rundfunkwerbung das idealere Medium war, in dieser rastlosen Arbeitsmanie die Aufmerksamkeit der Konsumenten zu gewinnen. Denn das Radio lief neben der Arbeit mit, ohne dabei zu behindern, und die Werbesongs erreichten ihre Zielgruppe auf dem richtigen Ohr:

»Es war einmal ein Mann von Hast,/der kannte weder Ruh noch Rast./Da sprach die Frau, mein lieber Mann,/mach doch mal Pause, dann und wann./Der Mann, der hörte sehr genau/auf diese Worte seiner Frau./Nun denkt er nicht mehr an Rekord,/nein, ab und zu ans Pausenwort:/Mach mal Pause!/Wer nicht rastet, wer nur hastet,/der kommt meistens nicht sehr weit,/mach mal Pause, mach mal Pause,/hab mal für dich selber Zeit!«

Und auf den viertönigen Pausenpfiff folgte der melancholische Abgesang »Coca-Cola«.

Die Werbung blieb milieutreu in der Welt der Arbeit, da, wo der Profit zu holen war.

»Kleine Erfrischung gefällig?« erkundigte sich eine sonore Männerstimme im Werbefunk, und als Antwort trällerte ein Quartett »Coca-Cola«. Und ein um echte Fröhlichkeit bemühtes Duo brachte die kleine Erfrischungsoper auf den Punkt:

»War mal ein Hochhausspezialist,/der schickt per Kran aufs Baugerüst/'ne Kiste Coca-Cola rauf/und da steht Mach mal Pause drauf./Da rief es hoch vom Bau spontan,/nun sei bedankt, mein lieber Kran.« — Ein kurzes Klingelzeichen und dann der Refrain: »Ob du oben auf dem Bau bist/oder schaffst im fertgen Haus,/ob du Mann bist oder Frau bist,/Mach mal Pause, ruh dich aus./Mach mal Pause — Coca-Cola!«

Diese Verführungsmasche, sich aus dem Alltagstrott der Malocherei für eine kleine Pause herauszustehlen, zog mächtig. Bald war die Zeit reif für die Familienflasche, denn mit dem Fleiß wuchs der Durst, und dem hatte die kleine 0,2-Liter-Flasche wenig entgegenzusetzen. 1958 wird die 0,7-Liter-Flasche in der gesamten Bundesrepublik eingesetzt, und in den Gaststätten werden Thekenzapfanlagen installiert. Ein Jahr später kommt Fanta »klar« auf den Markt, 1962 wird die 0,33-Liter-Flasche in den Markt geschleust. Die Geschäfte entwickeln sich prächtig. Für die Konzessionäre galt die Parole, sich ja nicht auf dem Erreichten auszuruhen. Ein eigener Coke-Song für den Trend des Marketings in dieser Zeit wurde vom Bodo-Lucas-Chor, begleitet von Kurt Edelhagen, der deutschen Sektion des Coca-Cola Busineß-Clans zu Gehör gebracht:

Auch die Beatles, die Idole der neuen Generation . . .

»Woll'n den Markt wir ganz erschließen,/soll mehr Umsatz für uns sprießen,/dann gibt's für uns keine andre Wahl,/dem Bedarf sich anzupassen,/jede Gruppe zu erfassen/heißt die Losung ein für allemal!«
Und dann im Chor: »Der richtige Zeitpunkt, der richtige Zeitpunkt,/der richtige Zeitpunkt ist entscheidend für den Gewinn,/wer zu früh kommt oder zu spät,/der wird leicht vom Winde verweht,/und schon sind die besten Chancen hin./Denk an den Zeitpunkt, immer, immer, immer an den Zeitpunkt,/sei bereit, es liegt für uns noch viel mehr drin,/doch was du auch vorhast, denk immer daran,/auf den richtigen Zeitpunkt allein kommt es an!«
Von einer anderen Konzessionärstagung, die unter dem Motto stand: »Partnerschaft — addierte Kraft«, ist folgendes Glaubensbekenntnis überliefert, dessen man sich ebenfalls singend entledigte: »Partnerschaft, addierte Kraft, soll unser Motto sein,/was der nächste Tag uns auch bringen mag, wir wollen Partner sein./ Partnerschaft, addierte Kraft, das liegt im Zug der Zeit,/miteinander gehen, füreinander stehn, wenn das Ziel auch noch so weit./Im Alleingang zu wandeln bleibt riskant,/nur gemeinsam handeln ist heut von Bestand./Partnerschaft, addierte Kraft, soll unser Motto sein,/nur aus Partnerschaft wächst neue Kraft,/drum stimmt mit uns jetzt ein:/Wir wollen immer gute Partner sein!«
Musik gehörte Mitte der sechziger Jahre einfach zum guten Ton der Meetings, Händler- und Konzessionärstreffen, der Schulungs- und Weiterbildungsveranstaltungen.
1964 wurden erstmals Verkäufertagungen quer durch die Bundesrepublik Deutschland, Österreich und die Schweiz abgehalten, zu denen eigens neue, schmissige Songs komponiert wurden, wie beispielsweise dieser: zwei, drei Takte fernöstliche Musik: »Im fernen Osten ist Coca-Cola überall zu haben.« Einige Takte spanische Folklore: »Ja, das stimmt. Und auch im sonnigen Spanien haben wir's bekommen.« Einige Bauchtanzrhythmen: »Und das gilt auch für den Vorderen Orient!« Sprechstimme: »Erfrischung mit eisgekühltem Coca-Cola.«
»Ja, überall gibt's Coca-Cola«, tönt ein Tenor und kommt zu der selbstbewußten Politaussage: »in jedem freien Land«! Worauf der Chor jubiliert: »Man sagt nur Coca-Cola und hat es auch sogleich zur Hand./Der Name Coca-Cola ist in der ganzen Welt bekannt.« Sprechstimme: »Während meines letzten Urlaubs war ich im Orient. Alles war so anders und neu für mich. Nur eins hat mich an zu Haus erinnert, ein Coca-Cola Wagen.«

Coke macht mehr draus.
SCHUTZMARKE
Trink Coca-Cola
koffeinhaltig
Coca-Cola

Coke macht mehr draus
SCHUTZMARKE
Trink Coca-Cola

„Ja, wenn Ihr keine Fahrkarte habt
Trink
Coca-Cola
frischwärts
Jeder Tag hat
sein "frischwarts":
Ein nettes Wort. Eine gute Idee.
Ein spontaner Erfolg. Entdeckt es.
Erlebt es. Macht mehr daraus!
Meistert den Alltag.
Mit Spaß. Mit Schwung. Mit COKE.
frischwarts"
Coca-Cola
SCHUTZMARKE
CC/IL/16b/73

Tenor: »Die gelbrot schmucken Wagen, die fahren überall,/in Japan und in Kanada sowie in Portugal./ Sie bringen Coca-Cola, wo man auch geht und steht,/ die auf dem ganzen Erdenball bekannte Qualität!« Und der Chor: »Ja, überall gibt's Coca-Cola, in jedem freien Land./Man sagt nur Coca-Cola und hat es auch sogleich zur Hand./Der Name Coca-Cola ist in der ganzen Welt bekannt!«

Übertroffen und gleichzeitig abgebaut wird diese musikalische Selbstbeweihräucherung mit dem Coke-Musical »Heute das Morgen meistern«, das 1966 in der Essener Lichtburg, dem größten Kino am Ort, uraufgeführt wird. Bedauerlicherweise erlaubt die schlechte Tonqualität des Bandmitschnitts keine Textkostprobe dieses Mammuterzeugnisses Wagnerscher Klangfülle, interpretiert vom »Jungen Theater Hamburg« und dem Coke-Hausorchester »Kurt Edelhagen«. 1967 wird erstmals die 100-Millionen-Kistengrenze überschritten, Fanta »trüb« (trübe Limonade mit Orangensaft) und Cappy (Orangensaftgetränk) sind schon im deutschen Markt eingeführt, Sprite, Kinley Tonic Water und Lift folgen.

1972 wird die Sommerolympiade in München und Kiel zum Heimspiel für die Coca-Cola GmbH in Essen, die einen mustergültigen Erfrischungsdienst organisierte.

»Frischwärts« hieß nun die Parole für den Aufbruch in die siebziger Jahre. Rock- und Pop-Musik, the Young Generation, Jeanstypen und Flower-Power-Girls standen plötzlich im Mittelpunkt der Werbebotschaften. Jung und dynamisch, aktiv, spontan, ausgelassen und optimistisch, das war plötzlich der Rhythmus, mit dem jeder mitmuß. Spaß und Freizeit, das kleine bißchen Mehr an Lebensqualität hatten endgültig die Wirtschaftswunder-Pause abgelöst. Die Coke-Werbung wurde amerikanischer, internationaler, auch in den Songs in Funk und Fernsehen: »Hey ist das ein Ding!/Frischwärts/Das hat drive, das hat swing/Coca-Cola/Bleib im Leben nicht stehn,/laß uns frischwärts gehn./Coca-Cola/Was du daraus machst, liegt bei dir,/wenn du Lust hast, mach's wie wir:/Trink frischwärts in your life./Hey ist das ein Ding,/with a bottle of Coke,/das hat drive, das hat swing,/Coca-Cola./So weit wir auch sehn,/ laß uns frischwärts gehn./Coca-Cola is Coke!«

Zu den letzten »großen Kampagnen« gehörte die Trink-dich-Serie mit recht abenteuerlichen Grammatikkonstruktionen wie »Trink dir Spaß aufs Brötchen«, »Trink dir den Alltag vom Herzen« oder gar »Trink dich auf andere Gedanken«.

Im Vergleich zu den immensen Werbeaufwendungen in den USA nimmt sich der deutsche Etat vergleichsweise bescheiden aus. 1983 gab der Marktführer im Soft-Drink-Bereich, mit einem Umsatz von zwanzig Millionen Hektolitern, für Werbung in Film, Funk, Fernsehen und in den Printmedien lediglich 1,3 Prozent vom Bruttoumsatz aus, in Zahlen 36 Millionen Mark. Schuld ist der große Markenbekanntheitsgrad in der Bundesrepublik, der, vorsichtig, wie das Haus nun einmal ist, bei geschätzten 99 Prozent liegt. »Es gibt doch keine Straße in der Bundesrepublik ohne unsere rot-weißen Coca-Cola Schilder«, meinte ein Konzernsprecher, »das ist eine Werbung, die man gar nicht mehr bezahlen kann.«

Die ersten Cola-Dosen gingen von 1940–1942 in kleine Testmärkte.

1960 wurde Coke in Dosen in den USA eingeführt.

Zum Vergleich: Die deutsche Zigarettenindustrie wendete im selben Geschäftsjahr 322 Millionen Mark für die Werbung auf und verpulverte damit 14,4 Prozent ihres Bruttoumsatzes, elfmal soviel wie die Essener.
Die Coca-Cola GmbH in Essen ging nicht nur in der Werbung, teilweise zumindest, eigene Wege. Nach dem Motto »Nicht alles, was aus Amerika kommt, muß automatisch auch für uns gut sein« hat sich die GmbH in Essen die Markteinführung einiger Konzernprodukte verkniffen. So wird den Bundesbürgern »Coke-Cherry«, ein Kirschsaft mit Coke-Geschmack, wie aus unterrichteten Kreisen zu erfahren war, mit fast hundertprozentiger Sicherheit erspart bleiben. Ganz neu ist dagegen ein deutsches Konzept, mit dem sogenannten »Mini-POM« völlig neue Märkte zu erschließen.
In der Bundesrepublik gibt es rund 230 000 Kleinbetriebe wie Arzt- und Anwaltspraxen, Büros, Banken, Versicherungen, Schulen, Friseur- und Einzelhandelsgeschäfte, Service- und Handwerksbetriebe mit weniger als fünfzig Beschäftigten, die auch Durst haben und damit Anspruch auf ihre Pause, die erfrischt. Für sie ist dieses Mini-POM in Zusammenarbeit mit Bosch-Siemens entwickelt worden. Eine kleine Postmix-Anlage (abgekürzt POM), die an jede Wasserleitung angeschlossen werden kann und auf Knopfdruck aus Sirup und dem aufbereiteten Wasser Coca-Cola und zwei andere Wahlgetränke sprudeln läßt. Von der Schließung der Marktlücke, mit Hilfe dieses maßgeschneiderten kleinen Helfers, versprechen sich die Manager in Essen saftige Zugewinne. Denn wer mehr Umsatz machen will, muß im zweiten Jahrhundert der Coca-Cola Zeitrechnung innovative Wege beschreiten. Zwar gelten die Deutschen als ausgesprochene Vieltrinker, die den höchsten Pro-Kopf-Umsatz an produzierten Flüssigkeiten auf sich vereinen, aber die Zeiten sind vorbei, als der Soft-Drink-Markt noch zu den Zugewinnmärkten zählte. Heutzutage tobt dort eine erbitterte Verdrängungsschlacht, in der auch liebgewordenen Gewohnheiten der Kampf angesagt werden mußte. Zunächst bedurfte es einiger Ordnung im eigenen Haus. Der Verbraucher hatte sich gewandelt. Die ehemalige »Kernzielgruppe« der 14- bis 24jährigen wurde zahlenmäßig geringer, der Pillenknick machte auch vor der Coke-Klientel nicht halt. Die 24- bis 48jährigen legten plötzlich ein verändertes Körperbewußtsein an den Tag. Den Kalorienbomben war der Krieg erklärt, Zucker war out. Coca-Colas Antwort war »Diet Coke«, in Deutschland »Coca-Cola Light«, die zuckerfreie Variante. Und den Zielgruppen unter 14 und über 48 Jahren mußte man die Besorgnis vor dem Koffein nehmen, also gab's Coke auch koffeinfrei. Und die koffeinfreie Diät-Coke ist in Amerika auch schon auf dem Markt.
An der Schwelle vom ersten ins zweite Jahrhundert mit dem »Real Thing«, dessen »unvergleichlicher Geschmack« nun doch eine kleine Korrektur erhielt, könnte man die Hoffnungen der Company für die beiden größten Märkte so formulieren: In Europa Finger weg von Alkohol, Kaffee und Tee und in Amerika Schluß mit der Unsitte, in jedem Restaurant ein kostenloses Glas Eiswasser zu servieren, denn diese Gewohnheiten sind die letzten Umsatzbremsen auf dem Weg zum totalen Coca-Cola Konsum.

1963 (links) und 1966 änderte sich jeweils das Design der Dosen.

1970 wurde weltweit die knallrote Dose mit der weißen Wellenlinie eingeführt.

Titelblatt des Werbemittel-Katalogs für das Jubiläumsjahr 1936

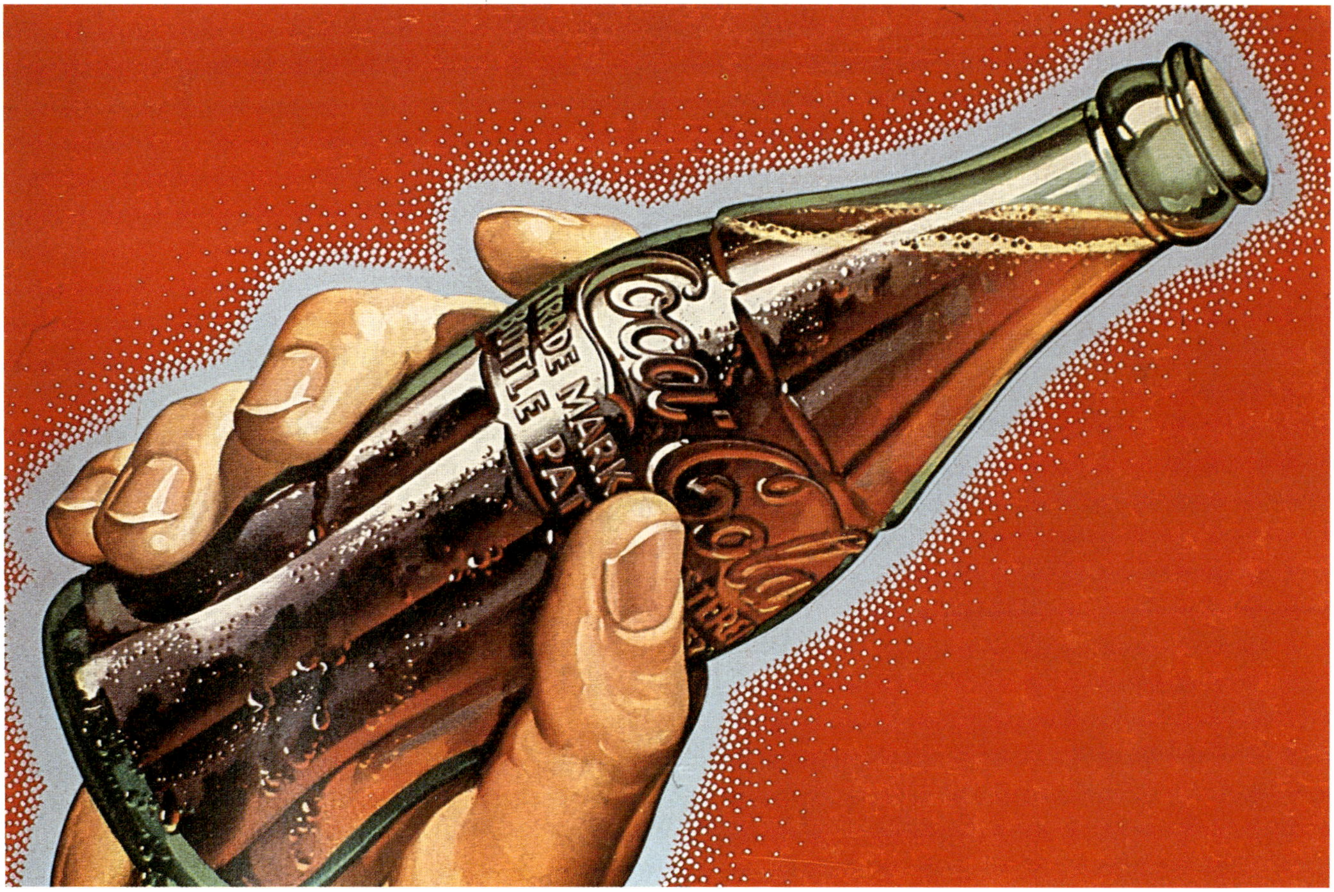
Coca-Cola

Werbung — die wahre Geheimformel von Coca-Cola

Der Sensationserfolg des Soft Drinks Coca-Cola ist der Lohn für einen konsequenten, langjährigen und sehr engagierten Werbefeldzug, der seinesgleichen sucht. Unter Experten gilt der Trunk aus Amerika als die meistbeworbene Marke der Welt, der Superstar in der Promotionsgeschichte, der bekannteste Markenname der Welt. Milliarden harter Dollars wurden dafür eingesetzt, das Produkt bis in die letzten Winkel dieser Erde zu tragen, dafür zu werben, durch Schaffung eines Markennamens und Markenbewußtseins soviel Nachfrage zu erzeugen, daß die Umsätze dank dieser Werbung den entsprechenden Zuwachs einbrachten, um die Werbeanstrengungen im nächsten Geschäftsjahr erhöhen zu können. Die Coca-Cola Company und ihre Werbeagenturen haben nie den Fehler gemacht, auch nicht in Krisenzeiten, an den Werbeetats Kürzungen vorzunehmen.

Die Werbung der Company hat ein imposantes Stück Marketing-, Promotion- und Public-Relations-Geschichte geschrieben. Hundert Jahre Coca-Cola, das sind auch hundert Jahre Werbung, gelungener Wandel in der Nutzbarmachung der dominierenden Medien. Beharrlichkeit, Kontinuität, Schlagwortprägnanz, hohe Schaltfrequenzen, durchdachte Zielgruppenansprachen und bis ins Detail ausgeklügelte Strategien haben dieser Werbung das Prädikat eingetragen, beispielhaft, vorbildlich, kreativ und dynamisch für ein ganzes Jahrhundert im Zeitalter der Technik gewesen zu sein. In diesem Kapitel wird die chronologische Werbevielfalt und -entwicklung in den Printmedien dokumentiert, das Segment in der Werbepalette, das einem Buch am artverwandtesten ist. Mit dem wachsenden Engagement von Coca-Cola in den elektronischen Medien schrumpfte auch der Anteil der Werbung in Zeitungen und Zeitschriften.

Bewegte Bilder transportierten die Frischwärts-Botschaft der köstlich erfrischenden Pause besser, glaubwürdiger und damit effektiver. Und wie in vielen anderen Bereichen auch wurde der Werbegigant Coca-Cola mit seinen Commercials im TV zum Vorreiter der modernen Video-Clips.

Nicht alles gelang, was die Werbung als Botschaft an die Kundschaft verkündete. Als Beispiel mag der Fernsehspot gelten, der auf dem Höhepunkt der Watergate-Affäre der fassungslosen Nation Trost zuzusprechen versuchte: »Watergate ist eine schlimme Sache, aber denken Sie auch an die Dinge, die gut sind für Amerika, und Coke ist eins davon.«
Dann war da die Leuchtschrift am New Yorker Times Square, kreativer, strategisch linientreuer, nicht ohne Charme und Witz für die einen, die weniger »kritischen« Konsumenten; unübertrefflich arrogant, überheblich, realitätsverachtend für die Kritiker, die Konsumgegner, mit der die Apollo-Astronauten bei ihrer Rückkehr begrüßt wurden: »Welcome Back to Earth. Home of Coca-Cola« (Willkommen auf der Erde, der Heimat von Coca-Cola).
Man mag noch soviel Snobismus in dieser Aussage erkennen, Menschenverachtung, Ignoranz gegenüber den Problemen der Dritten Welt — in der der amerikanische Wohlstandssaft als Statussymbol gilt —, unstillbare Profitsucht daraus abzuleiten ist zwar legal, aber oberflächlich geurteilt. Für die Company ist diese Welt ihr Markt, ihr Zuhause und damit Home of Coke. Das ist nicht negativ, verächtlich, sondern traditionell gedacht.

Werbegrundsätze

Die Werbeagentur D'Arcy Advertising Corporation in St. Louis war von 1906 bis 1956 die Denkfabrik für die Coca-Cola Werbung. Danach übernahm McCann-Erickson die Aufgabe, den Absatz der Welt berühmtester Handelsware zu mehren. Die 1938 aufgestellten Grundsatzregeln für die Werbung gelten heute noch. Einige Kostproben:

— Schreibe Schutzmarke Coca-Cola nie zweizeilig.
— Sei eher geneigt, auf Ölbildern oder Fotografien eine Brünette zu zeigen als eine Blonde, wenn nur Platz für ein Mädchen ist. In allen anderen Fällen zeige beide.
— Denke bei Illustrationen jeglicher Art daran: Junge Mädchen und Frauen sollten gesund aussehen; nicht intellektuell. Burschen und junge Männer sollten sportlich, gesund aussehen, aber nicht zu intellektuell oder gutaussehend. Zeige ganz selten alte Leute und nie Kinder unter sechs oder sieben Jahren.
— Kleidung, inklusive Hüte, sollte stets modern und aktuell, aber nicht extrem sein.
— Bezeichne Coca-Cola nie als »es«.
— Sage stets »Eiskaltes Coca-Cola — die Pause, die erfrischt«.
Benutze »The Pause that refreshes« nie allein als Synonym für Coca-Cola.
— Mache nie übertriebene Ansprüche an das Produkt geltend, die über die Tatsache hinausgehen, daß es ein köstlicher, erfrischender, gesunder, reiner Drink ist, der einfach und überall erhältlich ist.

1956, nach der Übernahme der Werbung durch McCann, wurde ein Konversations-Leitfaden über die Benutzung der Schutzmarken Coca-Cola und Coke für Radioansager, Discjockeys und andere Programmgestalter herausgegeben. Die Anweisungen besagten beispielsweise:

— Coca-Cola und seine abgekürzte Bezeichnung Coke stehen für eine ganz bestimmte Art von Erfrischung. Diese Markenzeichen können Sie zu jeder Zeit benutzen, wenn es darum geht klarzumachen, daß in dieser Situation etwas Gutes zu Trinken hergehörte, zum Beispiel: »O Mann, wäre eine eiskalte Flasche Coke jetzt nicht genau das Richtige?«
(Benutzen Sie Coca-Cola oder Coke niemals als Gattungsbegriff!)
— Wie Rotwild oder eine Reihe anderer Wörter sind Coke und Coca-Cola beides, Einzahl und Mehrzahl. Benutzen Sie beide Markennamen, um ein oder mehrere Getränke zu bezeichnen. Der Behälter, die Flasche, Tasse, das Glas Coke ist veränderlich, die Schutzmarke ist stets »Coke« oder »Coca-Cola«.
— Coca-Cola und Coke haben als Markenbezeichnung denselben Stellenwert und sind austauschbar. Aber die Bezeichnung Coca-Cola muß mindestens einmal in jeder Werbeaussage erscheinen.
— Benutzen Sie nie Coke alleine, sondern schlagen Sie geschickt den Bogen zu Coca-Cola, sobald der Markenname noch einmal genannt werden soll.

Zwölf Jahre später, 1968, erschien eine Broschüre mit dem Titel »Philosophy of Coca-Cola Advertising« (Philosophie der Coca-Cola Werbung), in der der Soft-Drink-Markt wie folgt beschrieben wurde:

— Er ist ein Massenmarkt. Das erste, was uns im Zusammenhang mit unserem Produkt einfällt, ist die Feststellung: Es ist ein Massenartikel. Das heißt, unser Produkt spricht die Gesamtbevölkerung an, ohne Rücksicht auf Rasse, Hautfarbe oder Glaubensbekenntnis. Wir sind an beiden Seiten des Lebens interessiert, am Salon und am Saloon. Wir wollen das Mädchen von nebenban genausogut kennen wie die Frau des Direktors.
— Der Markt ist in Bewegung. Jährlich sterben in den USA über eine Million Menschen. Trotz größter Anstrengungen geht alljährlich diese große Zahl von möglichen Verbrauchern für uns verloren. Daran können wir nichts ändern,

Doppelseitige Anzeige aus dem Jahr 1904

Cola
& REFRESHING
Good all
Becau
of
its
Deligh
Flav
an
B
BENEFICIAL

und deshalb muß Ersatz gefunden werden, damit der Absatz zahlenmäßig erhalten bleibt. Doch es gibt einen Ausweg. 1967 wurden in den Vereinigten Staaten 3 533 000 Menschen geboren. Und viele Jugendliche wuchsen in das Coca-Cola Verbraucheralter hinein, zahlenmäßig stark genug, den Verlust zu ersetzen. Diese Gegenüberstellung soll nicht in erster Linie beweisen, daß wir in einer Wachstums-Ökonomie leben, sondern (was viele Leute übersehen), daß unser Markt in Bewegung ist, daß unser Markt dem natürlichen Kreislauf folgt. Andersherum gesagt, es handelt sich nicht um eine statische Gruppe, der wir unsere Aufmerksamkeit nur einmal zu schenken brauchen, was bedeutete, daß wir uns jede weitere Werbung sparen könnten. Ganz im Gegenteil, wir können nicht aufhören, Kohle nachzuschaufeln, wenn die Maschine den Zug erst einmal in Bewegung gebracht hat. Stelle die Werbung ein, und in wenigen Jahren wird der Kreislauf von Tod und Geburt eine völlig neue Zielgruppe geschaffen haben, die nicht ein einziges Mal etwas von Coca-Cola gehört hat. An wie viele der folgenden, ehedem bekannten Haushaltsprodukte können Sie sich denn heute noch erinnern? Etwa an Sapoleo, Sunny Jim, Fairy Soap, Pears Soap, Gold Dust Twins?

Der »gläserne« Verbraucher

Für die Verkaufsstrategen der Coca-Cola Company ist die Grundlagenforschung im Bereich der weltweiten Trinkgewohnheiten von allergrößter Wichtigkeit, um verläßliche Prognosen, erfüllbare Verkaufserwartungen und werbliche Maßnahmen von Geschäftsjahr zu Geschäftsjahr zu erstellen. Wer mehr als 270 Millionen Drinks pro Tag verkaufen will, muß seine Zielgruppe und ihre Gewohnheiten kennen, den Kunden transparenter machen.

Der jährliche Flüssigkeitsbedarf des Menschen liegt bei rund 700 Litern. Diesen Bedarf deckt der Mensch aus natürlichen und produzierten Flüssigkeiten. Zu den natürlichen Flüssigkeiten gehören Wasser, selbst ausgepreßte Obstsäfte und in Eigenleistung hergestellter Wein. Produzierte Flüssigkeiten sind Bier, Wein, Milch, Kaffee, Tee, Säfte, Schnaps, Sekt etc.

In Europa belegen die Bundesbürger Platz eins aller Konsumenten mit einem Pro-Kopf-Verbrauch von 644 Litern hergestellter Flüssigkeiten, im Vergleich dazu Italien mit 300 Litern, Großbritannien mit 506 und Spanien mit 408 Litern (Stand 1983). Selbstverständlich spielt die Kaufkraft in dieser Rangfolge eine gewichtige Rolle. Entscheidender aber sind Trinkgewohnheiten, und da ist sicher auch die Reihenfolge in der Bundesrepublik überraschend. An erster Stelle steht Kaffee mit 170 Litern, gefolgt von Bier mit 148, Milch mit 95 und an vierter Stelle erst Soft Drinks mit 72 Litern, gefolgt von Mineralwasser, Tee, Wein und anderem. In Italien und Spanien rangiert der Wein, in Großbritannien dagegen der Tee obenan. Generell gilt: In Europa werden die Soft Drinks von einer ganzen Reihe anderer produzierter Flüssigkeiten übertroffen. In den USA dagegen sind Soft Drinks klar die Nummer eins mit knapp 140 Litern, dafür ist der Gesamtverbrauch mit 564 Litern deutlich geringer als beispielsweise in der Bundesrepublik. Doch den Grund für diesen hohen Anteil an natürlichen Flüssigkeiten haben die Coke-Leute auch schon ausfindig gemacht: Die noch aus der Pionierzeit stammende Geste der Gastfreundschaft, jedem Besucher ein Glas Wasser zu kredenzen, wurde von der amerikanischen Gastronomie übernommen und verwässert den US-Flüssigkeitshaushalt.

Hundert Jahre Coca-Cola — hundert Jahre massive Werbung

Am 29. Mai 1886 erschien die erste Coca-Cola Anzeige in Atlanta, in »The Daily Journal«. Bereits in diesem Anzeigenmotiv tauchen Schlagworte auf, die das Erfrischungsgetränk in den nächsten hundert Jahren konstant begleiten sollten: Köstlich! Erfrischend! Erheiternd! Belebend!

Und der kurze Text darunter pries den neuen und populären Drink der Erfrischungshallen als eine einmalige Mischung aus der wundervollen Kokapflanze und der berühmten Kolanuß. Dasselbe Motiv, wir würden es heute eine Kleinanzeige nennen, erschien in derselben Tageszeitung während des folgenden Monats noch 13mal.

Drei Jahre später, am 1. Mai 1889, schaltete Asa Candler eine ganzseitige Annonce in »The Atlanta Journal«, in der er anzeigte, einziger Eigentümer von Coca-Cola zu sein, dem köstlich, erfrischend, aufregend belebenden, neuen und populären Erfrischungsgetränk, das in den Soda Fountains für 5 Cent das Glas erhältlich sei. Darunter wies Candler darauf hin, daß er Groß- und Einzelhändler für Drogeriebedarf sei, die erste Adresse für alle medizinischen Artikel und exklusiver Eigentümer der großartigen Zahnpasta »De-Lec-Ta-Lave«.

DRINK
Coca-Cola
5¢
Home Office
The Coca-Cola Co
Atlanta, Ga.
Branches: Chicago,
Philadelphia, Los Angeles
Dallas.

1900

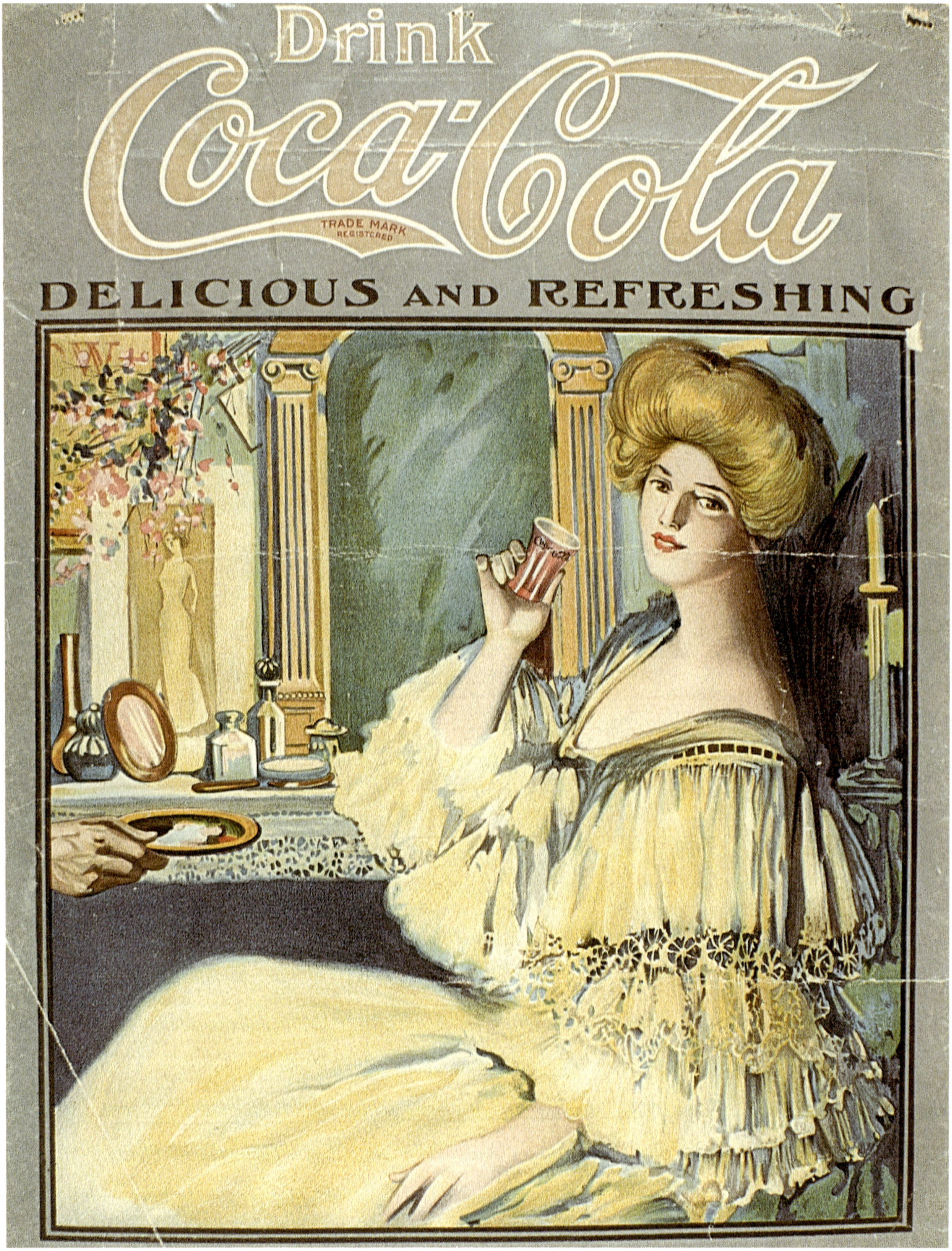
Drink
Coca-Cola
TRADE MARK REGISTERED
DELICIOUS AND REFRESHING

1906

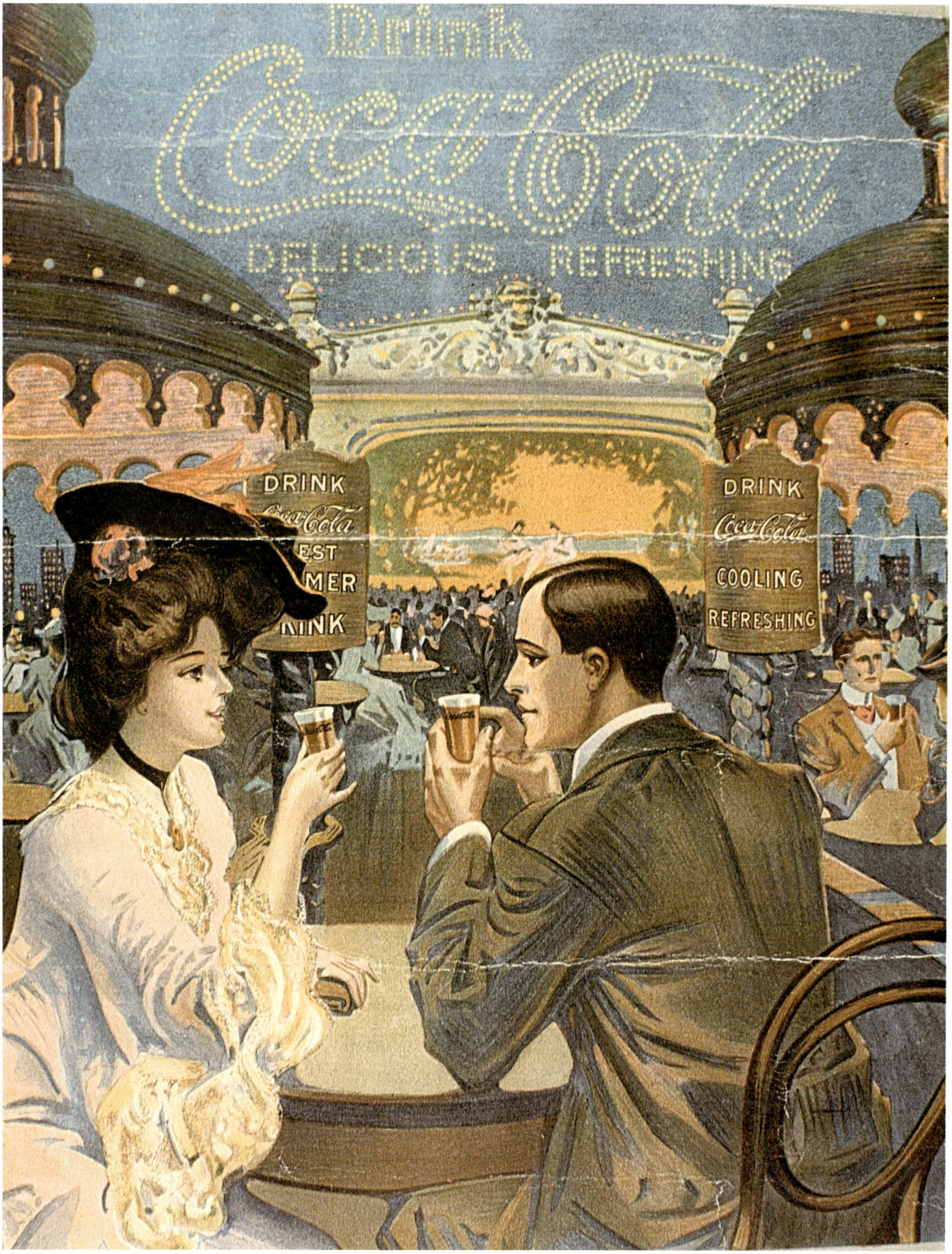
Drink
Coca-Cola
DELICIOUS REFRESHING
DRINK
Coca-Cola
DRINK
Coca-Cola
COOLING
REFRESHING

1906

Ein Jahr später taucht erstmals der typische Coca-Cola Schriftzug in einer Anzeige auf. Die Aussage über das Produkt weicht von der bisherigen Linie ab. Jetzt ist Coca-Cola plötzlich ein wundervolles Nerven- und Gedächtnis-Tonikum. Es soll helfen gegen Kopfschmerzen und Müdigkeit, gleich, ob im Sommer oder Winter, sowie geistige und körperliche Erschöpfungszustände lindern. Es sei in den wichtigsten Erfrischungshallen für 5 Cent das Glas erhältlich und würde von Einzelhändlern für 25 Cent die Flasche verkauft. Daneben bewarb Asa Candler wiederum seine Zahncreme »De-Lec-Ta-Lave« zum Reinigen und Konservieren der Zähne bei gleichzeitiger Parfümierung des Atems.

Webb's Drugstore geht als Pionier in die Werbehistorie von Coca-Cola ein, weil er als erster den Erfrischungsdrink als Pausenfüller propagierte. »Zwischen den Akten«, lockte er die Theaterbesucher in seinen Drugstore neben dem Theater, wo es »neben Coca-Cola, Bonbons, Kaugummi, Zigarren und Tabak« gab.

Jack Prince, lautstark als der beste Radfahrer, der je gelebt hat, angepriesen, bekannte als erster Sportler in der Coca-Cola Werbegeschichte: »Coca-Cola war mein bester Freund für viele Jahre!« In einer ganzseitigen Anzeige im »Atlanta Journal« vom 27. Dezember 1903 bekannte der bereits in die Jahre gekommene, schnauzbärtige, etwas füllig gewordene Athlet mit der schwarzen Melone Werbeträchtiges: »Als ich aus meiner Heimat in England das erste Mal in dieses Land kam, um als Radrennfahrer Meisterschaften zu erringen, hatte ich alle Hände voll zu tun, weil es eine ganze Reihe von Kontrahenten gab, die nur darauf warteten, mich zu schlagen. Letztendlich habe ich sie alle besiegt, und ich glaube, mein Erfolg ist weitgehend darauf zurückzuführen, daß ich auf mich sehr achtgegeben habe. Ich habe nie stimulierende Mittel, Drogen oder Opiate zu mir genommen. Zu dieser Zeit war Coca-Cola nicht so bekannt wie heute, aber ich sah sofort, wie köstlich, erfrischend das Getränk war und wie effizient es einen müden Körper belebte, ohne die bekannten Stimulanzien einzusetzen. Wir wurden enge Freunde, und als ich nach Australien ging, nahm ich einen ausreichenden Vorrat Coca-Cola mit. Ich bin heute wie damals in einer ausgezeichneten Kondition und denke genausooft an Coca-Cola wie zu dem Zeitpunkt, als es wie ein Fremder zu mir kam, in einem fremden Land.« Gezeichnet Jack Prince

Die erste nationale Anzeige wurde im Juli 1904 in der »Saturday Evening Post« geschaltet. Bis dahin beschränkten sich die Werbemaßnahmen für Coca-Cola auf Lokalausgaben, in denen die örtlichen Soda Fountains und Drugstores warben.

»Eine kleine Erfrischung erleichtert die Bürden eines geschäftigen Tags! Telefoniere nach einem Glas oder einer Flasche kohlensäurehaltigem Coca-Cola aus der Soda Fountain. Es ist eine wonnige, augenblickliche Ablenkung — erholsam und stärkend.« Fett in Großbuchstaben stand darunter: »5 Cent«. So warb die Company im Oktober 1904 mit einer ganzseitigen Anzeige in der Zeitschrift »The Independent«. Das Anzeigenmotiv zeigte einen seriösen Büroangestellten, in ein Schriftstück vertieft, dem ein junger Laufbursche erwartungsvoll ein Tablett mit zwei Gläsern Coca-Cola reicht. Die Kernaussage für einen Großteil der späteren Werbekampagnen ist in diesem frühen Anzeigentext bereits erkennbar: das Abzielen auf die weltberühmt gewordene Pause, die erfrischt!

»Männer, Frauen und Kinder, alle gesund und glücklich, trinken Coca-Cola, warum?« fragte eine doppelseitige Anzeige aus dem Jahr 1904, die, den erst einige Jahre später aufgestellten Werbegrundsätzen folgend, gesunde, hübsche, ihren Drink genießende Zeitgenossen zeigte, denen man die Antwort auf die linksseitig stehende Frage auf dem rechten Rand der Anzeige abnahm: »Wegen seines köstlichen Geschmacks und wohltuenden Resultats.«

Im selben Jahr, am 18. September 1904, veröffentlichte Coca-Cola einen stilisierten Obelisken im »Sunday Morning«, der darüber Aufschluß gab, wie sich der Umsatz des Erfrischungsgetränks, in Gallonen gemessen, entwickelt hatte. Von 1886, angegeben mit 0,8 Gallone, hatte sich der Abverkauf immerhin auf über 800 000 Gallonen, das entspricht mehr als 3,2 Millionen Litern, gesteigert.

Die Werbung in einschlägigen Fachmagazinen für Einzel-, Großhändler oder Flaschenabfüller geht schon in die frühesten Jahre zurück. Im Februar 1905 veröffentlichte die Company in dem Fachblatt »The Southern Carbonator and Bottler« eine ganzseitige Anzeige unter der Überschrift »Der Beweis, wert, von Ihnen gelesen zu werden«. Darunter: »Coca-Cola, eine Erläuterung von Fakten, die unleugbar die Führungsposition des Getränks in der Welt beweist«. Und darunter veröffentlichte man die Namen der erfolgreichsten Coca-Cola Wiederverkäufer des Jahres 1904 samt den von ihnen verkauften Gallonenmengen. Spitzenreiter war die »Atlanta Soda Co.« mit über 8000 Litern, gefolgt von fünf weiteren Verkaufsstellen in der Geburtsstadt des Getränks, und erst auf Platz sieben eine Firma »J. E. Berry and Co.« in Paris/Texas. Interessant auch, daß in dieser 51 Firmennamen umfassenden Liste nahezu ausnahmslos Städte aus den Bundesstaaten Georgia, Texas, Alabama, Tennessee, Ohio oder Mississippi enthalten sind. Großstädte wie New York, Chicago, San Francisco oder Los Angeles tauchen in dieser Tabelle überhaupt nicht auf.

Die erste Anzeige in einer reinen Frauenzeitschrift wurde im Sommer 1905 in »Women's Home Companion« veröffentlicht. An der Theke einer Soda Fountain stehen und sitzen »modebewußte Damen«, wie es der Text der Anzeige formuliert, »alle gesund und glücklich, alle Coca-Cola trinkend! Warum?«. Die Beantwortung ist weder neu noch überraschend: »Wegen seines köstlichen Geschmacks und des wohligen Resultats«.

Das erste Automobil tauchte am 19. Juli 1905 in einer Anzeige im »The Christian Herald« auf. Zwei Ehepaare lassen sich in ihrem offenen Fahrzeug das erfrischende Getränk servieren. »Wohin du auch gehst, überall wirst du Coca-Cola finden« lautete die frohe Botschaft für den Verbraucher. »In allen Fountains für 5 Cent, um die ausgedörrte Zunge zu erfrischen, den ermüdeten Körper zu stärken und den schläfrigen Geist zu beleben!«

Neben Hobbysportlern, die Golf oder Tennis spielten, tauchte im selben Jahr, 1905, der erste Baseball-Champ in der Werbung auf. Der Spieler Lajoie von den Clevelands bekannte: »Ich trinke Coca-Cola regelmäßig und das seit einigen Jahren. Es ist das erfrischendste Getränk, das ein Athlet trinken kann, und nach einem harten Spiel führt mich der erste Weg zu einem Erfrischungsstand, an dem ich ein Glas davon bekommen kann. Die anderen Spieler sollen ruhig ihren Whisky, soviel Bier und Wein trinken, wie sie wollen, für mich ist das nichts. Ich verdiene 10 000 Dollar im Jahr mit Baseballspielen, müßte ich irgend etwas anderes tun, verdiente ich keine 50 Cent am Tag, deshalb passe ich auf mich auf, daß ich nach Möglichkeit noch für einige Jahre im Wettkampfsport bleiben kann.«

Im Mai 1906 erschien eine romantisch-kitschige Anzeige in »Cosmopolitan«. In einem überdimensionalen Glas prosteten sich, er im Smoking, sie im Abendkleid, zwei Bilderbuch-Amerikaner mit einem Glas Coke zu. Darunter war nachzulesen, daß Coca-Cola, köstlich und erfrischend, für 5 Cent, ein Getränk sei, mit dessen Hilfe ein Toast auf die Gesundheit und das Glück zur vollendeten Tatsache wie zu einem lustvollen Vergnügen würde.

Als sei diese Aussage — das lustvolle Vergnügen — mißverständlich, und diese Annahme wurde mancherorts gehegt, schob die Company bereits im Juni eine Anzeige mit richtigstellendem Inhalt nach. »Trinkt Coca-Cola für 5 Cent«, war da zu lesen, mit dem Hinweis: »Guaranteed under the pure Food and Drugs Act, June 30, 1906, Serial no. 3324«. Mit diesem Hinweis, daß sich der Drink unter das Lebensmittelgesetz subsumieren ließ, begegnete Coca-Cola direkt den immer wieder aufflammenden Vorwürfen, Coke enthielte, wie zu Zeiten eines Dr. Pemberton, noch Spurenelemente von Kokain.

»Das ideale Getränk für Leute, die unterscheiden können«, schmeichelte eine Anzeige, neben der Aufforderung Coca-Cola zu trinken, in der Zeitschrift »Country Life in America«. Die Zeichnung von Henry Hutt zeigte dazu eine elegante Lady auf dem Kutschbock eines Einspänners, die sich von einem dienstbeflissenen Kellner ein erfrischendes Glas Coca-Cola reichen ließ. Neben der Werbung, die über alle Klassen der Gesellschaft hinwegsah und den Jedermanns-Drink propagierte, wurde stets auch differenziert, um das heute bekannte Markenbewußtsein und die noch viel wichtigere Markentreue auf- und auszubauen. Alle sollten sich auch ganz individuell in der Werbung wiedererkennen können.

Ein »Star Drink« war das gleiche Glas Coca-Cola in einer Anzeige im »American Theater« desselben Jahres. Diesmal war die Frau von Welt angesprochen, die weiß, ob morgens, abends, nachts, ob zu Hause oder im Ausland, ob reisend oder rastend, arbeitend oder sich erholend: Überall wird Coca-Cola verkauft.

Eine ganz raffinierte Aufklärungskampagne lancierte die Company am 7. Juli 1906. In der Zeitschrift »Scientific American« veröffentlichte sie unter der Überschrift »Coca-Cola, köstlich, erfrischend und nützlich. Warum?«. Die Antwort folgte auf den Fuß: »Ist Ihnen nie der Gedanke gekommen, daß ein alkoholfreies Getränk mehr sein kann als nur durstlöschend und gaumenfreundlich? Wenn demonstriert werden könnte, daß ein Getränk verschiedene Anforderungen erfüllt, wären Sie dann nicht bereit zu akzeptieren, daß dies ein erkennbarer Fortschritt auf dem rechten Pfad des Lebens ist? Coca-Cola kommt dem Ideal eines Getränks, verglichen mit allen andebekannteren Getränken, am nächsten.

Weil im Gedränge und Gehetze des heutigen Lebens der Verschleiß größer ist als je zuvor in der Geschichte der menschlichen Rasse, ist ein Getränk, köstlich im Geschmack, mit den zusätzlichen Vorteilen, geistige und muskuläre Kräfte zu fördern, von größerem Vorteil für jene, deren Arbeit entweder gleichmäßige geistige oder fortgesetzte körperliche Anstrengung erfordert. Der beste Weg, dies zu verdeutlichen, ist, einige Ideen für das ›Warum‹ und ›Wofür‹ dieser Behauptung zu gewinnen.

Koka

Das Blatt des Kokastrauchs, wie es an der Westküste Südamerikas gefunden wird, nimmt seit urdenklichen Zeiten einen beachtlichen Platz in der religiösen, sozialen und physischen Geschichte der Peruaner und ihrer unmittelbaren Nachbarn ein. Als Pizarro Peru besetzte, stellte er fest, daß der tägliche Verbrauch des Kokablattes unter den Einheimischen so selbstverständlich war wie das Teetrinken unter den Chinesen. Wir zitieren im folgenden die höchsten Kapazitäten auf diesem Gebiet: ›Koka ist ohne Frage die Kraft, die die Menschen in den hochgelegenen Andenregionen nicht nur befähigte, den Auswirkungen großer

Anzeigenserie in der Zeitschrift »Life« 1920

Drink
Coca-Cola
DELICIOUS and REFRESHING
PARIS
MOVIES TO NIGHT
BIRTH OF A NATION
THE COCA-COLA CO.
Atlanta, Ga.
WHEN "NUMBER TWO FROM THE SOUTH" PULLS IN

Drink
Coca-Cola
DELICIOUS AND REFRESHING
PIONEER DRUG STORE
GROCERIES
THE COCA-COLA CO.
Atlanta, Ga.
"Court Day"

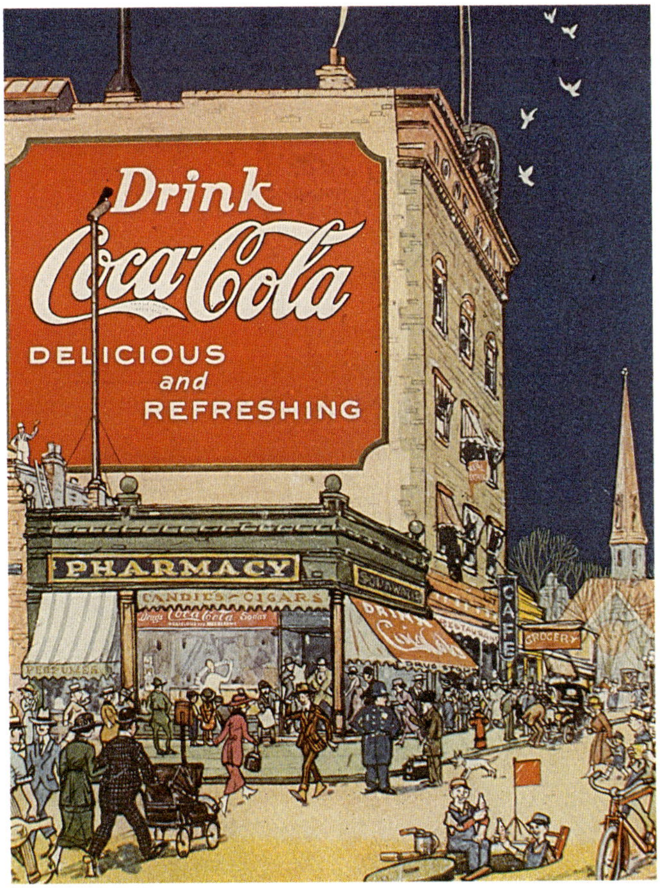
Drink
Coca-Cola
DELICIOUS and REFRESHING
PHARMACY
CANDIES & CIGARS
CAFE
GROCERY

Drink
Coca-Cola
SMALLEST

Höhen zu widerstehen, sie wurden auch bekannt dafür, daß sie ihre physische Stärke und Ausdauer daraus schöpfen. Ausländer, die in diese Regionen vorstießen, fanden heraus, daß es möglich ist, einen ähnlichen Gewinn aus ihrem Gebrauch zu ziehen und physische Belastungen zu ertragen, denen sie ohne den Genuß von Koka nicht gewachsen wären. Die Einheimischen kauen die Blätter regelmäßig mehrmals am Tag. Eine Koka-Abhängigkeit ist unbekannt, auch unter den Leuten, die das Blatt von Jugend an bis ins hohe Alter ohne nachteilige Folgen gekaut haben.‹ Unterschrift: National Standard Dispensatory, Edition 1905

Kola

Es ist eine ungewöhnliche Übereinstimmung, daß in der Nuß oder Frucht des Kolabaums die Ureinwohner des tropischen Afrikas größtenteils dieselben Vorteile entdeckt haben wollen wie die Peruaner im Kokablatt. Diese Nüsse werden gekaut oder gegessen, frisch oder getrocknet, und bewirken bei den Ureinwohnern denselben Effekt von wachsenden muskulären Fähigkeiten und nervlicher Stärke. Henry Stanley, der berühmte Entdecker, stellte fest, daß seine einheimischen Träger bei vielen Gelegenheiten nur dann in der Lage waren, ihre langen strapaziösen Märsche durchzustehen, wenn sie auf der ganzen Route ihre Kolanuß kauten, die ihnen auf wundersame Weise die schwindende Ausdauer und Kraft wieder neu wachsen ließ.

Coca-Cola ist das Ergebnis von jahrelangen Experimenten und der perfekt ausbalancierten Kombination dieser beiden wertvollen, kräftigenden Mittel in Form eines gesunden Getränks mit einem sehr geringen Anteil beider Grundstoffe pro Glas, der natürlich geringer ist als der Koffeingehalt einer Tasse Kaffee oder Tee. Die spannkrafterhöhenden Eigenschaften von Coca-Cola werden von keinem anderen Getränk erreicht, und deshalb darf es gerne als Kopfarbeiter-Wundermittel bezeichnet werden.«

Mit diesem Plädoyer für den neuen Erfrischungstrunk wurde, vermutlich unbeabsichtigt, das immer wieder gehörte Vorurteil neu geschürt, Coca-Cola enthalte aufputschende Drogenanteile. Die Beweisführung in dieser Anzeige war sehr ungeschickt, wollte man damit doch eben diese Vorwürfe entkräften. Kein Wunder, daß unter den Gegnern der Spitzname »Dope« kursierte und die Pferdegespanne der Company in den Südstaaten kurz und bündig »Dopewaggons« genannt wurden.

»Ein Glas Coca-Cola ist genauso amüsant wie das Schauspiel selbst«, behauptete die Company in einem Anzeigenmotiv im »American Theater« im September 1906. »Wonnig, in Harmonie mit dem Geist der Erholung, ist es ein köstliches, erfrischendes Kräftigungsgetränk, mit dem der Wunsch nach Gesundheit und Glück zur vollendeten Tatsache wird.«

Eine neue, breit gefahrene Strategie lautete: »Wo immer du einen Pfeil siehst, denk an Coca-Cola. Wann immer, wo immer, warum auch immer du einen Pfeil siehst, laß dir von ihm den Weg zu einer Soda Fountain und einem Glas des Getränks zeigen, das so köstlich und populär ist, daß es wie auch seine Werbung pausenlos Imitatoren inspiriert.« Solche Seitenhiebe auf die lautere und unlautere Konkurrenz wurden in den folgenden Jahren immer wieder ausgeteilt und gehören in den USA zum alltäglichen Erscheinungsbild in der Werbung, deren Inhalten, anders als in Deutschland beispielsweise, kaum Grenzen gesetzt sind.

Im selben Jahr, 1906, unternimmt die Company einen erneuten Anlauf, sich gegen den Kokain-Vorwurf zur Wehr zu setzen. In einer Anzeige wird ein Schreiben des Chemikers W. B. Burney vom Chemical Department des South Carolina College veröffentlicht: »Ich bestätige hiermit, Ihrer Anfrage folgend, am freien Markt eine Originalpackung von fünf Gallonen Coca-Cola Sirup mit dem Etikett ›The Coca-Cola Company Atlanta/Georgia‹ gekauft und für einige sorgfältige Analysen verwendet zu haben. Gegenstand dieser Untersuchung war der Nachweis, ob in besagtem Sirup Kokain enthalten ist oder nicht und möglicherweise andere schädliche Alkaloide. Ich arbeitete mit der drei- bis fünffachen Menge von dem, was in einer mit kohlensäurehaltigem Wasser aufgegossenen Flasche enthalten war. Die Extraktion des Sirups wurde solange wiederholt, bis die Alkaloide völlig beseitigt waren und verschiedene, unvermischbare Lösungsmittel an verschiedenen Portionen ausprobiert wurden. Die kristallisierten Substanzen, die übrigblieben, wurden weiter separiert, bis ein Konzentrat übrigblieb, das dann erneut getestet wurde. Nachdem dieses Konzentrat, das auch alle Spurenelemente von Kokain enthalten mußte, auf die Kokaintests nicht reagierte, ist bewiesen, daß dieser Stoff nicht enthalten ist oder, wenn doch, dann in Mengen, die zu klein waren, um einen Nachweis zu erhalten. Der einzig nachweisbare Stoff im Coca-Cola Sirup war Koffein, doch in Mengen, die geringer sind als die in einer Tasse guten Kaffee oder Tee.« Gezeichnet W. B. Burney, Chemiker

Doch als wisse die Linke nicht, was die Rechte tut, erschien wenig später, am 19. Juli 1907 im »Christian Herald« eine Anzeige, die die Diskussion wahrscheinlich erneut aufflammen ließ. Denn ihre Kernaussage forderte dies geradezu heraus: »Coca aus Peru, Cola aus Afrika besuchen den modernen Geschäftsmann.« Coca-Cola sei der erfrischendste Drink der Welt: »Zu den kräftigenden Eigenschaften des Kokablatts wurden die stützenden Qualitäten der Kolanuß hinzugefügt.«

Die Coca-Cola Company vergaß nie, ihre Partner im Markt durch eine ansprechende Werbung in dem Wunsch nach noch mehr Profit zu unterstützen. Geld war für alle Beteiligten nie ein tabuisiertes Thema. Über Geld, Geschäft, Profit und Größe der Gewinnspanne wurde und wird offen geredet, auch in Fachpresse-Anzeigen. 1908 erschien in der »Pacific Drug Review« folgendes Beispiel: »Wir werden auch weiterhin einen Strom von Menschen in Ihre Fountain schicken, der nach Coca-Cola verlangt. Über eine halbe Million Dollar werden in dieser Saison für die Coca-Cola Werbung zum Nutzen der Händler ausgegeben, auch für Sie.

Sind Sie in der Lage, der Nachfrage nach Coca-Cola, die diese enorme Werbekampagne hervorrufen wird, gerecht zu werden? Wenn nicht, ordern Sie jetzt, und ergötzen Sie sich den ganzen Sommer lang an dem wohltuenden Klingeln einer vollbeschäftigten Registrierkasse.« Und da die Company immer, überall und zu jeder Zeit darauf achtete, daß nicht nur der Geschmack überall derselbe war, sondern auch der freundliche, saubere Service, fügte sie noch ein paar Benimmregeln dazu, die der Händler auswendig lernen sollte: »Gießen Sie eine Unze [ca. 28 Gramm] Coca-Cola Sirup in ein Sieben-Unzen-Glas. Dann füllen Sie das Glas mit einem kräftigen Strahl Sodawasser auf und rühren es mit einem Löffel um, bis Coca-Cola und Wasser gut miteinander vermengt sind.«

Die andere Seite dieser Push-and-Pull-Strategie — Drücke das Sirupkonzentrat in den Handel, und ziehe es über eine massive Kundennachfrage wieder heraus — dokumentiert eine Anzeige aus »Life« vom 15. Juli 1909. Eine winkende Hand lockt den Verbraucher zum Besuch einer Soda Fountain. Darunter steht die Aufforderung: »Komm herein! Heiß? — Komm herein und nimm ein Glas Coca-Cola. Es ist kühlend und erfrischend.

Müde? — Komm herein und nimm ein Glas Coca-Cola. Es verscheucht die Müdigkeit.

Durstig? — Komm herein und bestell ein Glas Coca-Cola. Es löscht den Durst.

Trink Coca-Cola, immer wenn du körperlich oder geistig erschöpft bist oder wenn du nur ein köstliches, gesundes, durstlöschendes Getränk willst. Bestell das einzig Wahre, überall für 5 Cent zu haben.«

In einer ganzseitigen Anzeige in der »Pictorial Review« im Juni 1918 stellt sich die Coca-Cola Company mit ihrem Produkt erstmals auf eine Stufe mit bekannten, unverwechselbaren Symbolen Amerikas. Der Schatten einer ein Coca-Cola Glas haltenden Hand zeigt die Silhouette der fackeltragenden Hand der Freiheitsstatue. In einem Appell an den Patriotismus der Amerikaner warb die Company beim Verbraucher um Verständnis für die Verknappung des Produkts aufgrund der Zuckerrationierung während des Ersten Weltkriegs. Mit einer Durchhalteparole an die Händler beschwor man den Geist der großen Coca-Cola Familie. »Wenn Sie manchmal nicht beliefert werden oder nur Teile Ihrer Bestellung erhalten, so bitten wir Sie, dieses Los gemeinsam mit uns zu tragen, daran denkend, daß Ihre Probleme die unseren sind, in dem Bemühen, den Handel normal zu versorgen trotz eingeschränktem Produktionsausstoß — und eingedenk der Tatsache, daß das Opfer für die Erhaltung von uns allen geteilt werden muß, von Händlern, Herstellern und Verbrauchern.«

1919 wechselt der frühere Reporter des »Georgian«, Archie Laney Lee, die Seite des Schreibtisches und stößt zur Werbeagentur D'Arcy, bei der er die Betreuung des Kunden Coca-Cola übernimmt. Neben Präsident Robert W. Woodruff, mit dem er sehr eng zusammenarbeitet, wird Lee zu einer weiteren zentralen Persönlichkeit, mit deren Namen der Erfolg des Getränks ganz eng verbunden ist. Lee galt unter den damaligen Zeitgenossen als das Alter ego des Präsidenten, als der Mann, der die laut gedachten Ideen und Anregungen des Wirtschaftsbosses in gelungene, erfolgreiche Werbemaßnahmen umsetzte. Lee zeichnete für eine ganze Reihe von Werbe- und Promotionideen verantwortlich, die sich erfolgreich auf Profit und Image auswirkten und Maßstäbe genereller Art in der Werbung setzten. 1920 wird seine Handschrift erstmals in einer Anzeigenserie in der Zeitschrift »Life« erkennbar. Coca-Cola schaltete in dieser auflagenstarken, im ganzen Land vertriebenen Illustrierten Monat für Monat ein mit sehr viel Liebe zum Detail gezeichnetes zeitgenössisches Alltagsbild der amerikanischen Gesellschaft, zu dem schon damals, nach dem Selbstverständnis der Manager in Atlanta, Coca-Cola gehörte. Die Motive erinnern an den Stil der modernen Naiven mit ihrer ausgeprägten Gegenständlichkeit, so beispielsweise eine Straßenszene um eine Drogerie; eine Momentaufnahme in einer Kleinstadt, in die der Wanderzirkus einzieht; eine Jahrmarktsszene in einer Kleinstadt oder ein Blick auf eine Feierabendidylle in irgendeiner Stadt im tiefsten Westen. Flankierende andere Motive in diesem Jahr sind interessante Stilisierungen, die klarmachen, welchen Anspruch die Schutzmarke Coca-Cola inzwischen stellt: ein prostend gehaltenes Coca-Cola Glas vor der Skyline Manhattans oder eine wie ein Fetisch angebotene Coca-Cola Flasche vor einer unübersehbaren Menschenmenge mit dem Textzusatz »Die Flasche, die den Ruf von Millionen beantwortet«.

Im Februar 1922 erscheint in »The Ladies' Home Journal« erstmals der Slogan »Thirst knows no season« (Durst kennt keine Jahreszeiten). Doch so konsequent wie in den später folgenden Kampagnen

Anzeige in »The Ladies' Home Journal« 1922

stop!
Refresh Yourself
What do you think all the red signs are for?
Drink Coca-Cola
Drink Coca-Cola
Drink
Coca-Cola
TRADE MARK REGISTERED
Delicious and Refreshing
5¢

1924

1920
Drink
Coca-Cola
TRADE MARK REGISTERED
DELICIOUS AND REFRESHING
The bottle that answers
the call of the millions.
THE COCA-COLA COMPANY
ATLANTA, GA.
721
Coca-Cola
TRADE MARK REGISTERED
BOTTLE PAT'D NOV 16 19

1920

wurde dieses Motiv noch nicht durchgeboxt. Im amerikanischen Blätterwald warb man noch unter folgenden anderen Überschriften: »Ask for Coca-Cola and get it« (Frag nach Coca-Cola und nimm es), »Great to have on ice at home, order a case« (Großartig eisgekühlt zu Hause, bestell gleich eine ganze Kiste) oder »The answer to thirst after play« (Die Antwort auf den Durst nach dem Spiel). »Es ist großartig, durstig zu sein, wenn man die Antwort darauf weiß« lautete ein anderer Slogan im Jahr 1922.

»Nimm sie eiskalt«, wirbt ein ambulanter Coke-Verkäufer in der »Saturday Evening Post« vom 7. Juli 1923. »Ein großartiges Beispiel für Dinge, die zusammengehören«, analysiert der Anzeigentext: »Baseball, das nationale Spiel. Durst, der natürliche Ruf nach Befriedigung. Coca-Cola, das beliebte Getränk, das überall verkauft wird«. Neun Tage später, am 16. Juli, behauptete auf einer Doppelseite desselben Magazins ein adretter Vertreter der jungen »Durstlöscher-Garde«: »Ich würde sagen, der Typ, der Coca-Cola erfand, wußte bestimmt ganz genau, womit man den Durst löschen kann!«

Anzeigen mit hohem Infomationswert waren in den Zeiten, als der Kokain-Vorwurf noch im Raum stand, eine zwingende Notwendigkeit, der die Company stets Rechnung trug. In den Folgejahren wurde aus dieser Werbeform Tradition für das Haus. 1923 erschien ein Anzeigenmotiv mit der Überschrift: »Die Insiderstory von Coca-Cola!«.

»Was ist Coca-Cola? Es ist interessant zu erfahren, was der Oberste Gerichtshof der Vereinigten Staaten dazu sagt, in seiner Entscheidung vom Dezember 1920 im Fall Coca-Cola Company gegen Coke Company of America: Der Name charakterisiert heute ein Getränk, das an nahezu jeder Soda Fountain zu erhalten ist. Er bezeichnet eine einfache Sache aus einfachen Quellen, das in der Gesellschaft sehr bekannt ist . . . Mit anderen Worten, Coca-Cola steht für die meisten Leute vor allem als Synomym für ein bekanntes Produkt, das überall zu haben ist, denn für eine Mischung aus verschiedenen Substanzen. Dieses einfache Ding aus einfachen Quellen ist das Getränk, am besten beschrieben als köstlich und erfrischend, hergestellt aus einer Kombination von einer Unze Coca-Cola Sirup und fünf Unzen reinem, eiskaltem, kohlensäurehaltigem Wasser, serviert in einem Sechs-Unzen-Glas oder der Coca-Cola Flasche. Was ist in Coca-Cola?

Coca-Cola wurde so oft analysiert, daß Sie über seine Ingredienzen sicherer sein können als über die von Milch oder Wasser, das Sie trinken. Ein Standardglas oder eine Flasche enthalten:

Reines, kohlensäurehaltiges Wasser	89,305 %
Reiner Zucker in Sirupform	10,190 %
Geschmacksstoffe (Mischung aus natürl. Geschmacksstoffen)	0,435 %
Phosphorsäure (ein wertvolles Nahrungsmittelelement, das in allen Gemüsesorten vorkommt)	0,055 %
Koffein (aus ausgesuchten Teeblättern)	0,015 %
	100,000 %

Diese Analyse zeigt, daß Coca-Cola aus reinen Naturprodukten hergestellt wird.«

Im April 1924 zierte das »Sunset Magazine« eine ganzseitige, vierfarbige Anzeige mit dem Slogan »Erfrisch dich selbst!«. Bezeichnend für die Arroganz der Amerikaner im Umgang mit der farbigen Bevölkerung, tut der Slogan so, als gäbe es den farbigen Kellner nicht, der dem saturierten, weißen Geschäftsmann das erfrischende Glas Coca-Cola einschenkt. Handreichungen von Schwarzen zählten ganz einfach nicht, und schwarze Verbraucher existierten in der damaligen Werbung nicht. Daran hat sich auch später wenig geändert. Das im Cola-Jargon als »Negro-Market« bezeichnete Käuferpotential wurde auch nur in Magazinen beworben, die vorrangig oder ausschließlich von Farbigen gelesen wurden und werden. Für den Negro-Market gab und gibt es folglich auch ein Negro-Advertising. Und mit Rassismus und daraus resultierenden Benachteiligungen habe dies nichts zu tun, macht Atlanta deutlich. Nicht die Coca-Cola Company mache Unterschiede, die amerikanische Gesellschaft tue dies und zwinge die Industrie, dies zu respektieren.

»Stopp! Erfrisch dich selbst. Was glaubst du, wofür die vielen roten Zeichen sind?« lacht ein Polizist am 22. September 1924 aus einer ganzseitigen Anzeige in der »Saturday Evening Post«. Ganz systematisch baute man eine Personifizierung der werbenden Aussagen und Aufforderungen auf. Die Ansprache des Konsumenten mußte zuzuordnen sein, die abstrakte Darstellung des Drinks alleine war zunächst einmal out.

Im Juni 1925 war in »Life« eine Anzeige plaziert, die stolz verkündete, daß Coca-Cola durchschnittlich pro Tag sechs Millionen mal verkauft wird. Als Blickfang diente erstmals der später öfter eingesetzte, adrette, uniformierte Liftboy aus dem Hotel »Ritz«.

Ein Jahr später betrug die durchschnittliche Tagesration bereits sieben Millionen Drinks, wie in den verschiedenen Anzeigen stets mitvermerkt wurde. Am 30. Januar 1926 wurde in einer Anzeige im »Literary

Anzeigenserie in »The Saturday Evening Post« 1931

FRED
MIZEN

Drink
Coca-Cola

Coca-Cola
The Italians have a word for it—four words:
Ragazzo, dammi una Coca-Cola
—And the "ragazzo" responds with the same friendly alacrity
you find from Orono, Maine, to Los Angeles, California.
No matter where you go, Coca-Cola is the favorite
of people who like to play refreshed . . .
is welcomed equally during the workaday week
by all who know how very pleasant it is to work refreshed, too.

1949

In the shadow of the pyramids,
thirsty Bedouins call for
كوكا كولا
In far-off Egypt, the famous trade-mark "Coca-Cola" is written in strange, exotic characters. Its meaning, however, remains unchanged. Here, as throughout the world, it symbolizes quality refreshment which everybody knows and welcomes. Egyptians have lately learned what Americans have long known— that Coca-Cola is the favorite of those who work refreshed and play refreshed.
Coca-Cola
Reprints of the picture in this advertisement, without the advertising text, for use in your classroom will be sent free upon request. Address The Coca-Cola Company, Atlanta, Georgia.

Hollywoodstar Joan Crawford 1933 in einer Anzeige der »Saturday Evening Post«

»Mach kein müdes, durstiges Gesicht« (1933).

Digest« der Slogan verwendet »It had to be good, to get where it is« (Es muß schon was dran sein, daß es überall zu bekommen ist).

1926 startete die Coca-Cola Company auch erstmals eine Anzeigenkampagne in kubanischen Tageszeitungen. »500 000 Sack kubanischer Zucker!« hieß die Überschrift. »Wir sind der größte Verbraucher von kubanischem Zucker in der Welt. Wir verarbeiten mehr als 500 000 Sack pro Jahr bei der Herstellung des köstlichen und erfrischenden Getränks Coca-Cola. Reiner Zucker und andere reine Naturprodukte helfen, Coca-Cola rein und gesund herzustellen, den Soft Drink, der wirklich den Durst löscht. Jeder Tropfen des Wassers, das wir benutzen, ist gereinigt und enthärtet, nach den modernsten Methoden und mit modernster Ausrüstung.

Coca-Cola wird in unseren blitzblanken Abfüllstationen abgefüllt in sterilisierte Flaschen und mit Kronenverschlüssen luftdicht verschlossen. Die Reinheit und Qualität ist somit für Sie in den Flaschen versiegelt. Sein Geschmack ist angenehm, sein Bouquet köstlich. Versuchen Sie eine Flasche, wenn Sie das nächste Mal durstig sind. Verkauft wird es überall, im Gemischtwarenladen, in Kantinen, Cafés, Restaurants und an Erfrischungsständen.«

»Lehrt die Kinder, was sie trinken sollen«, klärte die Company in einem anderen Sujet die Eltern auf.

»Reines Wasser? Ja! Viel davon. Aber Sie wollen etwas anderes neben dem Wasser — etwas, das gut schmeckt — das diese köstliche Frostigkeit von Eis besitzt — das sie vor Vergnügen schmatzen läßt. Und über all dem nur ein Getränk, das rein und gesund ist.

Coca-Cola, köstlich und erfrischend, ist die Antwort.«

»Am Strand!« war der Titel eines weiteren Aufrufs an die Eltern Kubas, ihren Kindern dieses Naturprodukt aus den heimischen Zuckerplantagen nicht zu verwehren.

»Nach dem Schwimmen oder Segeln ist nichts so köstlich und erfrischend wie eine eiskalte Flasche Coca-Cola. Und es ist auch für die Kinder ein Erlebnis, nach dem Spiel.

Coca-Cola ist rein und gesund . . . Abgefüllt in unseren blitzblanken Abfüllstationen, in denen das Wasser gereinigt und jede Flasche sterilisiert wird . . .«

Der penetrante Hinweis auf die schon klinische Sauberkeit in den Coca-Cola Betrieben war ein deutlicher Affront gegen die heimischen Mitbewerber auf dem alkoholfreien Getränkemarkt, die Fruchtsaftpresser, die mit ihren mobilen Karren an jeder Straßenecke standen und frisches Obst auspreßten. Daß sich deren Vorstellungen von Sauberkeit nicht mit denen der Company vergleichen ließen, war offenkundig. Vor diesem Hintergrund muß man den oben dargestellten Werbetexten eine raffinierte Gerissenheit bescheinigen. Die Marktprobleme und deren Lösung wurden geschickt kombiniert. Aversionen gegen das ausländische Produkt fängt man auf mit dem Hinweis, es würde nur feinster kubanischer Zucker verwendet. Seine Verträglichkeit, gerade für Kinder, beweist der hohe Wasseranteil, und im Gegensatz zu den härtesten Konkurrenten am Markt, geht die Herstellung und die Abfüllung blitzblank vonstatten, erwirbt man quasi ein Stück Gesundheit.

Diese Anzeigen erschienen auf der kubanischen Insel sowohl in Englisch als auch in Spanisch.

1927, am 12. Februar, hieß die Schlagzeile einer Anzeige in der »Saturday Evening Post«: »Für Gesundheit und Glücklichsein zu allen Jahreszeiten«. Aufgelöst wurde diese Behauptung wie folgt: »Vor Coca-Cola dachte niemand daran, daß es möglich sei, ein Getränk zu produzieren, das die Menschen sowohl im Winter als auch im Sommer schätzen würden.«

Im März taucht erstmals der Slogan »Around the corner, from anywhere« (Überall an jeder Ecke) auf. Am 7. März desselben Jahres wurde das erste Publikums-Preisausschreiben der Coca-Cola Company in der »Saturday Evening Post« ausgeschrieben. Insgesamt waren 635 Preise im Gesamtwert von 30 000 Dollar ausgesetzt. Dem Gewinner winkten 10 000 Dollar in bar, zur damaligen Zeit eine gewaltige Summe. Drei Aufgaben waren gestellt. 1. Gesucht wurden sechs Schlüssel für die Popularität von Coca-Cola. Diese herausragenden sechs Gründe, warum die Menschen Coca-Cola trinken, wurden in den nachfolgenden Monaten in Anzeigen folgender Zeitschriften versteckt: »The Saturday Evening Post«, »Literary Digest«, »Liberty«, »Collier's Weekly«, »Life«. 2. Jeder Teilnehmer sollte einen der gesuchten Schlüssel herausgreifen und in einer kurzen Notiz beschreiben, warum er ein guter Grund für die Popularität von Coca-Cola sei. 3. Jedermann war schließlich aufgefordert, sich schriftlich zu äußern, welche Werbung, außer der in Magazinen und Zeitungen, am besten einen oder mehrere der besagten sechs Schlüssel illustrierte, mit einer Begründung, warum, und der Angabe, wo man die Werbung gesehen hatte. Um die letzte Frage beantworten zu können, verwies die Company auf die Tatsache, daß mehr als 60 000 Poster in über 500 Gemeinden aushingen, daß es mehr als 20 000 bemalte Hauswände und Anschlagtafeln im ganzen Land gab und daß die Schaufenster von mehr als 415 000 Coca-Cola Verkaufsstellen in den USA Werbemittel der Company zeigten. Ganz zu schweigen von den mehreren 100 000 roten Coca-Cola Schildern in den Straßen der Vereinigten Staaten.

Die einzelnen Schlüssel zu finden war damals genauso »schwer« wie das Auflösen heutiger Preisrätsel in Publikumszeitschriften. Unter der ersten Anzeige stand unübersehbar »The first Key taste is presented on this page« (Der erste Schlüssel ist auf dieser Seite präsentiert, »Geschmack«). Den ersten Preis, mit 10 000 Dollar dotiert, gewann Miß Mabel Millspaugh, Stenographin aus Anderson/Indiana. Das erste und auch einzige Coca-Cola Preisausschreiben für die ganze Nation war nicht der einzige Meilenstein in diesem Jahr der Werbegeschichte der Company. Im selben Jahr startete Coca-Cola mit der Rundfunkwerbung.

Am 10. Mai 1927, und von da an jede Donnerstagnacht, hörte die amerikanische Bevölkerung zum erstenmal die Stimme des Coca-Cola Girls Vivian. Die Nation war begeistert. In Anzeigen, auf Postern und Kalendern hatte sie dieses blitzsaubere, gesunde, sympathische und freundliche Mädchen von nebenan schon millionenfach gesehen, und plötzlich wurde diese Idealamerikanerin lebendig. Die Schauspielerin Jessica Dragonette lieh Vivian ihre Stimme für die Serie, deren Inhalte sich um Liebe und Glück, die Romanze des Coca-Cola Girls mit der Öffentlichkeit, personifiziert durch den Charakter Jim, drehten. Die Rundfunkserie war erfunden. Die Nation fieberte von Woche zu Woche auf die nächste Folge dieser Romanze, und Medienkenner halten es für wahrscheinlich, daß »Vivian, the Coca-Cola Girl« — so war der Titel der wöchentlichen Sendung — ein wichtiger Wegbereiter für die sogenannten »Soap-Operas« war, wie die Amerikaner diese mit geringem Aufwand zusammengedrehten Fernsehserien ohne Ende nennen. Dallas-Ekel J. R. und Denver-Aristokrat Blake aus Cokes Erbmasse?

Das Preisausschreiben des Jahres 1927 wurde natürlich auch im neuen Medium Rundfunk promotet. Bis dato waren die Printmedien die alleinigen Gewinner und Nutznießer der gewaltigen Werbeanstrengungen der Company gewesen. Doch mit dem Jahr 1927 erwuchs den Zeitungen und Zeitschriften, zuerst noch langsam und unauffällig, eine bedrohliche Konkurrenz. Zunächst der Rundfunk, 1950 kam das Fernsehen dazu. Und es ist bezeichnend, daß die damals mächtigen Magazine heute nicht mehr existieren, daß sie alle den elektronischen Medien zum Opfer fielen. Der durchschnittliche Verkauf pro Tag hatte sich mittlerweile als Gradmesser für den Erfolg von Coca-Cola so eingebürgert, daß er Jahr für Jahr, mit steigenden Zahlen, jede Anzeige zierte. 1928 waren es acht Millionen Drinks pro Tag.

In diesem Jahr erschien eine sehr witzige Anzeigenserie in »Life« und diversen Hochschulmagazinen. Unter der Überschrift »What Shakespeare says about Coca-Cola« bemühte man übertragbare Zitate aus den klassischen Werken des englischen Dramatikers, um daraus Coca-Cola Werbung abzuleiten. Aus Macbeth, 3. Akt, 4. Szene, stammt das Zitat: »Voll den Becher! So trink' ich auf das Wohl der ganzen Tafel . . .«

»Macbeth war ein König«, stellte man im Anzeigentext fest. »Er konnte seine Zuhörer zum Zuhören zwingen, solange er wollte. Wir zweifeln, ob Shakespeare wirklich die ganze Tischrede wiedergegeben hat. Denn normalerweise spricht ein Sprecher nach dem Essen so lange, wie er sein Auditorium in seinen Bann schlagen kann. Demnach war es Macbeth, der die bündige, moderne Einladung, ein Glas Coca-Cola an deine Lippen zu führen, herausarbeitete, nämlich: Erfrisch dich selbst.«

Mit dem Ende der Goldenen Zwanziger übertrifft der Coca-Cola Flaschenabsatz erstmals die Umsätze der Erfrischungshallen, die das Getränk noch aus Sirup und Mineralwasser zusammenmixen. Ein weiterer wichtiger Schritt im Expansionsmarkt Amerika. Von nur wenigen registriert, stirbt Asa Candler am 12. März 1929, im selben Jahr, in dem der wohl bekannteste und erfolgreichste Werbespruch aller Zeiten das Licht der Welt erblickt. Am 27. Juli 1929 erscheint in »The Saturday Evening Post« zum erstenmal der legendäre Slogan »The pause that refreshes« (Die Pause, die erfrischt), Pate des deutschen Slogans »Mach mal Pause«.

1930 wurde die Acht-Millionen-Grenze überschritten. »Nun können Sie getrost behaupten, 9 000 000 am Tag«, informierte die Werbeagentur die Händler von Coca-Cola zum Jahreswechsel 1929/30. In einer kleinen Broschüre wurden den Großhändlern im Land Tips gegeben, wie sie ihre eigene Werbung im nächsten Geschäftsjahr anpacken sollten.

»Die Zeitung in Ihrer Heimatstadt berichtet über Neuigkeiten aus der Stadt, von Leuten und Geschäften. Versichern Sie sich, daß Ihre Geschichte im Zusammenhang mit Coca-Cola nicht zu kurz kommt. Die Anzeigenmotive in diesem Büchlein erzählen eine neue Coca-Cola Geschichte, dessen Bekanntheitsgrad zu einer Nachfrage von mehr als 9 000 000 Drinks pro Tag geführt hat.

Bestellen Sie ein komplettes Set (Sie werden kostenlos auf Anfrage zugeschickt), und schalten Sie die Anzeigen zweimal in der Woche, wenn Sie eine täglich erscheinende Zeitung haben; oder einmal, wenn Ihre Zeitung nur wöchentlich herauskommt. Gibt es zwei Tageszeitungen, schalten Sie eine Anzeige pro Woche in jeder Zeitung, jedoch an verschiedenen Tagen. Bevor Sie mit der Kampagne beginnen, informieren Sie Ihre Einzelhändler darüber, was sie unternehmen, um deren Verkäufe von Coca-Cola zu steigern. Machen Sie ihnen klar, daß sie Coca-Cola und Coca-Cola Werbung an geeigneten Plätzen in ihrem Laden ausstellen. Motivieren Sie Ihre Partner, die Eisbox als Blickfang zu positionieren und Coca-Cola richtig, eiskalt und aus sauberen Flaschen zu servieren, und Sie werden spürbare und befriedigende Resultate aus die-

Die Nachkriegsphilosophie

Plakat des Schweizer Grafikers Herbert Leupin 1953

Anzeigenkampagne 1928 in »Life«

ser Werbung ziehen. Schicken Sie Ihre Druckunterlagenbestellung noch heute an uns zurück. Wenn Sie größere Formate für diese Werbung wünschen, werden wir sie kostenlos für Sie herstellen.«

Mit Stimmungsbildern aus amerikanischen Metropolen startete Coca-Cola in die Saison 1930. Washington, New Orleans, Quebec oder Princeton waren die Stationen, an denen die fantastische und heile Welt von Coca-Cola beschrieben wurde. Erstmals tauchten in den Anzeigen auch Hinweise auf, wann welcher Sender von Coca-Cola gesponserte Programme übertrug. Und ebenfalls im Jahr 1930, am 27. Dezember, erschien das erste Anzeigenmotiv mit dem Nikolaus in »The Saturday Evening Post«. Der beschäftigtste Mann der Welt zeigte sich erstmals in fleischlicher Gestalt, mit einem leisen Lächeln, nach der so guttuenden Pause, die erfrischt.

Im selben Jahr wird auch die Rundfunkwerbung mit Vivian, dem Coca-Cola Girl, abgesetzt und durch eine neue Show ersetzt, in der nationale Sportgrößen vorgestellt wurden. Der Hörer erfuhr, wie die Stars lebten, trainierten, kämpften und dachten, und beim Denken kam dann immer das gleiche heraus: Coca-Cola ist mein bester Freund, der mich so fit macht und mir immer im rechten Moment die verloren geglaubte Kraft und/oder Moral wiedergab.

»Das O.k. nach einer Szene in Hollywood heißt soviel wie die Pause, die erfrischt.« Mit dieser Behauptung setzte Coca-Cola im Februar 1931 erstmals populäre Schauspieler aus der Traumfabrik für die Werbung ein. Nach einer Szene aus der Metro-Goldwyn-Mayer-Produktion für den Film »War Nurse« zeigte die Anzeige die Schauspielerin Anita Page, Regisseur Edgar Selwyn, Robert Montgomery und Marie Prevost bei einer Coca-Cola Pause. »Ruhe, befiehlt der Regisseur ... Kamera ab ... Ton ab ... Kein Geräusch außer den Stimmen der Schauspieler ... Ein Huster oder Schnaufer würde die Aufnahme schmeißen ... Ein spannender Moment auf den anderen ... Dann zum Schluß die Stimme aus dem Aufzeichnungsraum: ›O.k.‹. Und das bedeutet in Hollywood die Pause, die erfrischt. Jedermann atmet erleichtert auf. Eiskalte Coca-Cola wird serviert. Stars, Regisseure, Kameramänner und alle anderen probieren seine prickelnde Köstlichkeit und entspannen sich bei diesem kalten Nachgeschmack der Erfrischung. Kein Wunder, daß sie aus dieser Pause mit einem Lächeln für die nächste Einstellung herauskommen. Und — da

What Shakespeare says about Coca-Cola
Drink Coca-Cola Delicious and Refreshing
"The hand that hath made you fair hath made you good" ~
You can pick any piece of literature to pieces. While in the fine statement above the Duke, dressed up like a friar, was talking about a lady — why bring that up? The fact remains that he could not have said it better if he had had a glass of Coca-Cola in his hand all the time. Translate it into plain United States and you get—

Coca-Cola . . . Favorite of the World. An outing on the Grand Canal inspires another interpretation by talented young artist Jack Po

In Venice, too... Sign of Good Taste... The art of living cheerfully speaks many languages. And almost every language today knows the invitation *Have a Coke.* So good to taste, in such good taste... Coca-Cola is at home and enjoyed in more than 100 countries... the best-loved sparkling drink in all the world.

SIGN OF GOOD TASTE

1957

die ganze Welt eine Bühne ist — Sie können das gleiche tun in der Rolle, die Sie an einem geschäftigen Tag spielen.«
Eine andere Werbekampagne bewies, daß es kaum einen vielbesuchten Platz auf der Welt gab, an dem der köstlich erfrischende Soft Drink Coca-Cola nicht erhältlich war. Ob beim jährlichen Kentucky Derby in Louisville, in einem Passagierflugzeug der »Eastern Air« auf dem Flug von New York nach Atlanta, ob in der Mannschaftsmesse eines Schlachtschiffs, über 200 Meter unter der Erde in der Tropfsteinhöhle von Karlsbad, ob im Yellowstone-Nationalpark oder in einer spanischen Stierkampfarena, überall war das alkoholfreie Getränk erhältlich, wichtiger Bestandteil der Attraktion.
»Pure als sunlight« (Rein wie das Sonnenlicht) hieß ein Slogan 1932. Im Mai desselben Jahres erschien die erste Anzeige mit einem Foto der Filmschauspielerin Lupe Velez, Star des Films »The Broken Wing«, in der Zeitschrift »Photo Play«. Damit war den fantasievollen Zeichnungen populärer zeitgenössischer Maler das bevorstehende Ende angekündigt. Auch das namenlose Heer der Wandmaler, Posterzeichner und Reklametafelgestalter konnte sich berechtigte Sorgen um den Erhalt der Arbeitsplätze machen. Denn die Fotografie begann von nun an systematisch die farbenfrohen, heute wie Kunst bewerteten Zeichnungen abzulösen. Viele der künstlerischen Motive aus jenen Tagen dienten später als Vorlage für Fotografien, die in der Coca-Cola Werbung eingesetzt wurden.
Ebenfalls neu, im Jahr 1932, war eine Werbekampagne, die jede Einsendung mit einem kleinen, praktischen Ratgeber honorierte. »Was tue ich und wie, wenn Gäste eingeladen sind?« hieß der Titel eines 128-Seiten-Büchleins, mit dessen Hilfe jedermann seine eigene Party zum Erfolg führen konnte. Daß Coca-Cola dabei eine nicht zu unterschätzende Rolle spielte, versteht sich von selbst. Eine Werbegeschenkidee, die sich auch heute noch ungebrochener Beliebtheit erfreut.
»Zeig kein müdes, durstiges Gesicht«, lächelte eine aparte, selbstzufriedene Lady im April 1933 in »The Saturday Evening Post« und hielt eben dieses Gesicht wie eine Maske in der einen Hand und verriet, wie man das wache, undurstige Gesicht bekommt: »Erfrisch dich selbst. Kehr zurück zur Normalität. Womit? Natürlich mit Coke.«
»Du mußt ein Lächeln fühlen, um es spielen zu können«, behauptete Joan Crawford, Metro-Goldwyn-Mayer-Star in dem Film »The Dancing Lady«. Es versteht sich von selbst, daß dieses Rollenstudium nur mit Hilfe von Coca-Cola gelingen konnte. »Erfrischt für die Kamera« gab sich Star Diana Wynjard zwischen den Szenen zu dem Film »Reunion in Vienna« und legte dabei demonstrativ ihr müdes, durstiges Gesicht auf den Spiegelsims ihrer Garderobe. Schließlich hatte auch sie ihr Glas Coke in der Hand, jenen Jungbrunnen aller schöpferischen Menschen der damaligen Zeit, die sich vermutlich von den dollarschweren Werbegagen beeinflussen ließen. Denn ein Jahr später verfiel sogar Regisseur Ernst Lubitsch den Coca-Cola Verlockungen und ließ sich dabei ertappen, daß er bei den Dreharbeiten für den Film »The Merry Widow« seinen Hauptdarstellern Maurice Chevalier und Jeanette McDonald mit einem Gläschen Coke zuprostete. Dafür bestätigte Martin Johnson, im Amerika der damaligen Zeit ein sehr populärer Tierfilmer: »Es hilft, das Leben hier in der afrikanischen Wildnis lebenswerter zu machen.« Es, damit war natürlich Coke gemeint.
Im April 1935 posierte Jean Harlow, der Howard-Hughes-Star, für eine Coca-Cola Anzeige in der Zeitschrift »Photo Play« mit dem verlockenden Angebot »Inviting You«. Coca-Cola Posen brachten zum einen Geld, zum anderen Publicity. Kein Wunder, daß nahezu jeder gefragte Star gerne zusagte, für diesen Markenartikel zu werben. Identifikationsprobleme schuf das reine, saubere und unschädliche Produkt nicht, und seine Massenansprache deckte sich mit den Ambitionen eines Schauspielers, dessen Marktwert auch zu einem nicht geringen Teil vom Bekanntheitsgrad abhing und -hängt.
Das Handelsministerium der Vereinigten Staaten beweise in seinem Drugstore-Report, daß der Getränkeausschank ein größeres Volumen im Nettoeinkommen ausmache als jede andere Abteilung in einem Kaufhaus, publizierte die Company im Mai 1935 im »Southeastern Drug Journal«. Coca-Cola schnitt in dieser Statistik erstaunlich ab. 14,5 Prozent aller Erfrischungsgetränke, die verkauft wurden, mit einer Brutto-Verdienstspanne von 67 Prozent und einem durchschnittlichen Nettoprofit von 25,6 Prozent, hießen Coca-Cola.
Rechtzeitig zur Sommerzeit wurde der Einzelhandel in einer breiter angelegten Werbekampagne über den neuesten Gag im Getränkeservice informiert. Gehobeltes Eis, das matschig im Glas schwappte, war ebenso out wie größere Eisbrocken, die dem Kunden beim Trinken gegen die Nase schlugen. Der neue Trend hieß »chipped« Eis. Dieses in kleine Stückchen zerstoßene Eis sollte zum Verkaufshit in der Sommersaison werden. Eigene Eiszerkleinerer wurden ausgeliefert, man empfahl Hausbesuche des Coca-Cola Servicemanns, versprach, sich umzutun, daß Eislieferanten bereits zertrümmertes Eis statt der bislang üblichen Stangen lieferten. Die emsige Betriebsamkeit um solch eine augenscheinliche Kleinigkeit entsprach genau den Grundprinzipien dieser Company. Es gibt keine Zufälle, keine Nebensächlichkeiten bei der täglichen profitablen Jagd nach dem Dollar.

»Turning ice into dollars« (Verwandle Eis in Dollars) hieß eine der zielstrebigen Anzeigen, mit denen man den Einzelhandel ködern und für die gemeinsame Sache motivieren wollte. »Um die Gewinne Ihres Ausschanks vor dem Schmelzen zu schützen, schauen Sie nach dem Eis«, forderte die Company ihre Händler im August 1935 zur Mitgestaltung an einer positiven Umsatzentwicklung auf. »Werfen Sie einen sehr genauen Blick darauf, denn in ihm ist Geld drin!« schlug man die richtigen Töne an. »Voraussetzung ist allerdings, daß Sie es richtig handhaben. Große Eisbrokken und zu Matsch gehobeltes Eis bringen es nicht. Die Eisbrocken in einem Coca-Cola Glas stoßen die Nase des Kunden. Gehobeltes Eis macht den Drink breiig, mehlig. Zerkleinerte Eisstückchen sind für Coca-Cola genau das Richtige. Fragen Sie Ihren Servicemann, was dieses neue Eis für andere Händler heute schon bedeutet.«

Im selben Jahr präsentierte Coca-Cola »Refreshment Time on the air«, eine Rundfunksendung, ausgestrahlt über das Netz des Columbia Broadcasting System, mit 84 Stationen in den Vereinigten Staaten. Mit diesem Netz von Küste zu Küste erreichte Ray Noble mit seinem Orchester nahezu jeden amerikanischen Haushalt. Mittwoch nachts spielte das von Coca-Cola angeheuerte Orchester die Art Musik, der die jungen Leute hinterherliefen. Ray Noble und sein Orchester zählten zu den besten Tanzmusikinterpreten der damaligen Zeit.

1936 feierte man das 50jährige Jubiläum. In Berlin fanden die Olympischen Spiele statt, bei denen Coca-Cola, traditionell seit der Sommerolympiade in Amsterdam, offizieller Ausrüster war und die Jugend der Welt erfrischte. 1936 aber war auch das Jahr der Kühlschränke. In einschlägigen Fachzeitschriften rechnete man dem Einzelhandel Zuwachsraten zwischen 26 und 67 Prozent vor, wenn er sich dem Trend der Zeit anpaßte und sich auch einen der neuen, modernen, im Design aufregend schönen Cooler in den Laden stellen ließ. Die angebotenen Kühlschränke waren für zwei, vier und sechs Kisten Coca-Cola lieferbar, die Kiste zu 24 Flaschen.

Im selben Jahr versuchte man auch die Abverkäufe in die Privathaushalte aufzustocken. Wer bislang nur ein Fläschchen mitgenommen hatte, konnte jetzt im praktischen Sechserpack eine ganze Wochenration nach Hause schleppen. Sechs Flaschen kosteten 35 Cent plus Pfand. Die hintergründige Rechnung ging auf. War erst mehr Coke im Haus, wurde auch mehr getrunken.

In der »New York Herald Tribune« erschienen anläßlich des 50jährigen Jubiläums erstmals aus mehreren Fotos zusammengebaute Anzeigenmotive. »50 Jahre nur ein Drink, aber was für ein Drink« oder: »Amerikas beliebtester Moment, die Pause, die erfrischt, seit 50 Jahren«, »Es mußte gut sein, reine Erfrischung, 50 Jahre lang« tönten die Titelzeilen in den Geburtstagsanzeigen. Dabei tauchten wechselweise erstmals überdimensionierte Gläser oder Flaschen im Fotorealismus auf, wie sie Ende der siebziger, Anfang der achtziger Jahre die gesamte Coca-Cola Werbung beeinflußten. »1886 an einer Ecke, 1936 überall«, so lautete die abschließende Kernaussage im Jubiläums- und Olympiajahr.

Im darauffolgenden Jahr entdeckte Coca-Cola neue Zielgruppen. Da waren zunächst die Schulkinder, die Pfadfinder und einmal mehr die Stars aus Hollywood mit ihrem großen Multiplikationseffekt. Stars wie Spencer Tracy, Robert Montgomery, Maureen O'Sullivan, Robert Taylor oder Rosalind Russell posierten für die Pause, die erfrischt.

1938 machte vor allem eine automatische Zapfanlage von sich reden, die das umständliche Aufrühren von Sirup und Wasser überflüssig machte. Schnelligkeit im Umschlag des Sirups und effektivere Nutzung des Grundstoffs versprachen dem Händler, einmal mehr, noch mehr Profit. Dazu kam die konstante Qualität, kurzum, wer sich das Ding nicht an die Theke holte, war selbst schuld. Und auch hier, wie schon früher, erzählte man so ganz nebenbei, daß schon ein paar tausend der Mitstreiter am Markt den entscheidenden Schritt getan hätten.

Die nächste erwähnenswerte Anzeigenserie wurde 1940 gestartet. »Vertraute Handgriffe, die eine bessere Lebensführung markieren«, hieß die übergreifende Grundidee.

»Sie lösen Ihre Kamera aus oder halten dieses Glas«, lautete ein Motiv. Im Text wurde auf geschickte Art und Weise der Bogen von einer vertrauten Handreichung zum Erfrischungsgetränk geschlagen: »Es ist ganz normal, daß Sie nicht daran denken, wenn Sie Leute sehen, die mit ihren Händen ganz vertraute Alltäglichkeiten tun, daß solche einfachen Bewegungen die Seele vom Geschäft sind. Vor 55 Jahren hätten Sie selbst für 50 000 Dollar kein eiskaltes Coca-Cola kaufen können. Im nächsten Jahr konnten Sie es für 5 Cent — an einer Stelle, einem Drugstore in Atlanta — kaufen. Der Preis ist immer noch ein Nickel, und Sie können eiskaltes Coca-Cola jetzt ganz in Ihrer Nähe kaufen. Sie und Menschen, die Ihnen ähnlich sind, halfen bei dieser Entwicklung mit. Sie probierten Coca-Cola, und es schmeckte ihnen. Nun war es Aufgabe von Coca-Cola, überall dazusein, wo und wann Sie Appetit darauf hatten. Coca-Cola ging deshalb in die Erfrischungshallen überall im Land. Aber das war nicht genug. Coca-Cola wurde in Flaschen abgefüllt, die aus Hunderten von Abfüllanlagen geliefert wurden. Und auch dies war nicht genug. Dann kamen die bekannten roten Kühlboxen auf den Markt. Dann die berühmten Sechserpack-Kartons und letztendlich mehr als eine Million Verkaufsstellen, um Sie zu bedienen.

Zielgruppenwerbung 1960: die Pfadfinder

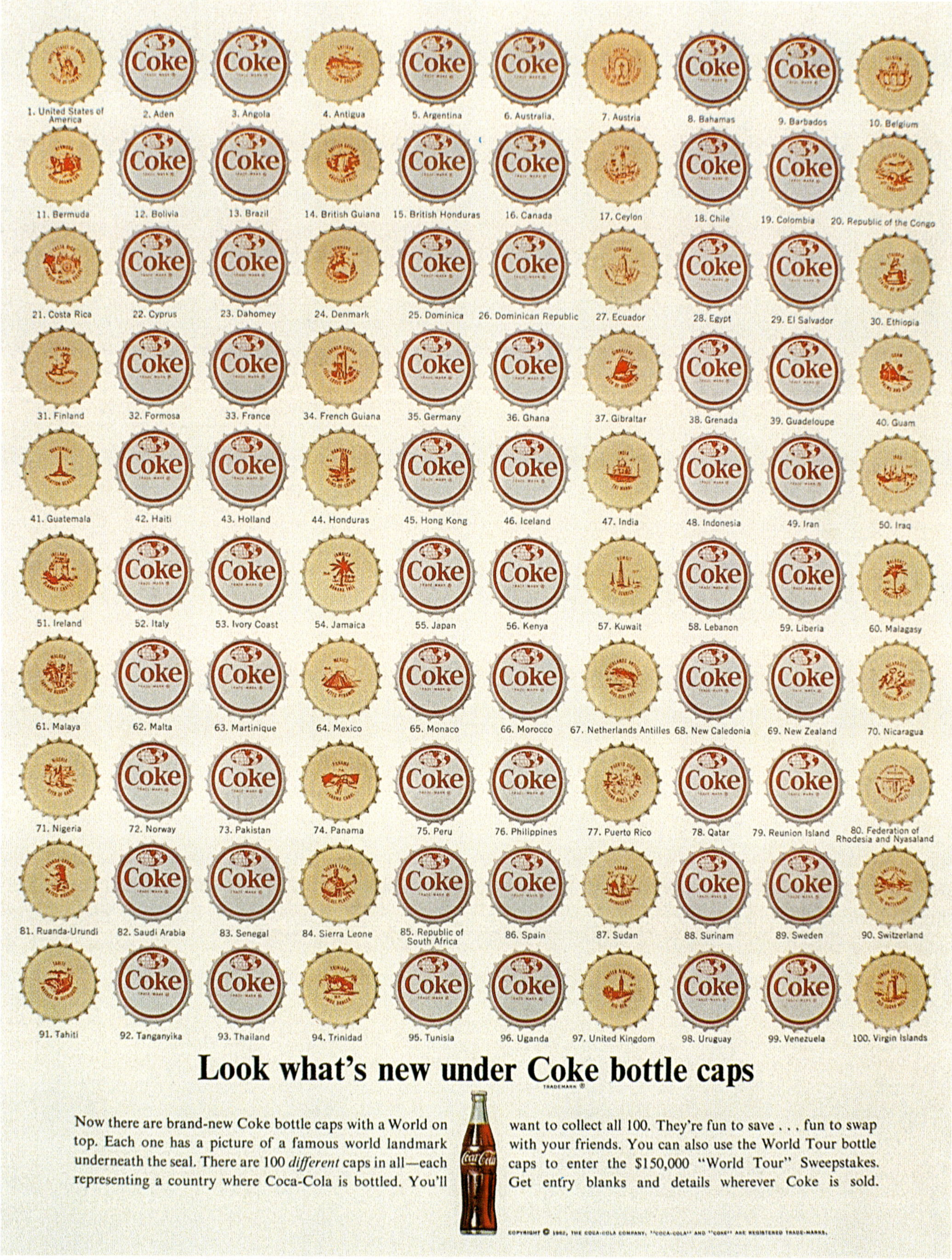

Absatzförderungsidee 1962: das Sammeln von Flaschenkorken

Coca-Cola kommt zu Ihnen mit einem ausgereiften Geschmack, der in einer lebenslangen Praxis erworben wurde. Sie können die Qualität von Coca-Cola schmecken. Und das ist der Hauptgrund, warum so viele Menschen jeden Tag eine Pause machen, um die Erfrischung durch ein eiskaltes Coca-Cola zu genießen.«

Ähnliche Vergleiche stellte man in der Serie an zwischen dem Besuch in einem Kino gleich um die Ecke, dem Einschalten des Radios, dem Halten des Autolenkrades und der erfrischenen Pause mit einem Schluck Coca-Cola, das ebenso einfach und problemlos überall um die Ecke erreichbar ist. Die einfachen Dinge des Lebens hielten das Rad der Zeit, der Entwicklung und des Fortschritts am Laufen. Das Aufziehen einer Uhr, das Anzünden eines Streichholzes, Kleinigkeiten und doch ganz nahe Augenblicksmomente des Gebens und Nehmens zwischen Verbraucher und Industrie, und dazu gehöre eben auch die wohlverdiente Pause, die so erfrische.

Warum Coca-Cola so profitabel ist, war zu keinem Zeitpunkt ein Geheimnis für die Company. Im Dezember 1941 nannte sie vier einleuchtende Gründe in einer veröffentlichten Anzeige, die sich an die Händler richtete.

»1. Geringes Inventar. Sie kaufen nur soviel Coca-Cola, wie Sie für Ihren wöchentlichen Umsatz benötigen, eine, vier, acht oder zwanzig Gallonen Sirup.

2. Geringe Lohnkosten. Der Sirup kann ganz einfach vom Container in die Zapfanlage gefüllt werden. Dazu benötigt man wenig Zeit, und Coca-Cola ist damit so schnell servierbar wie ein Glas Wasser.

3. Schneller Umsatz. Wie Sie wissen, existiert eine traumhafte Nachfrage für Coca-Cola beim Konsumenten. Wenn Sie lediglich Ihren wöchentlichen Bedarf, gemessen an der normalen Nachfrage, einkaufen, setzen Sie Ihren Warenbestand 52mal im Jahr um. Und alle Händler kennen den Wert eines schnellen Warenumschlags.

4. Bruttogewinn. Unabhängig von der pro Woche gekauften Menge Coca-Cola können Sie eines hohen Bruttoverdienstes sicher sein — im Durchschnitt 67 Prozent. Die Erfrischungsabteilung erwirtschaftet mehr Profit als jede andere Warengattung in einem durchschnittlichen Drugstore ... Und Coca-Cola ist der profitabelste Artikel der Erfrischungsabteilung.«

1942 schaltete die Company Anzeigen in auflagenstarken Publikumszeitschriften, in denen sie offiziell reklamierte, daß unter dem abgekürzten Begriff »Coke« ausschließlich Coca-Cola zu verstehen sei. »Hello«, stellte sich ein pfiffiger Kobold vor, der den Cola-Kronenkorken wie eine Pagenkappe trug, versteckt hinter einer übergroßen Coca-Cola Flasche, »ich bin Coca-Cola, auch bekannt als Coke.« Im Text hieß es weiter: »Ich spreche für Coca-Cola. Ich bin ein Symbol seines Lebens und seines sprühenden Wesens. Sie nennen mich Coke. Das ist die Abkürzung für Coca-Cola. Ich biete Ihnen die Pause, die erfrischt. Ich spreche für das Echte, das Wahre, den alkoholfreien Drink mit der gediegenen Qualität einer köstlichen Erfrischung ... den Drink mit der Schutzmarke Coca-Cola, bekannt auch als Coke.« In einem Postskriptum stand: »Jedermann liebt es, Worte abzukürzen. Abkürzungen sind das natürliche Recht jeder Sprache. Sie hören Coke, die freundliche Abkürzung für die Schutzmarke Coca-Cola, an nahezu jeder Ecke. Ich erzähle Ihnen die Geschichte, die Sie in Worten schon so oft gehört haben, in einem Bild.«

»Hello again«, meldete sich am 23. Februar 1942 der Coca-Cola Kobold erneut zu Wort. »Ich grüße Sie aus der Soda Fountain. Sie können mich möglicherweise nicht wirklich sehen, aber ich bin da. Ich bin ein Symbol des Lebens und des sprühenden Wesens von Coca-Cola. Sie werden meinen Namen hören. Und vielleicht werden Sie ihn auch selbst aussprechen. Vielleicht nennen Sie mich Coke. Das ist die Abkürzung für Coca-Cola. Ich serviere Ihnen die Pause, die erfrischt mit eiskaltem Coca-Cola. Sie sehen, ich bringe Ihnen Spaß für Ihr Geld.«

Am 25. Juli 1942 appellierte die Company in »The Saturday Evening Post« an die Arbeitsmoral der Nation mit dem Slogan: »You work better refreshed!« (Erfrischt arbeitest du besser!). Die Anzeige zeigt einen Arbeiter, der die Ärmel seines Hemds aufkrempelt und dabei in der muskulösen Hand eine Flasche des erfrischenden Arbeitsmotivators hält.

1942 tauchten auch erstmals in den Anzeigenmotiven Uniformen der Streitkräfte auf. Infanteristen, die von einer Marscherleichterung träumen, weibliche Armeeangehörige bei einer erquicklichen Erfrischungspause, zuversichtlich strahlende Soldaten an einem Zugfenster auf Heimaturlaub mit der bekannten Flasche in der Hand. In diesem Jahr wird die Company in Atlanta auch deutlicher, was ihre Einflußmöglichkeiten auf die Kampfmoral der Truppe angeht. Unter dem Titel »Das gewisse Etwas!« strahlt beispielsweise ein ganz offensichtlich frisch dekorierter Angehöriger der Spezialeinheit der Marines in die Zukunft. Schnappschüsse aus dem Soldatenalltag, geselliges Zusammensein mit den Kameraden, der Ausflug mit der Soldatenbraut und eine Aufnahme vom Übungsplatz zeichnen ein positives Bild der Streitkräfte, die kurze Zeit später zum Einsatz kommen sollten. »Rigoroses Training auf dem Hinderniskurs halten Onkel Sams Marines fit für den Kampf. Nach solchen Manövern brauchen sie einen Drink, der mehr als nur den Durst löscht ... einen Drink mit erfrischender Energie

... eiskaltes Coca-Cola.« Kein Wunder, daß nach einer derartigen Manipulation der öffentlichen Meinung Coca-Cola nach Ausbruch des Krieges zu den kriegswichtigen Gütern zählt, die mit militärischem Vorrang den kämpfenden Truppen überallhin folgten.
Nach dem Kriegseintritt beherrschten zwei Themenkomplexe die Werbung. Einmal die Restriktionen, denen die Company unterlag, und zum anderen die Kampfmoral, die Durchhalteenergie der kämpfenden Truppe. »Sie können uns die Qualität nicht aus dem Laden bomben!« gab sich C. C. Payne, Vizepräsident der Crown Drug Company in Kansas City, in einem Interview einer Händlerzeitschrift kämpferisch. Vor einer Kiste mit Coca-Cola Sirup knieend, erklärte der Geschäftsmann weiter: »Trotz Kriegszeit, Restriktionen und Einschränkungen halten unsere Läden den Qualitätsstandard, mit dem wir unser Geschäft aufgebaut haben. Nehmen Sie zum Beispiel Coca-Cola. Jedermann weiß, daß man der Qualität von Coca-Cola vertrauen kann. Wir müssen möglicherweise einige Kunden manchmal enttäuschen ... Aber wir teilen unsere Coca-Cola Sirupmenge so auf, daß wir für die meisten unserer Kunden jeden Tag Coca-Cola zur Verfügung haben und verkaufen können. Und wenn Sie an der Theke nach Coca-Cola fragen, bekommen Sie es, richtig serviert, so, wie wir es immer gemacht haben.«
»Die Verbrauchernachfrage ist für Sie ein Problem! Aber geben Sie nicht auf« hieß die Durchhalteparole eines H. L. Hagan, seines Zeichens Vizepräsident der Owl Drug Company in San Francisco. In einer ganzseitigen Anzeige einer Händlerzeitschrift führte er weiter aus: »Ihr Jungs von der Coca-Cola Company habt die Verbrauchernachfrage jahrelang herbeigeredet. Wir wissen, daß Coca-Cola gefragt ist. Aber es bedurfte der Restriktionen und Einschränkungen in Kriegszeiten, um zu zeigen, wie groß die Vorliebe für Coca-Cola in der Öffentlichkeit ist.
Auch unter den herrschenden Umständen sagen wir, halten Sie daran fest. Wir wollen, daß die Leute auch weiterhin in den Laden kommen und nach Coca-Cola fragen. Deshalb bewerben wir das Produkt auch in allen Ausschankplätzen und teilen unsere monatliche Zuteilung so auf, daß wir etwas Coca-Cola jeden Tag zur Verfügung haben. Wir wollen die Kunden, die Coca-Cola uns bringt, nicht verlieren!«
Einen Weg, wie man dieses Gelübde halten kann, zeigte ein Servicemann der Company in einem anderen Anzeigenmotiv. »Hier ist ein Weg zur Kundenbindung«, behauptete der uniformierte Salesman. Im Kühlschrank stecke die Lösung des angesprochenen Problems. »Halt ihn sauber, außen wie innen, und benutze ihn!« hieß der ganze Trick. »Auch wenn Sie nicht jeden Kunden, der nach einer Flasche fragt, mit Coca-Cola bedienen können, so sagt ihm doch der Kühlschrank, daß Sie trotz Restriktionen in Kriegszeiten immer noch im Getränkegeschäft sind. Der Kühlschrank hilft Ihnen, dem Kunden zu signalisieren, daß Ihr Geschäft ein Platz ist, an dem man pausieren kann, um sich zu erfrischen.« Und für die ganz Dummen faßte man sicherheitshalber zusammen: »Paß auf deinen Kühlschrank auf und er wird auf dich aufpassen!« Die Angst der Company war groß und verständlich. Schließlich bestand das Risiko, durch die reduzierte Produktion Verbraucher zu verlieren, denen der Handel nicht die nötige Aufmerksamkeit schenkte. Beide Partner mußten betreut, beeinflußt, bearbeitet werden, um dem Produkt treu zu bleiben.
»Korken ab vor unseren kämpfenden Männern«, meldete sich am 7. Juni 1943 der Coca-Cola Kobold in einer Anzeige in »Life« zu Wort. »Gleich nach den Frauen, Freundinnen und Briefen von zu Hause folgt Coca-Cola in der Liste der Dinge, die unseren Soldaten viel bedeuten. Natürlich, unsere kämpfenden Männer treffen auf Coca-Cola an vielen Plätzen in Übersee. Aber Coca-Cola war dort zuerst. Yes, Sir, Coca-Cola war seit jeher ein Globetrotter. Es wurde in mehr als hundert verschiedenen Ländern verkauft. Auch im Krieg und mit so vielen Coca-Cola Abfüllanlagen in feindlich besetzten Ländern sind unsere Männer erleichtert, daß Coca-Cola in ihrer unmittelbaren Nähe an so vielen Plätzen rund um den Globus abgefüllt wird. Wußten Sie das? Es gibt Coca-Cola Abfüllbetriebe in: Australien, England, Neuseeland, Südafrika, Kanada, Indien, Island, Spanien, Bermuda, Kuba, Mexiko, Jamaika, Trinidad, Neufundland, Haiti, Dominikanische Republik, Nassau, Argentinien, Bolivien, Brasilien, Britisch Guyana, Chile, Kolumbien, Holländisch Guyana, Ecuador, Peru, Uruguay, Venezuela, Britisch Honduras, Costa Rica, Guatemala, Honduras, Nicaragua, Panama, El Salvador.«
Ende 1943 wurde die Werbung noch konsequenter auf den Zweiten Weltkrieg abgestellt. In hochauflagigen Publikumszeitschriften wie »National Geographic« oder »Life« startete eine Vierfarb-Anzeigenkampagne mit der Headline »Have a Coke«. In den verschiedenen Motiven wurde dieses »Nimm eine Coke« in die Tradition fremder Nationen übertragen. »Have a Coke = Welcome friends ... or how to get along in Alaska«. Zu deutsch: Nimm eine Coke = Begrüße Freunde ... oder wie man in Alaska

The pause that refreshes! The never-too-sweet taste of Coca-Cola . . . with a special zing . . . refreshes best.
things go better with Coke
Drink
Coca-Cola

1963

Coca-Cola

Coke
Coca-Cola

Coke

klarkommt. Die dazugehörende Zeichnung zeigte einen amerikanischen Soldaten, der sich mit einer pelzvermummten Familie unterhält, und darunter stand: »Der amerikanische Soldat in Alaska trifft auf viele Dinge, die ihn an zu Hause erinnern. Eines davon ist Coca-Cola. Nimm ein Coke, sagt er zu dem Fremden, und mit dieser einfachen Geste hat er einen Freund gewonnen. Mit den drei Worten hat er ausgedrückt, du und ich, wir verstehen uns. Die Pause, die erfrischt, funktioniert in Yucon wie in Youngstown, von Atlanta bis zu Seven Seas, Coca-Cola wurde zum Topsymbol zwischen freundlich gesinnten Fremden, das Symbol einer freundlichen Lebensweise.« Und mit der Coca-Cola Flasche in der Hand sammelten die amerikanischen GIs, so gaukelte es zumindest diese Werbung vor, Freunde auf der ganzen Welt, ob auf Island oder in Rotchina — wo das »Have a Coke« in »Gute Winde haben dich hierhergeweht« übersetzt wurde —, in London oder auf Trinidad, auf Jamaika oder den Bahamas. Neben der Vierfarb-Serie in den Illustrierten überschwemmten diese Motive in Schwarzweiß die Tageszeitungen des Landes. Coca-Cola schwang sich zum Botschafter der Menschlichkeit auf, zum Dolmetscher zwischen den Verbündeten in aller Welt und ließ damit keinen Gedanken aufkommen, dieser Krieg könne auch ein exzellenter Marketingsfeldzug für die Company sein.

»Have a ›Coke‹ — Tell us all about it . . . or a friendly way to greet an ace pilot« (Nimm ein Coke — Erzähl uns alles . . . oder eine freundliche Art, ein Flieger-As zu begrüßen) stand über einem Motiv, auf dem ein Pilot seiner Familie ein Hakenkreuz zeigt, das von einem deutschen Flugzeug stammt. »Damit sind ganz schöne Schauer verbunden, mit dem Anschauen einer Trophäe aus einem Nazi-Flugzeug«, lautete der Text. »Und zusammen mit der Erneuerung der heimischen Bindungen geht die Wiederbelebung einer alten Sitte einher. Nimm ein Coke, sagt der stolze Vater, und die Wiedervereinigung der Familie ist vollzogen. Von der Front bis zum Platz am Ofen zu Hause, Coca-Cola steht für die Pause, die erfrischt — das freundliche Symbol, das hilft, die Menschen einander näherzubringen.«

Und da die Entfremdung der Söhne Amerikas von ihren Lieben in der Heimat nicht zu einem ernsten Problem werden durfte, betrieb die Company Vorsorge. Parallel zu den Spotlights des weltweiten Cola-Kolonialismus lief in Frauenzeitschriften eine andere Anzeigenserie, in der den zu Hause wartenden Ehefrauen, Müttern und Bräuten klargemacht wurde, wie sie sich auf die Rückkehr der siegreichen Helden vorbereiten können. »Er kommt nach Hause auf Urlaub«, lautete das Versprechen, von dem alle Familien träumten. Eine Laura Lee Burroughs gab wertvolle Tips für die Stunde X: »Es ist vielleicht der glücklichste Moment in seinem Leben, wenn er nach Hause kommt zu seiner Familie, in sein eigenes Zimmer, zu seinem Hund und all den anderen liebgewonnenen, persönlichen Dingen. Er hat von diesem Nachhausekommen monatelang geträumt. Und jetzt sieht alles so aus, wie er hoffte. Es ist komfortabel und einladend. Seine Mutter hatte es immer verstanden, mit Kleinigkeiten der Wohnung jene unbeschreibliche Atmosphäre von Zuhause zu vermitteln: ein paar liebevoll arrangierte Blumen und auf dem Tisch eiskaltes Coca-Cola, das auf seine eigene, erfrischende Art willkommen sagt.« Im Zuge dieser Kampagne kam Frau Burroughs zu so erstaunlichen Erkenntnissen wie der, daß Soldaten Tischtücher, Hausmannskost und Coca-Cola auf dem heimischen Tisch mögen.

Im Januar 1944 meldete sich der Coca-Cola Kobold mit einem patriotischen Aufruf an alle Amerikaner. »Laßt sie uns kaufen und aufheben«, feuerte er seine Kunden an, mit Hilfe von Kriegsanleihen den Sieg zu beschleunigen. Der Bedeutung dieser nationalen Bewegung gerecht werdend, wurde Coca-Cola im Text der Anzeige mit keinem Wort erwähnt. »Jeder kämpfende, amerikanische Mann hat einen Traum. Einen Traum von dem Tag, an dem er nach Hause kommt, von dem Tag, an dem der Krieg gewonnen ist, an dem er zurückkehren kann in sein Heim, zu seiner Familie und seinen Freunden, um wieder wie in Friedenszeiten zu leben. Wir zu Hause können ihm helfen, daß dieser Traum früher wahr wird, indem wir die kleinen Dinge tun, um die wir gebeten werden, damit der Sieg schnell Wirklichkeit wird. Wir können Kriegsanleihen über Kriegsanleihen kaufen, sie aufheben und nicht eher anrühren, bis die Boys endlich zu Hause sind.«

Im März 1944 rief der gute Geist, die Seele von Coca-Cola, zu einer landesweiten Sammlung von neuen und gebrauchten Musikinstrumenten auf, die die Jungs in Übersee an der Front benötigten, um bei Stimmung zu bleiben. Gesammelt wurden die Instrumente beim lokalen Händler, von dort holten die Coca-Cola Lkws das Truppenbetreuungsmaterial ab und überstellten es Onkel Sam, der es per Schiff und Flugzeug an die Front transportierte. Im ganzen Land erschienen Anzeigen mit dem Aufruf zur Mithilfe, neben der nach wie vor aktuellen Serie um die drei so vielseitig deutbaren Worte »Have a Coke«.

Nach dem Ende des Zweiten Weltkriegs, als auch die Zuckerrationierung aufgehoben wurde, die allein verantwortlich war für die Coca-Cola Verknappung auf dem amerikanischen Markt, wurde zunächst der Fachhandel ganz massiv mit Werbung beharkt. Schließlich galt es, im eigenen Land die Nachfrage von der Sparflamme wieder auf Volldampf zu bringen. In handfesten Vergleichen wurde dem Einzelhändler ein ordentlicher Profitzuwachs in Aussicht gestellt. »Die 70 000 Baseballfans im Yankee-Stadion

Mit Motiven dieser Serie warb Coca-Cola während des Zweiten Weltkriegs in den Tageszeitungen.

während eines Spiels der Meisterschaftsrunde wären ein netter Kundenstamm. Genausoviel Kunden kommen pro Jahr in einen Drugstore, dessen durchschnittlicher Wochenverkauf zwölf Gallonen Coca-Cola Sirup ausmacht. Wieviel Kunden bringt Coca-Cola in Ihren Laden?« Unter dieser scheinheiligen Frage druckte die Company eine Tabelle ab, mit deren Hilfe sich jeder Einzelhändler die oben gestellte Frage selbst beantworten konnte. Bei einem Gallonenverkauf von einer Gallone pro Woche kommen jährlich 5950 Kunden; 2 Gallonen machen 11 960 Drinks im Jahr; 4 Gallonen bringen 23 920 Leute in den Laden; 8 Gallonen pro Woche versorgen im Jahr 47 840 Menschen; 12 Gallonen ergeben 71 760 Abnehmer; 16 Gallonen machen 95 680 Kunden pro Jahr, 20 Gallonen 119 600 und 40 Gallonen 239 200. Um diese Zahlen anschaulicher darzustellen, führt man weitere Menschenansammlungen als Beispiele in den Anzeigen auf. »Der Madison Square Garden in New York faßt 18 392 Menschen. Jeder Laden, egal, wo, der ein bißchen mehr als drei Gallonen Coca-Cola Sirup pro Woche verkauft, wird von derselben Zahl Kunden besucht.«

Anzeige im Februar 1964 in den großen Illustrierten wie »Life«, »Look«, »Saturday Evening Post« u. a.

Dasselbe Motiv, diesmal für den »Negro Market«, veröffentlicht nur in den Magazinen »Ebony« und »Sepia«

Bei einem Umsatz von $5^{1}/_{2}$ Gallonen pro Woche drängen soviel Kunden in den Laden, wie das Pentagon Angestellte hat, nämlich 32 500 Menschen. Wer davon träumt, daß 44 000 Menschen seinen Laden aufsuchten, genausoviel wie die Armee Krankenschwestern beschäftigt, brauchte nur sieben Gallonen pro Woche umzusetzen.

Dieser Gedanke, Mengen auf plastische, vorstellbare Art greifbar zu machen, wurde in der Bundesrepublik Deutschland fast vierzig Jahre später in einer Investment-Anzeigenserie nachempfunden. Derlei Anleihen aus erfolgreichen oder besonders ansprechenden Werbeideen der Cola-Company findet man immer wieder, selbst in der modernen Werbung unserer Tage.

In den Nachkriegsjahren wurden intensiv neue Absatzmärkte aufgebaut und umworben. Ganz massiv bewarb man vor allem die Tankstellenpächter, denen man vorrechnete, wie bequem sie ein paar »Bucks« nebenbei verdienen könnten, wenn sie, neben dem Benzin für das durstige Auto, dem durstigen Fahrer das köstlich erfrischende, alkoholfreie Getränk Coca-Cola verkauften. Auf diese Konzeption sind die heutigen Mini-Supermärkte in den Tankstellen zurückzuführen, denn mit der erfolgreichen Anwerbung als Coca-Cola Wiederverkäufer war der Acker für andere Produkte, die sich zum Mitnehmen an der Tankstelle eigneten, ebenfalls bestellt. Die Pionierarbeit mußte einmal mehr die weitsichtige Company erledigen.

»Eine Kiste Coca-Cola pro Tag bringt Ihnen 108,50 Dollar pro Jahr Nettoprofit in die Tasche! Die Pause, die erfrischt, ist Ihr Starverkäufer! Beim Flaschenverkauf von Coca-Cola bleiben Ihnen bei vier Kisten pro Tag 496 Dollar im Jahr.« Doch mit diesen Anzeigenargumenten in einer Tankstellenbesitzer-Zeitschrift war es nicht getan. Der Außendienst mußte jeden einzelnen besuchen, überzeugen, sich den Mund fusselig reden, und die Anzeigen hauten immer tiefer in dieselbe Kerbe. »Wie man mehr Autos an die Tankstelle bekommt«, war für die Leute von Coca-Cola simpel zu erklären. »Wenn ein Automobilist durstig ist, hält er Ausschau nach Coca-Cola. Wenn die nächste Tankstelle, an die er kommt, ein Coca-Cola Schild zeigt oder einen roten Kühlschrank neben der Zapfsäule stehen hat, wird er sie ansteuern. Wenn nicht, wird er solange weiterfahren, bis er eine entsprechende Station findet. Diese einfache Tatsache erklärt, warum eine Station mehr Autos an die Zapfsäulen lockt und damit mehr Geld verdient, wenn sie Coca-Cola ausschenkt und dafür auch wirbt. Autofahrer, die wegen Coca-Cola an die Tankstelle fahren, steigen aus, um sich zu strecken und zu erholen. Sie entspannen sich, schauen sich um, und es ist einfach für Sie, ihnen Benzin, Öl und Zubehör zu verkaufen. Eine einfache Methode, mit Zweitverkäufen Profit zu machen, so einfach wie der Verkauf von Coca-Cola.«

Die psychologische Kriegführung dachte bei der Werbung unter den Tankstellenpächtern an sämtliche möglichen Aspekte. Mit der Hilfe von Coca-Cola würde man den Kunden elegant motivieren, mehr zu kaufen als ursprünglich vorgesehen, das Geheimnis, nach dem letztendlich alle Supermärkte dieser Erde funktionieren. Der Kunde sei in einer relaxten, freundlichen Stimmung, in der man ihm neben Benzin und Öl auch noch anderes Zubehör verkaufen könne. Coca-Cola würde zwei Kategorien von Profit an der Tankstelle schaffen: durch den Verkauf von Coca-Cola selbst und durch die Tatsache, daß der Kunde sein Auto verläßt und in einer beschwingten Kaufstimmung sich auch für andere Artikel seiner Tankstelle erwärmen könne.

Eine andere Marktlücke machten die Werbestrategen in den Foyers der großen Kinos im ganzen Land aus. Die Argumentation gegenüber den Theaterbesitzern war fast identisch mit der der Tankstellen-Verkäufe. Man machte deutlich, daß der Kunde Coca-Cola kennt und schätzt und deshalb dankbar dafür ist, wenn er im Kino seiner Wahl das gewohnte Erfrischungsgetränk erhält. »Alles, was Sie brauchen, ist ein Erfrischungsstand oder eine Theke und ein Kühlschrank. Wir haben aber auch automatische Einheiten, die den Verkaufsjob für Sie erledigen.« Die Bemühungen der Company lohnten sich auch hier. Nach einigen Jahren gehörte Coca-Cola zum Kino wie das gelöste Billett.

In der Publikumswerbung dominierten bis dahin Motive der weltweiten Sympathiebezeugungen für die amerikanischen GIs und erquickliche Erholungspausen an der Tankstelle und im Kino.

1949 wurde eine neue Serie gestartet, die die Internationalität des Getränks verdeutlichen sollte. Die Aussagen waren simpel. »Im Land der Azteken heißt es ›Tome Coca-Cola. Bien helada‹. Was natürlich heißt: Trink Coca-Cola, eiskalt. In Mexiko wie überall in der Welt ist Coca-Cola eine gesunde Erfrischung . . . eine willkommene Erfrischung. Es bringt ein Stück Amerika zu guten Nachbarn überall, gerade so, wie es den Amerikanern, die zu Hause erfrischt arbeiten und er frischt spielen, einen freundlichen Moment beschert.«

»›Beba Coca-Cola‹, am Strand von Rio, im Schatten des Zuckerhuts, ist Coca-Cola ein Teil der brasilianischen Lebensweise — so, wie es Teil jeder Szene ist, wann immer sich Menschen in den USA treffen. Rund um die Welt ist Coca-Cola eine gesunde, willkommene Erfrischung. Es bringt die Freundlichkeit der Staaten zu guten Nachbarn, überall . . . es ist der Favorit von allen, die erfrischt spielen oder arbeiten.«

Solche völkerverbindende Gemeinsamkeiten entdeckte die Anzeigenserie unter der Seufzerbrücke in Venedig ebenso wie im tiefsten China, im Schatten der Pyramiden oder in den engen Gassen von Casablanca.

Das darauffolgende Jahr ist ein besonderes in der Werbechronik der Company. Der Tod von Archie Laney Lee 1950 hinterläßt eine spürbare Lücke. Lee schuf das Image des typischen, ja fast klassischen Coca-Cola Konsumenten, der jung, gesund, lebendig, modebewußt — ohne zu übertreiben —, sauber und adrett in gediegener bis vornehmer Umgebung seiner erfrischenden Pause frönte. Im selben Jahr wurde der erste Fernsehspot gesendet, und von diesem Zeitpunkt an wurde der Werbeetat gesplittet — in Print- und elektronische Medien —, dessen Schere immer stärker zugunsten der letztgenannten auseinanderklaffte.
Plakatierungen aber waren 1950 der Renner schlechthin in den Werbeaktionen der Firma. Slogans wie »Work refreshed«, »Travel refreshed«, »Play refreshed« oder »Lunch refreshed« waren optisch einheitlich, plakativ und werbewirksam umgesetzt. Das Modell arbeitete, spielte, reiste oder aß zu Mittag, und sein überdimensionaler Schatten im Hintergrund erfrischte sich mit einer Flasche Coke.
Ein Wortspiel stand Pate bei einer Anzeigenkampagne im selben Jahr. »coke burns, but Coke refreshes« startete die Serie in großen Publikumszeitschriften. »Kohle brennt, aber Coke erfrischt«, lautet die deutsche Übersetzung, bei der das Wortspiel auf der Strecke bleibt. Im Text der Anzeige hieß es, was ein Großbuchstabe doch für einen Unterschied mache. Mit einem kleinen c meine »coke« einen bestimmten Brennstoff und nichts anderes. Mit einem großen C ist »Coke« Coca-Cola, and nothing else. Einige Monate lang wurde dieses Wortspiel mit immer neuen Varianten publiziert. Gleich war stets der »kleine Unterschied« in der Schreibweise. »star« ist ein Gestirn, großgeschrieben eine bekannte Tageszeitung. Unter »globe« verstehe man einen Globus oder die Zeitung gleichen Namens. Und dieses Spielchen trieb man mit dem »Examiner«, mit »Post«, »Beacon« oder »Mirror«, um nur einige zu nenen, die alle, wie Coke, Wert auf den kleinen Unterschied legten.
1951 feierte man das 65jährige Jubiläum, 65 Jahre gleiche Qualität bei gleichem Preis. »Home and hospitality« (Zuhause und Gastfreundschaft) wurden in diesem Werbejahr ganz großgeschrieben. In der Zeitschrift »Life« stellte man fest, daß Baseball und Coke zusammen aufgewachsen seien. Schließlich wurde Coke 65 Jahre alt, und im selben Jahr feierte die nationale Baseball-Liga 75jähriges, die amerikanische 50jähriges und die Jugendliga ebenfalls 50jähriges Jubiläum.
Verwandle Platz in Profit, in Kundenbewegung, ermutigte die Company im Jubiläumsjahr den Lebensmittelhandel, beim großen Geldverdienen mitzumachen. Etwa ein Quadratmeter Bodenfläche, besetzt gehalten von einem Coca-Cola Kühlschrank, würden eine ganze Menge mehr Leute in den Laden locken. Pro Tag eine verkaufte Kiste brächte jährlich immerhin 7488 Kunden in den Laden, durch den Kühlschrank alleine mit Coke bedient, die neben dem Getränk aber auch Dinge kaufen, die sonst noch im Laden stehen. Als Promoter für Lauf- und Stammkundschaft seien der knallrote Kühlschrank und Coca-Cola einfach nicht zu schlagen.
Die anspruchsvollste, überheblichste Werbung im Jubeljahr zeigte die Coca-Cola Flasche in einer Männerhand vor unserem Planeten — eine Perspektive, die wir erst zwanzig Jahre später im Rahmen der amerikanischen Raumfahrtprogramme live zu sehen bekamen — mit dem hohen Anspruch, ein Symbol der Freundschaft zu sein.
1952 folgte Coke dem Durst überallhin, versprach, daß Gastfreundschaft mit seiner Hilfe so einfach sei, und blieb auch weiterhin die Pause, die erfrischt. Krankenschwestern, Polizisten, Pfadfinder, GIs und Santa Claus, jedermann trank Coke. Die große nationale Werbekampagne hieß »Coca-Cola with Meals« (Coke zu den Mahlzeiten). Die Absatzstrategen ließen einfach nichts aus. Der Erfrischungstrunk wurde mit diesem Schachzug zum »Tischwein« befördert, zur gesunden Alternative bei Tisch. Flankierend lief eine ähnlich lautende Aktion in den Supermärkten unter dem Slogan »Coke and Food« an, von der sich die Planer eine Belebung des Einzelhandelgeschäfts versprachen, wenn die Verbraucher bei ihren Essenseinkäufen auch gleich die Vorsorge für die heimischen Getränke trafen. Einmal mehr ein Beweis für das Wechselspiel zwischen Company und Handel und Company und Verbraucher. Wenn der Verbraucher zu den Mahlzeiten Coca-Cola konsumieren soll, muß der Handel aufgeklärt und warenmäßig vorbereitet sein. Perfekter kann man ein Produkt kaum promoten, und dieses Prädikat verdiente sich die Company schon seit mehr als sechzig Jahren.
Die Werbeagentur D'Arcy schlug 1952 vor, sich auch intensiv mit der Eisenbahnwerbung zu beschäftigen, einem Marktsegment, dem bis dato niemand Aufmerksamkeitt gewidmet hatte. In einem Grundsatzpapier stellte sie fest, man solle in den Speisen- und Getränkekarten der privaten Eisenbahngesellschaften für Coca-Cola werben. Dies sei zwar keine fundamentale Säule des Geschäfts, könnte aber eine zusätzliche, sicher auch einträgliche Maßnahme neben all den anderen Aktivitäten in der Konsumentenwerbung sein. Menschen, die reisen, würden sicherlich nach Coca-Cola verlangen, wenn der Wunsch nach Erfrischung und Erholung plötzlich ganz heftig in ihren Köpfen herumgeisterte. Am Ende dieses Konzeptionsentwurfs schätzte die Agentur den jährlichen Aufwand für die Eisenbahnaktion auf 50 000 bis 75 000 Dollar, die aus Sondermitteln bestritten werden sollten und nicht aus dem bereits verabschiedeten Etat.

For you. Free.
29 new Christmas decorations. And they're yours free in cartons of Coke.
How many ways can you use them? As many as you can think of. They're great tree decorations, package decorations, table decorations, mantel decorations, door decorations, you name it.
You and the kids make them yourselves. Just follow the simple instructions. The grand total? 29 different decorations, all in full color, in 10 different booklets, each tucked into a holiday carton of Coca-Cola.
You'll want all of them, so start picking up your cartons of Coke now. And be sure to keep plenty on hand for the holidays.
FOR YOU FREE!
A NEW IDEA IN CHRISTMAS DECORATIONS
Coca-Cola
Coke
Available where offered.
COPYRIGHT © 1968, THE COCA-COLA COMPANY. "COCA-COLA" AND "COKE" ARE REGISTERED TRADE-MARKS WHICH IDENTIFY ONLY THE PRODUCT OF THE COCA-COLA COMPANY

1968

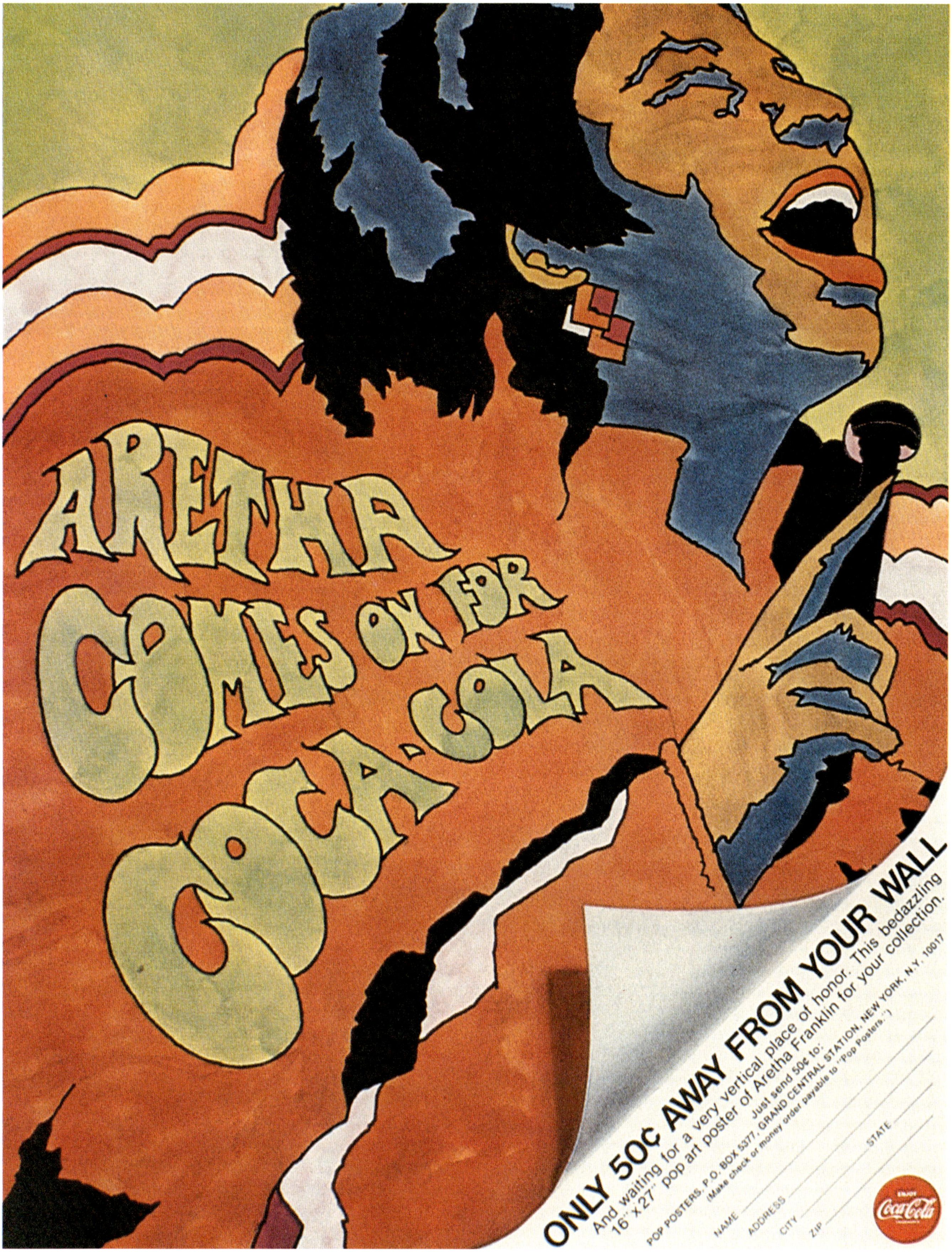

ARETHA
COMES ON FOR
COCA-COLA
ONLY 50¢ AWAY FROM YOUR WALL
And waiting for a very vertical place of honor. This bedazzling
16" x 27" pop art poster of Aretha Franklin for your collection.
Just send 50¢ to:
POP POSTERS, P.O. BOX 5377, GRAND CENTRAL STATION, NEW YORK, N.Y. 10017
(Make check or money order payable to "Pop Posters.")
NAME
ADDRESS
CITY
ZIP
STATE
ENJOY
Coca-Cola

1968

Den Kinobesitzern wurde die Money-making-idea massiv hinter die Ohren geschrieben: »... wenn Sie das köstliche Coca-Cola Ihren Kunden anbieten, macht deren Zufriedenheit ganz schön Musik in Ihrer Kasse.« Eine andere Anzeige zierte eine stilisierte Oscar-Statue mit der Inschrift »Beste Unterstützungsmaßnahme des Jahres«, verbunden mit der Aufforderung »Verkauf Coca-Cola«.

1953 waren es Bilder aus der Arbeitswelt, die sich zu einer einheitlichen Werbeaussage über das ganze Jahr aneinanderreihten. Da gab es den Stahlkocher, der die kurze Pausenminute dank Coca-Cola zur großen Erholung machte. Die beiden Ballettmädchen genossen es hinter den Kulissen genauso wie der Cowboy nach dem Rodeo oder der fleißige Nikolaus nach der Bescherung.

Reece »Goose« Tatum, Spieler der weltberühmten Original Harlem-Globetrotters, der international bekanntesten Basketball-Show-Truppe, balancierte auf seinem Arbeitsgerät eine Flasche Coca-Cola und gestand, gerne eine Auszeit zu nehmen, um die Pause mit einer eiskalten Flasche Coca-Cola zu genießen. Dieses Motiv erschien in der Zeitschrift »Ebony« im Oktober 1953. Dieses Magazin war das Flaggschiff in der Werbung der Company um den »Negro-Market«. Und so bekannt die Harlem-Globetrotters auch waren, Basketball und die Begeisterung dafür waren und sind ja kein ausschließlich »farbiges« Privileg, diese Promotion wurde in nicht einem einzigen »weißen« Magazin gezeigt! Und um es noch einmal zu sagen, nicht die Company machte den Rassenunterschied, sondern »die amerikanische Gesellschaft«. Die Company selbst ist ein kosmopolitisches Unternehmen, Arbeitgeber für Mitarbeiter aller Nationen und Hautfarben — und das gilt bis in die Managementspitze —, doch auf der Jagd nach dem Profit wurden und werden keine Fehler geduldet. Und wenn König Kunde Unterschiede zwischen Schwarz und Weiß macht, muß auch »Das einzige Wahre«, The Real Thing, sich beugen.

»Fast jeder schätzt das Beste« lautete der Slogan des Jahres 1955. Die Anzeigen waren mit Fotos illustriert, die Menschen zu Hause, unterwegs, am Strand oder im Restaurant beim Genießen des erfrischenden Drinks zeigten. Coca-Cola wurde über fünfzig Millionen mal am Tag verkauft, und Eddie Fisher, Auch-Ehemann von Hollywoodstar Liz Taylor, war in der Show »Coke Time« zweimal in der Woche bei NBC im TV zu sehen. Er hatte Opernweltstar Mario Lanza als singenden Botschafter der Company abgelöst.

In der Zeitschrift »Theater Trade« jubilierte das Coke-Management, daß 9607 Kinos in den Vereinigten Staaten mittlerweile Coca-Cola verkauften. Das entsprach 98 Prozent aller Lichtspielhäuser, die Getränke an ihre Kunden verkauften. Das intensive Bewerben dieser Zielgruppe hatte sich ausgezahlt.

Doch mit dieser Information ließ man es nicht bewenden. In den folgenden Monaten erschienen im selben Blatt immer wieder Anzeigen, die den Nachweis erbrachten, warum verschiedene Personengruppen Coca-Cola anderen Getränken vorzogen beziehungsweise bei welchen Gelegenheiten sich die Vorliebe für Coca-Cola offenbarte. Aus diesem Engagement, in einer Fachzeitschrift, deren Leser mehrheitlich bereits potentielle Coca-Cola Wiederverkäufer waren — 98 Prozent aller Kinobesitzer auch weiterhin zu werben —, ließ sich die Erkenntnis gewinnen, daß die Werbestrategen schon damals erkannt hatten, was in den späteren Werberichtlinien der Agentur McCann festgeschrieben wurde: daß dieser Markt dem ewigen Kreislauf von Leben und Tod unterliegt. Mit anderen Worten, selbst bei so spektakulären Erfolgsquoten wie im Abverkauf von Coca-Cola in den Kinofoyers durfte man sich auf dem erreichten Resultat nicht ausruhen, wenn man den Umsatz nicht nur halten, sondern ausweiten wollte.

»There's nothing like Coke« (Coke ist unvergleichlich) war der erste Werbeslogan, mit dem auch eine »schwarze« Serie in der Zeitschrift »Ebony« geschaltet wurde. Im nächsten Jahr hieß die Botschaft »The friendliest drink on earth« (Der freundlichste Drink der Welt). Mit den kitschigen Motiven, die hierbei verwendeten Fotografien waren mit Kohlensäurebläschen — wie sie auch im Getränk sprudelten — übersät, meldete sich die Agentur D'Arcy ab und übergab ihren Kunden Coca-Cola »mit Stolz«, wie sie in einer Anzeige in »The Wall Street Journal« am 2. April 1956 bekannte.

Fünfzig Jahre hatte die Agentur Aufstieg, Image und Popularität von Coca-Cola aufgebaut und betreut. Als dieser Kunde an McCann verloren wurde, hatte sich die Firma von den kleinen Anfängen im Jahr 1906, als Bill D'Arcy seine Sechs-Mann-Agentur in St. Louis gründete, zu einem Großunternehmen ausgeweitet, das in zehn Büros über die ganzen Vereinigten Staaten verteilt mehr als 27 Kunden mit einem gesamten Werbebudget von rund sechzig Millionen Dollar im Jahr 1956 betreute.

Die neue Handschrift wurde in der ersten Kampagne von McCann sichtbar. Unter dem Motto »Coca-Cola, ein Zeichen des guten Geschmacks« fing der amerikanische Zeichner Jack Potter Augenblicksmomente aus der ganzen Welt ein, die gleichzusetzen waren mit einem Zeichen guten Geschmacks. Die Reise um die Welt auf der Jagd nach der herausgestellten Geschmacksidylle führte nach Acapulco, Sun Valley, Hawaii, in die Inselwelt der Karibik, nach Paris im Frühling, nach Lake Louise, nach Biarritz, Venedig, Baden-Baden, zu den Maharadschas nach Indien, an den Zuckerhut von Rio und fand ihren Abschluß, wie konnte es anders sein, in der erfrischendsten Pause, der sich der Welt geschäftigster Mann hingab, old fellow Santa Claus, der Nikolaus.

Während diese Motive in »Saturday Evening Post« und »Life Magazine« erschienen, wurde in den beiden Jugendmagazinen »Boy's Life« und »American Girl« eine separate Werbeschiene gefahren. Für die progressivere Jugend mußten Fotografien herhalten. Musiker, verliebte Teenager, junge Menschen bei Tanz, Musikhören und Flirt taten eins gemeinsam: Coca-Cola trinken.
»Die freundlichsten Kneipen in der ganzen Welt servieren Coca-Cola« hieß eine Serie, die in sieben verschiedenen Gastronomie-Fachzeitschriften veröffentlicht wurde. In Deutschland heißt es »gemütliche Kneipe«, in England »cheery local«, in Italien »Ritrovo simpatico« und in Frankreich »café sympathique« wurden die Leser der Branche aufgeklärt.
Der Slogan »Zeichen des guten Geschmacks« lief auch noch ins Jahr 1958. »Für den Riesendurst die King-size-Coke«, mit dieser Beweisführung wurde der Vorläufer der späteren Familienflasche im Juli und August 1958 angekündigt. Dazu kursierte der Witz von den beiden Amerikanern, die es als Schiffbrüchige auf eine einsame Insel verschlagen hat, an deren Ufer eines Tages eine leere King-size-Flasche gespült wird. Sagt der Finder zu seinem Leidensgenossen: »Schau mal her, wir müssen in der Zeit auf dieser lausigen Insel eingelaufen sein!«
»Es zahlt sich aus, den Kunden zufriedenzustellen«, bekannten im selben Jahr Kneipenwirte aus den Vereinigten Staaten. Zu Beginn der sechziger Jahre gewann der Fotorealismus in der Coke-Werbung erneut die Oberhand mit Schnappschüssen aus dem Lebensalltag, Bereichen des Sports und der Freizeit. Mit der Aufforderung »Be really refreshed« (Sei wirklich erfrischt) deckte man alle hochauflagigen Illustrierten ab. Dazu gehörten »Saturday Evening Post«, »Life Magazine«, »Holiday Magazine«, »Look Magazine« und »Time Magazine«. Im selben Jahr propagierte man in Wirtschafts-Fachmagazinen den positiven Einfluß eines Coca-Cola Automaten auf die Arbeitsmoral der Firmenangehörigen: »Coca-Cola im Job hält das Personal frisch!«
Eine sehenswerte Serie zeigt 1960, wie Angehörige der Streitkräfte das Erfrischungsproblem lösen. Seemann Simon transportiert seine Coca-Cola Flasche in einem Seesack voller Eiswürfel. Der Luftwaffenangehörige Lee verstaut sein Lieblingsgetränk in einer Munitionskiste, und das schlitzohrige Organisationstalent der legendären Marines löst das Biwakproblem mit einem Helm voller Eisstücke, in denen er sein Coke kühlt.

Im Mai 1962 startete die Company erstmals eine raffinierte Absatzförderungskampagne, die auf die Sammelleidenschaft der amerikanischen Jugend setzte. »Schau nach, was es Neues unter den Coke-Flaschenkorken gibt«, forderte sie die jungen Leute auf. Jeder Verschluß trug eine Weltkarte und auf der Unterseite eine Sehenswürdigkeit aus einem der insgesamt hundert Länder, in denen Coca-Cola abgefüllt wurde. Man kann sich gut vorstellen, wie der Coke-Umsatz in den Familien hochschnellen mußte, hatte erst einmal ein Familienmitglied mit der Sammelei begonnen. Als zusätzlicher Anreiz fungierte ein parallel dazu laufendes Weltreise-Wettspiel, das mit Preisen im Wert von 150 000 Dollar winkte.
1963 wurde Coca-Cola bereits in 116 Ländern siebzig Millionen mal pro Tag verkauft. »In Japan ist es ein japanisches Getränk«, hieß es in einer Anzeigenserie in einschlägigen Getränkehandel-Zeitschriften der USA. »In den 116 Ländern, in denen Coca-Cola verkauft wird, betrachten es die Menschen als ein einheimisches Produkt. Coca-Cola ist möglicherweise so amerikanisch wie unser Wappentier, der Adler, aber für die Japaner ist es so japanisch wie Sukiyaki. Bei solch einer Popularität ist es kein Wunder, daß Coca-Cola siebzig Millionen mal am Tag verkonsumiert wird.«
»Coca-Cola ist für uns so amerikanisch wie der Tag, an dem Kolumbus landete, aber für die Italiener so italienisch wie die Pizza« und »für die Deutschen so vertraut wie das Wiener Schnitzel«.
1964 hieß der neue Slogan »Things go better with Coke« (Besser geht's mit Coca-Cola). Einzelne Motive dieser Kampagne in den hochauflagigen Illustrierten wurden auch für Anzeigen in den beiden »farbigen« Magazinen »Ebony« und »Sepia« verwendet, wobei nur anstelle der Weißen farbige Modelle abgelichtet wurden.
Immer öfter wiesen die Anzeigen Hinweise auf, welche Fernsehstationen Werbespots und von Coca-Cola gesponserte Filme zeigten. Die Diversifikation in der Werbung wurde immer ausgeprägter. Für jede Fachzeitschriftengruppe wurden eigene Werbeschienen entwickelt. Der Countdown für das Leeren einer Coca-Cola Flasche beispielsweise war die Erkennungsmarke für Anzeigen in Magazinen für medizinisches Fachpersonal. Ein auf dem Tisch abgelegtes Stethoskop, das nach der Viertelstunde, die verstrich, bis die Coke-Bottle leer war, verschwunden war und signalisierte: Der Arzt startet erfrischt in die Visite, wurde von einem Text begleitet, der von der bedeutungsvollen Pause sprach, von der Energie, die sie spendet, und von dem glänzenden kleinen Stimmungshoch, das sie bewirkt. »Coca-Cola, das nie zu süß schmeckt, erfrischt am besten. Hilft Menschen, dem Streß der geschäftigen Stunden zu begegnen. Deshalb sagen wir, besser geht's mit Coca-Cola!« Beeindruckend an dieser Werbung sind sicher nicht die

Anzeigenserie 1969 in Schüler- und Jugendzeitschriften

On the Ides of March, 44 BC,
Julius Caesar, standing on
the steps of the Senate, saw
Brutus approaching. Assuming
his friend would like a refreshing
drink of ice-cold Coca-Cola,
Caesar called out, "Et tu Brute?"
meaning, "You want some, too,
Kiddo?" Unfortunately, Brutus had
flunked Latin, and, thinking he'd
been insulted, immediately slew
Caesar, speaking the immortal
words, "Res melius evinissent
cum Coke," a translation
of which appears below.
Coca-Cola

We can't say for sure that a daily ration
of Coca-Cola would have prevented the
mutiny on the Bounty. But knowing, as we
do, how the unique, refreshing taste of
Coke lifts the spirits, we feel that an ice-
cold bottle or two would certainly have put
the men in a better frame of mind. What
we don't understand, is why Captain
Bligh's immortal parting words, reproduced
below in their entirety, were for some
obscure reason, left out of the history books.
Coca-Cola
"Things would have gone better with Coke."

"Tout serait allé mieux avec Coke."
Serious students of French history will
recall these famous words (translated
below) which were written in the sand
of the Isle of Elba by the exiled Napoleon
Bonaparte. Napoleon's fondness for the
unique, bold taste of Coca-Cola (not to
mention its refreshing lift) is well known,
and is considered particularly significant
in light of the fact that Coke wasn't
invented for some 72 years after his exile.
Coca-Cola
"Things would have gone better with Coke."

Texte, wohl aber die optische Umsetzung, die den Text ja oft völlig überflüssig macht, und die immense Verschwendung von Kreativität, selbst für so kleinauflagige Zielgruppenzeitschriften eine eigene Konzeption zu entwickeln. Zu keinem Zeitpunkt hat man es sich einfach gemacht oder gar in seinem Bemühen, Name, Image und Bekanntheitsgrad des Produktes zu fördern, nachgelassen. Nach Möglichkeit sollte jeder, auch der Individualist, der Spezialist, der Experte von diesem Massenartikel erreicht und angesprochen werden.

»Things go better with Coke« hieß es auch 1965; im Fernsehen wurden die Serien »Voyage to the bottom of the sea« gesponsert, die Reise zum Meeresgrund, bei ABC, und »90 Bristol Court«, gesendet von NBC.

Die großen amerikanischen Magazine hatten zu dieser Zeit Auflagenhöhen erreicht, die zu Anzeigenpreisen führen mußten, die fast soviel Geld verschlangen wie die TV-Commercials bei den privaten Fernsehgesellschaften. Spitzenreiter waren »Life« mit 7,2 Millionen Auflage, »Look«, 7,4 Millionen, das »Scholastic Magazine«, 2,85 Millionen, und »Sports Illustrated«, heute noch der Welt größte Sportzeitung, mit damals 1,1 Millionen Auflage. Im Vergleich dazu die Zahlen der beiden »farbigen« Magazine »Ebony«, 767 000 Exemplare mit 1,8 Millionen Lesern, und »Sepia«, 60 000 Auflage und 142 000 Leser. Den Auflagenolymp aber bewohnte »Reader's Digest« mit 14,5 Millionen Exemplaren (Juni 1965), gelesen von 43 627 000 Amerikanern.

»Zuviel des Guten, definitiv nein! — Die fünfte Flasche wird so gut schmecken wie die erste. Wie das kommt?« Des Rätsels Lösung sei einfach, verrieten die Coca-Cola Werber: »Weil Coca-Cola den erfrischenden Geschmack besitzt, von dem man einfach nicht genug bekommen kann, und alles deshalb besser geht, Coke after Coke after Coke . . .« war die Botschaft für 1966.

»Christmas time without Coca-Cola — Bah, humbug!« Weihnachten ohne Coca-Cola sei Humbug, erklärte die Company den mehr als 120 Millionen Lesern, die sie mit diesem Anzeigenmotiv im Dezember 1966 erreichte.

»Coca-Cola und Coke sind eingetragene Schutzmarken, die ausschließlich die Produkte der Coca-Cola Company identifizieren. Es sind Markennamen für den am besten verkauften Soft Drink der Welt. Wie Ihr Name auch, müssen sie immer großgeschrieben werden. Wann immer Sie unsere Markenzeichen ausschreiben, tun Sie das bitte mit großen Anfangsbuchstaben. Und noch eine Bitte, der Markenname sollte nie im Plural oder als Possessivpronomen benutzt werden.« Mit diesem Appell wandte sich die Company an Verleger, Herausgeber und Journalisten im ganzen Land. In den Fachblättern der Medienzunft lobte sie auch den ersten »Trusty typewriter award« aus, eine nicht ganz ernst gemeinte Ehrung für den Einsender der Branche, der gegen die drei Erzfehler im Gebrauch der Markennamen Coca-Cola und Coke am seltensten verstieß.

Ray Charles, der König des Souls, gab in einer Anzeige im Herbst 1967 zu, daß er Coca-Cola trinke, weil er von dem Geschmack nicht genug bekommen könne. Bei der Arbeit komme er selten ohne aus, und sogar in seiner Privatmaschine sei deshalb ein Kühlschrank eingebaut. Er arbeite hart, um seine Musik zu komponieren, bescheinigten ihm die Leute von Coke und konnten es sich nicht verkneifen zu orakeln, möglicherweise habe Coke an diesem Erfolg Anteil, weil es »mit« doch besser ginge. Petula Clark und Diana Ross mit ihren Supremes standen ebenfalls im Dienst der Company, posierten für Anzeigen und trällerten zu den Melodien ihrer Hits in Funk und Fernsehen Werbespots für Coke.

Mit einer doppelseitigen Anzeige in »Life« setzte die Company Maßstäbe in der Werbung. In Anlehnung an die Inschrift der Freiheitsstatue vor Manhattan forderte eine geöffnete Flasche Amerika auf: »Gib mir deine Müden, deine Verschwitzten, deine Durstigen, deine Erschöpften, deine Ausgedörrten, deine Verbrauchten, deine Mütter, deine Väter, deine Schwestern, deine Brüder, deine Söhne, deine Töchter, deine Surfer, deine Skifahrer, deine Footballspieler, deine Basketballspieler, deine Yachteigner, deine Stabhochspringer, deine Hockey-Stars, deine Schwimmer, deine Jockeys, deine Baseballspieler, deine Fußballspieler, deine Gewichtheber, deine Tischtennisspieler, deine Schachenthusiasten, deine Damezokker, deine Bridgespieler, deine Pokerspieler, deine Mah-Jongg-Spieler, deine Kiebitzer, deine Sonnenanbeter, deine Mondsüchtigen, deine Kartoffelchip-Fans, deine Bretzelesser, deine Gesalzene-Erdnüsse-Fans, deine Hot-dog-Esser, deine Hamburger-Spachtler, deine Pizzafutterer, deine Chili-con-carne-Verehrer, deine Stahlarbeiter, deine Wissenschaftler, deine Fischgourmets, deine Spaghettiesser, deine Fleisch-und-Kartoffeln-Männer, deine Thunfisch-Freaks, deine Gebratene-Hühnchen-Experten, deine Specksalat-und-Tomaten-auf-Toast-Esser, deine Taxifahrer, deine Piloten, deine Stewardessen, deine Reiseagenten, deine Reisenden, deine Poeten, deine Konstrukteure, deine Versicherungsvertreter, deine Diplomaten, deine Sekretäre, deine Telefonvermittler, deine Staubsauger-Verkäufer, deine Platzanweiser, deine Hippies, deine Hochschulstudenten, die sich danach sehnen, durch die Matheprüfung zu kommen. Besser geht's mit Coca-Cola.«

Die Statue of Liberty und Coca-Cola verbindet mehr als dieser exzellente Werbeeinfall. Beide sind ein Jahrgang, beide 1986 hundert Jahre alt: Coca-Cola, als das Symbol für das amerikanischste Produkt 1886 erfunden, die Freiheitsstatue als Symbol für den Traum von einer neuen, besseren Welt, im selben Jahr als ein Geschenk des französischen Staats zum hundertsten Geburtstag der Vereinigten Staaten vor der Skyline von New York errichtet.

Im Januar 1969 erschien eine Anzeige mit der berechtigten Frage: »Was können wir schon für Sie tun, wenn der Schnee einen Meter hoch liegt?« Die Antwort war, ganz im Gegensatz zu manch blumiger pro Cola-Genuß-Argumentation, pfiffig: »Welch ein Glück für uns alle, daß Sie auch im Winter durstig werden. Nach einem langen morgendlichen Schneeschippen oder einer Skiabfahrt haben Sie einen Durst, als wären Sie auf einer der großen Wellen von Malibu geritten. Sie werden sich also erfrischen wollen, die Lebensgeister wecken und den Durst vertreiben wollen — das alles mit dem großartigen Geschmack einer Flasche Coca-Cola.

Sie können ihnen höchstwahrscheinlich keine Kühlschränke verkaufen, aber wir haben den Eskimos schon vor langer, langer Zeit Coca-Cola verkauft. Things go better with Coke.«

Übertroffen wurde der Schmunzeleffekt dieses Nachsatzes aus dem Anzeigentext durch eine Serie unter dem Titel »Things would have gone better with Coke« — Besser wär's mit Coca-Cola gegangen. Klassische Dramen, Niederlagen und Katastrophen wurden daraufhin untersucht, wie sie bei dem Einsatz von Coca-Cola verlaufen wären.

»In den Iden des März, 44 Jahre vor Christi Geburt, stand Julius Cäsar auf den Stufen zum Senat und sah Brutus daherkommen. In der Annahme, sein Freund würde gerne ein erfrischendes eiskaltes Coke trinken, rief Cäsar: ›Et tu, Brute?‹, was soviel heißt wie: ›Willst du auch eins, Brutus?‹ Unglücklicherweise war Brutus in Latein durchgefallen, und im Glauben, er sei beleidigt worden, erschlug er Cäsar auf der Stelle, der die unsterblichen Worte sprach: ›Res melius evinissent cum Coke . . .‹«

Dieselbe Vermutung, daß es mit Coca-Cola besser gegangen wäre, hegte auch Napoleon in einem anderen Anzeigenmotiv dieser Serie. »›Tout serait allé mieux avec Coke‹, seriöse Studenten der französischen Geschichte werden sich an die berühmten Worte . . . erinnern, die Napoleon Bonaparte im Exil in den Sand der Insel Elba schrieb. Napoleons Vorliebe für den einmaligen Geschmack von Coca-Cola (nicht zu reden von dem erfrischenden Auftrieb) ist allzu bekannt, und man hält dies als teilweise verantwortlich dafür, daß Coke erst runde 72 Jahre nach seinem Exil erfunden wurde.«

»Wir sind uns nicht ganz sicher, welcher Historiker es war, der schrieb: ›Things would have gone better with Coke‹, in einem weitgehend unbekannten Buch über die Karriere von Heinrich dem VIII. Wie auch immer, soweit wir es wissen, hätte der großartige Geschmack von Coca-Cola auch einen King-size-Durst gelöscht und den Geist belebt, so daß wir uns nicht helfen können zuzustimmen, daß eine kalte Flasche oder auch zwei, im richtigen Moment, möglicherweise einer Menge von Leuten den Verlust ihres Kopfes erspart hätte.«

In einer anderen Anzeige kam der Kapitän der »Bounty« ins Grübeln und zur Erkenntnis, die Dinge, sprich die Meuterei, wären mit Coke ganz anders gelaufen.

Diese Kampagne blieb Schüler-, Jugend- und Rennwagen-Magazinen vorbehalten, deren Leser sich beim Studieren der Anzeigen so köstlich amüsiert haben sollten, wie dies Coca-Cola auf dem Erfrischungssektor erledigt.

Scharfsinniger Humor gehörte ganz offensichtlich zur Werbestrategie der neuen Agentur. In einer ganzseitigen Anzeige in »Life«, dessen Auflage auf 8,5 Millionen angestiegen war, mit einer Leserschaft, sprich Reichweite, von 48,5 Millionen, nahm man sich des leidigen Themas der Steuern an: »Tritt Onkel Sam gegenüber mit einer Flasche Coke in der Hand. Wenn Sie sich entschieden haben, nicht nach Südamerika auszuwandern und statt dessen Ihre Einkommenssteuererklärung abzugeben, kann der erfrischende Geschmack von Coca-Cola helfen. Während Sie darüber debattieren, ob man Klempner und Elektriker als Ausgabe absetzen kann oder nicht, sollten Sie sich etwas Coke ins Glas gießen und den kleinen Auftrieb durch den Coke-Geschmack genießen. Und während die Zahlenkolonnen wachsen und die Nacht vergeht, können Sie auf den köstlichen Geschmack von Coca-Cola zählen. Vielleicht hilft es auch, daß das Rechnen ein kleines bißchen besser geht. Und wenn Sie wirklich an einer Rückerstattung interessiert sind, sollten Sie einfach Ihre Coke-Flaschen zurückgeben.«

Von 1969 bis 1970, Coca-Cola wurde bereits hundert Millionen mal am Tag getrunken, hieß der neue Slogan »It's the real thing« (Es ist das einzig Wahre), eine 1942 schon einmal benutzte Behauptung. Die Anzeigengestaltung schoß sich jetzt auf sogenannte Close-ups ein, Nahaufnahmen, die ganz realistisch die kühle, prickelnde Erfrischung transportieren sollten.

Raquel Welch, das Sexsymbol jener Zeit, warb in Anzeigen und Fernsehspots für Coca-Cola Modeschmuck. Diese grausam schönen Scheußlichkeiten in Form von Ringen, Armbändern, Uhren und Gürteln waren in werbewirksamem Rot und Weiß gehalten, mit der typischen Coca-Cola Welle, und konnten lediglich einen so außergewöhnlich attraktiven Menschen wie Raquel Welch schmücken, ohne katastrophal zu wirken.

TAKE PRIDE.
"THE THREE MUSKETEERS" WAS WRITTEN BY A BLACK MAN. NOW THERE'S AN EXCITING WAY TO LEARN HIS STORY.
The thrilling story of Alexander Dumas is just one of the stories available in The Golden Legacy Series on Negro History.
Factual, fun to read magazine stories about the heroics of Crispus Attucks, Patriot, Matthew Hensen, Explorer, Benjamin Banneker, Inventor, and others. The Coca-Cola Company offers your children a complete collection of these 32-page adventures. Eleven exciting volumes for just $1.75. Or volume One through Six for only $1.00. Fill your children in on Negro History by filling out the coupon. Sorry, orders for individual volumes cannot be accepted.
ORDER SETS FOR YOUR CHILDREN AND FRIENDS.
Golden Legacy, P.O. Box 4939, Clinton, Iowa 52732
No. 1 Toussaint L'Ouverture No. 2 Harriet Tubman No. 3 Crispus Attucks No. 4 Benjamin Banneker No. 5 Matthew Henson No. 6 Alexander Dumas and Family No. 7 Frederick Douglass (Part I) No. 8 Frederick Douglass (Part II) No. 9 Robert Smalls No. 10 Joseph Cinque No. 11 Men of Action: White, Marshall, Wilkins
Name
Address
City State Zip
Payment must accompany all orders. Please allow four weeks for delivery. Offer expires December 31, 1970.
Check the offer you wish to order
Offer 1 ☐ Nos. 1 through 6—$1.00
Coca-Cola
It's the real thing. Coke

1970

This man can help you.
Who is he? Well, he's a super-man. But he's no comic strip character. He's the personal representative you get when you sell Coca-Cola in your vending machine.
You call. He appears.
To give you the latest information on equipment. To advise you how you can most effectively use that equipment. To assure you the finest quality control. To give you first-hand information on promotions and advertising. Even to help you train your employees.
What a super-man to have working for you. And all you have to do to get his services is to sell Coke in your vending machine. (Which is something you'd probably want to do anyway.) It's the real thing. Coke. You can make the most when you sell the best. Coca-Cola.
Enjoy Coca-Cola
Trade mark ®
Enjoy Coca-Cola
"Coca-Cola" and "Coke" are registered trade-marks which identify the same product of The Coca-Cola Company.

1971

Doch die Werbung auf dem amerikanischen Markt der siebziger Jahre trieb noch andere Blüten. In den Zeitschriften »Boy's Life« und »American Girl« sowie im »Scholastic Mags« warb die Company für Friedens-Sweatshirts, die gegen einen Unkostenbeitrag bestellt werden konnten. »Peace in 1970« hieß die Aktion, und die Null in der Ziffer 1970 war mit dem Zeichen der Atomwaffengegner verziert. Paul Newman war der letzte Showbusiness-Superstar in den Printmedien, bevor 1984 Julio Iglesias »Coca-Cola Light« besang, der für »das schwarze Wasser des Kapitalismus« — so nennen die mexikanischen Antis Coca-Cola — warb.
Der große Einbruch der auflagenstarken Illustrierten und Zeitschriften im Verhältnis zu den elektronischen Medien stand kurz bevor. »Reader's Digest« erreichte im Juli 1971 eine Auflage von sage und schreibe 17 750 000 Exemplaren mit knapp 50 Millionen Lesern, dicht gefolgt von der Programmzeitschrift »TV-Guide« mit 15 Millionen Copies und knapp 42 Millionen Lesern und »Look« mit 6,5 Millionen Exemplaren und knapp 34 Millionen Lesern. »Life« war bereits an seiner Auflage und den damit verbundenen Anzeigenpreisen gescheitert. In den Folgejahren wurden die Illustrierten nur noch sporadisch für die Publikumswerbung eingesetzt. Fernsehen und Rundfunk, in Amerika viel kommerzieller orientierte und damit auch werbeintensivere Medien als in Europa, waren beispielsweise nicht nur zeitgemäßere Werbeträger, sondern eröffneten der Company auch ganz andere Möglichkeiten, die Botschaften der erfrischenden Pause ins Bewußtsein der Verbraucher zu transportieren.
Der wohl größte Werbegag im Bereich der elektronischen Medien gelang 1971. Die britische Gruppe »The New Seekers« sang den Werbesong »I'd like to buy the world a Coke ...«. Dieser melodische Ohrwurm, der sich zum Mitsingen und -summen eignete, wurde so populär, daß Hörer in den Wunschprogrammen danach verlangten. Die Discjockeys aber weigerten sich, die Scheibe aufzulegen und damit kostenlose Werbung zu machen. Angeregt durch die offensichtlich starke Nachfrage, wurde der Song kurzerhand umgeschrieben und mit derselben Gruppe neu produziert. Jetzt hieß der Hit »I'd like to build the world a home« und erfreute sich auch mit produktentschärftem Text uneingeschränkter Beliebtheit. Über eine Million Platten wurden verkauft, der Song nudelte über alle Radiosender, und für viele war das immer noch der Cola-Song, obwohl Coca-Cola und Coke mit keiner Silbe mehr erwähnt wurden. Der Text lautete jetzt: »I'd like to build the world a home/And furnish it with love/Grow apple trees and honey bees/And snowwhite turtle doves/I'd like to teach the world to sing/In perfect harmony/I'd like to hold it in my arms/And keep it company/I'd like to see the world for once/All standing hand in hand/And hear them echo through the hills/For peace throughout the land/That's the song I hear/Let the world sing today/A song of peace that echoes on/And never goes away/Put your hand in my hand/Let's begin today/Put your hand in my hand/Help me find the way.«
Dieses erfolgreiche Lied war auch Titelmusik für einen Werbespot, der von der völkerverbindenden, friedlichen Kraft der erfrischenden Pause kündete. Jugendliche aller Rassen und Nationalitäten erklommen einen Hügel, Hand in Hand und darüber hinaus verbunden durch ihrer aller Vorliebe für Coca-Cola, das sie andächtig vor sich hertrugen.
In Deutschland fand der »Coca-Cola Song« ebenfalls seine Fans. Die deutsche Fassung »Wir bauen uns ein neues Haus, auf das der Himmel sieht — und singen mit der ganzen Welt das große Freundschaftslied« sang kein Geringerer als Schnulzentroubadour Peter Alexander.
1974 erreichte der weltweite tägliche Coca-Cola Konsum die 165-Millionen-Grenze. Doch in den Printmedien schlug sich das kaum mehr nieder. Mitte der siebziger Jahre war der Schrumpfungsprozeß der Werbeetats für Printmedien abgeschlossen. Die bewegten Bilder hatten die Oberhand gewonnen. Nach Schätzungen des Headquarters in Atlanta macht der Anteil der Zeitungs- und Zeitschriftenanzeigen im unaufhaltsam von Jahr zu Jahr steigenden Werbeetat der Company nur noch maximal fünf Prozent aus. Wie sich diese Ausgaben, in Abhängigkeit vom Sirupumsatz, entwickelt haben, dokumentiert die nachfolgende Tabelle, die nach 1951 nicht mehr so detailliert vervollständigt wurde. Die angegebenen Zahlen beziehen sich auf den rein amerikanischen Markt.

US-Markt

Jahr	verkaufte Gallonen*	Werbeausgaben**
1886	25	
1887	1 049	
1888	1 933	
1889	2 171	
1890	8 855	
1891	19 831	
1892	35 360	11 401 78
1893	48 427	12 395 12
1894	64 333	14 538 14
1895	76 244	17 744 22
1896	117 636	23 117 58
1897	163 297	52 405 18
1898	214 008	43 857 62
1899	281 055	48 564 83
1900	370 877	84 508 97
1901	468 411	100 267 01
1902	677 515	146 638 91
1903	881 423	207 008 29
1904	1 133 788	292 177 23
1905	1 549 886	436 844 25
1906	2 107 661	563 406 91
1907	2 558 782	638 452 07
1908	2 877 732	672 354 94
1909	3 486 626	761 981 31
1910	4 190 149	970 815 31
1911	4 815 677	1 089 010 68
1912	5 504 956	1 370 435 02
1913	6 767 822	1 399 430 61
1914	7 231 562	1 570 933 22
1915	7 521 833	1 561 060 65
1916	9 715 892	1 717 941 86
1917	12 109 420	1 608 650 91
1918	10 314 727	883 457 06
1919	18 730 167	1 956 585 26
1920	18 656 445	2 330 710 40
1921	15 837 499	1 790 091 57
1922	15 437 612	1 948 773 33
1923	17 300 275	2 616 874 24
1924	17 496 764	2 369 063 74
1925	20 111 134	2 625 186 42
1926	21 158 450	2 997 990 73
1927	22 817 265	3 478 522 02
1928	24 212 519	3 455 373 86
1929	26 981 874	3 832 394 13
1930	27 798 730	4 614 892 87

Jahr	verkaufte Gallonen	Werbeausgaben
1931	26 679 998	4 898 469 54
1932	22 022 817	5 007 291 41
1933	20 891 971	4 360 446 00
1934	25 909 268	4 926 227 51
1935	29 670 098	5 362 226 04
1936	37 478 577	5 733 001 72
1937	44 293 110	7 020 617 08
1938	48 508 414	7 122 863 31
1939	56 248 702	8 004 647 44
1940	62 818 828	8 765 749 18
1941	81 060 815	11 486 501 58
1942	74 475 148	10 601 400 23
1943	88 775 160	13 785 542 68
1944	95 853 813	16 172 844 87
1945	79 833 367	14 589 289 22
1946	69 981 974	14 481 786 61
1947	101 001 098	14 545 449 41
1948	128 389 799	22 418 446 14
1949	130 682 361	20 629 207 91
1950	130 244 687	22 746 869 33
1951	136 143 932	23 001 264 54
1959	40 000 000	
1966	71 000 000	
1977	91 000 000	
1978	138 000 000	
1980	184 000 000	
1981	197 000 000	

* eine Gallone = 3,787 Liter
** in Dollar

Real life calls for real taste.
For the taste of your life—Coca-Cola.
It's the real thing. Coke
Coca-Cola
Trade-mark®

1970

It's the real thing. Coke
Trade mark®
Real life calls for real taste.
For the taste of your life – Coca-Cola.
Here and now.
Coca-Cola
Enjoy
Coke
SPEED SHOP
ISKY
SIMPSON
AMERICAN WHEEL

1970

Aufbruch in die achtziger Jahre

Im März 1981 erfolgte ein bemerkenswerter Führungswechsel an der Spitze der Company. Roberto Goizueta, ein gebürtiger Kubaner, übernahm von J. Paul Austin den Vorstandsvorsitz. Damit wurde erneut eine neue Ära eingeleitet. Am einfachsten läßt sich dies anhand des Zahlenmaterials verdeutlichen, das 1982 veröffentlicht wurde. Coca-Cola, auf Rang 22 der größten nationalen Konsumartikel-Werber in den USA, hatte im Vergleich zum Vorjahr sein Werbebudget um 7,4 Prozent auf rund 197,8 Millionen Dollar erhöht. Weltweit flossen rund 414 Millionen Dollar in Werbekampagnen in den verschiedenen Medien. Im Vorjahr lag diese Summe noch bei 395 Millionen Dollar. Der Verdienst stieg um 14 Prozent auf 482 Millionen Dollar, 1980 betrug der Profit nur 422 Millionen.

Die Absatzstrategen notierten, daß Coca-Cola nunmehr der Welt führender Soft Drink sei, der in mehr als 145 Ländern pro Jahr mehr als zwei Milliarden mal verkauft wird.

Neben den Soft Drinks lagen Zitrussäfte an zweiter Stelle in der Erfolgsbilanz der Company. Natürlich verkauft die Firma auch Tee und Kaffee, doch als Renner neben den reinen Soft Drinks erwies sich in zunehmendem Maße das Weingeschäft.

Der wohl wichtigste Satz in dieser stolzen Jahresbilanz bezog sich auf den neuen Führungsstil und die aggressive Aufnahme der Herausforderung durch den ewigen Rivalen Pepsi-Cola. Unter der Führung von Roberto Goizueta hatte sich Coca-Cola erneut als die Nummer eins am amerikanischen Markt durchgesetzt. Diesen Wechsel in der Chefetage registrierten auch andere, trotz der zu diesem Zeitpunkt kurzen Amtszeit.

»Es ist fraglos ein Management-Team, das sehr viel schlagkräftiger am Markt operiert als die alte Mannschaft«, attestierte John Scully, Präsident der Pepsi-Cola-Company, der neuen Führungsspitze der Konkurrenz Tugenden, die er bei deren Vorgängern wohl nicht ganz ungern vermißt hatte.

Ins selbe Jahr fiel ein weltweit stark beachtetes Ereignis: die Wiedereröffnung einer Abfüllanlage in Rotchina. Kritiker der Company in Atlanta sehen diese Marktgewinnung in China als Gegenleistung eines Jimmy Carter, der sich durch dererlei diplomatische Anstrengungen für die Unterstützung von Coca-Cola während des Wahlkampfes bedankt habe. Im Headquarter von Coca-Cola hält man diese Argumentation für puren Unsinn. Man habe mehr als acht Jahre mit den Rotchinesen verhandelt, erinnern die Macher, dabei mit flankierenden Maßnahmen wie einer eineinhalb Jahre dauernden Kunstausstellung chinesischer Geschichte in Amerika oder der Einladung zu einem fast vierwöchigen Aufenthalt des chinesischen Fußballteams in den USA die Voraussetzungen geschaffen, daß im Jahre 1978 ein entsprechender Vertrag in Peking unterzeichnet werden konnte. Erst eine Woche später, und dies sei verbrieft, verkündete Jimmy Carter als Verhandlungsergebnis seines Außenministers Henry Kissinger die Normalisierung der Beziehungen zwischen China und den USA. Die Manager im Tower von Atlanta halten den Umkehrschluß, daß Coca-Cola den Ausschlag für das Auftauen der chinesisch-amerikanischen Eiszeit bewirkt habe, für genauso unsinnig wie die eingangs formulierte These.

Für viel mehr Aufregung als die Produktionsaufnahme in China sorgte der Ankauf der Filmproduktionsgesellschaft »Columbia Pictures« für rund 750 Millionen US-Dollar durch Coca-Cola im Juni 1981. Das war die erste größere finanzielle Transaktion des neugewählten Präsidenten, der sofort in die Schußlinie der Kritik geriet. Angesprochen auf dieses ungewöhnliche Geschäft, erklärte Mister Goizueta, der Erwerb einer Filmproduktionsgesellschaft füge sich durchaus lückenlos in die Strategie und Konzeption des Hauses Coca-Cola. Entertainment und Soft Drinks ergäben keinen Widerspruch. Die Company sei seit mehr als achtzig Jahren schon im Unterhaltungsgeschäft. Denn nichts anderes sei die so viel zitierte erfrischende, kurze Pause mit dem Geschmackserlebnis am Rande des Alltags. Dieses kurze, nur Minuten lange Abschalten würde jetzt durch das Medium Film auf eineinhalb Stunden ausgedehnt. Kino sei auch nicht mehr und nicht weniger als eine vom Konsumenten geschätzte Unterbrechung seiner Tagesroutine. Eine wohlverdiente Pause.

Präsident Goizueta wörtlich anläßlich einer Pressekonferenz: »Das Unterhaltungsgeschäft bietet große Wachstumsmöglichkeiten ohne Sachzwänge aus zwei Bereichen, die für Coca-Cola untragbar wären: hohe Technologie und große Investitionen im Hardware-Bereich.«

Mit der neuen Führungsmannschaft wurde auch der

Slogan für das Flaggschiff des Hauses gewechselt. Seit 1979 warb man mit dem Motto »Have a Coke and a smile«. Die neue Maxime hieß nun: »Coke is it!« Branchenkenner bezeichneten diesen aggressiven Werbeslogan als das Kampfgeschrei des Coca-Cola Managements in der Schlacht um die weltweiten Marktanteile, um die sich der Erzrivale Pepsi ebenfalls unbeirrbar bemüht.
Die wohl gelungenste Werbefilmidee mit der neuen Werbeaussage »Coke is it« wurde von der Chicagoer Werbeagentur Burrell Advertising kreiert, die in einem Fernsehspot diesen Slogan vertonen und von einer Farbigen-College-Band spielen ließ.
Denn 1981 gab es natürlich neben dem vielen Licht auch Schatten, handfeste Probleme. Die größte Sorge bereitete Reverend Jesse Jackson, der 1984 gescheiterte Präsidentschaftskandidat der schwarzen Aktivisten, der damals die Operation PUSH (People United to Save Humanity) in Chicago ins Leben gerufen hatte. Zielscheibe dieser Operation waren amerikanische Firmen, deren Strategie die Farbigen in irgendeiner Weise benachteiligt. Jackson wußte ganz genau, daß seine ehrgeizigen Ziele nur mit Hilfe der Presse zu realisieren waren. Also schoß er sich medienträchtig auf die Coca-Cola Company ein und rief in der Schlußphase dieses Privatkriegs seine farbigen Mitbürger zum Boykott des Soft Drinks auf. Er warf den Bossen in Atlanta vor, seinen schwarzen Brüdern kaum Möglichkeiten einzuräumen, an dem Big Business von Coke teilhaben zu dürfen. Unter dem massiven Druck dieser sehr engagiert geführten Protestbewegung — man hielt der Company vor, in der Dritten Welt mehr für die Schwarzen zu tun als im eigenen Land — lenkte Atlanta ein. Der angebotene Änderungskatalog, der für viele nichts anderes als das Lösegeld für eine raffinierte Erpressung darstellte, war respektabel. Die Company erklärte sich bereit, in den nächsten fünf Jahren insgesamt dreißig Millionen Dollar aufzuwenden, um den Schwarzen einen angemessenen Teil am Coke-Profitkuchen zukommen zu lassen. Dazu gehörten so vertrauensbildende Maßnahmen wie verstärkte Werbung in Zeitschriften und Fernseh- und Rundfunkstationen schwarzer Eigentümer, mehr Geldumschlag über schwarze Banken, Einrichtung eines Kapitalfonds für neue schwarze Unternehmer, die Darlehen daraus erhalten können, bis hin zum Ausbau des Schwarzenanteils im Groß- und Einzelhandel.
Mit Sicherheit waren dies Zugeständnisse an eine clever geführte Strategie. Doch auf der anderen Seite haben sich die Investitionen im Werben um die schwarze Klientel ausgezahlt. Denn die 26,5 Millionen farbigen US-Bürger mit einer jährlichen Kaufkraft um die 140 Milliarden Dollar sind als Umsatzträger unentbehrlich.
Ebenso wie die figurbetonten, sportlichen US-Bürger, denen Coca-Cola mit seinen 420 Kalorien pro Liter zu opulent war. Im ersten Geschäftsjahr von Goizueta fiel deshalb die Entscheidung, ein kalorienarmes Getränk, »Diet Coke«, auf den Markt zu bringen. Mit einem Aufwand von mehr als fünfzig Millionen Dollar baute man einen Testmarkt auf, dessen Ergebnisse im Frühjahr 1982 einen sensationellen Erfolg prognostizierten, der sich, und das nicht nur in den USA, bestätigte. »Diet Coke« wurde zum Senkrechtstarter im Soft-Drink-Markt mit permanent wachsenden Umsatzanteilen, die zu Lasten der Traditionsmarke gingen. Kannibalismus im Markenartikelgeschäft nennen dies die Experten, wenn die Kinder sich an den Marktanteilen der Eltern zu schaffen machen. Mit dieser Entwicklung hatte man gerechnet. Ein noch nicht überschaubares Abenteuer ging man mit der neuen Geschmacksvariante für Coca-Cola ein.
Bei den Versuchen, für »Diet Coke« den richtigen, unverwechselbaren Geschmack zu finden, stießen die Geschmackswissenschaftler der Company auf eine Zusammensetzung, die den Experten besser gefiel als der 99 Jahre alte Originalgeschmack aus der Küche Pembertons. Versuche mit 190 000 Amerikanern zwischen 13 und 59 Jahren in 13 verschiedenen Städten ergaben, daß der neue Geschmack übereinstimmend bevorzugt wurde. Vorstandsvorsitzender Roberto Goizueta suchte die graue Eminenz Robert Woodruff auf, kurz bevor dieser im März 1985 starb, um seinen Rat einzuholen. Und der, so Goizueta in einer Pressekonferenz, habe ihn mit einem Oscar-Wilde-Zitat motiviert, wonach die Welt den Unzufriedenen gehöre.
Wenn jedoch zu viele Coke-Trinker unzufrieden seien, schrieb »Newsweek« im Mai 1985, werde die Welt nicht länger Coke gehören, und der neue Drink werde untergehen als eine der größten Pleiten in der Geschichte des Geldverdienens. Doch an Pleiten will niemand unter dem Kommando des Kubaners glauben. Zu erfolgreich waren bis dato seine Entscheidungen. Allein das Entertainment-Geschäft, 1982 mit dem Ankauf von Columbia-Pictures begonnen, hatte zwei Jahre später schon einen elfprozentigen Gesamtumsatzanteil erreicht und sammelte, 1983 mit »Gandhi« und 1984 mit »A Passage to India«, die begehrten Oscar-Trophäen am Fließband.
Ob der Wechsel zum etwas süßeren, neuen Geschmack der Traditionsmarke Coca-Cola von ähnlichem Geschick und Weitblick zeuge, müßten die Bilanzen der nächsten hundert Jahre zeigen, warnten die Skeptiker. Eines sei heute schon sicher, schrieb »Newsweek«, mit einer Reichweite von zwei Dritteln aller Amerikaner — so die Schätzungen der Werbeagentur McCann-Erickson — habe der Geschmackswechsel von Coca-Cola innerhalb kürzester Zeit einen Bekanntheitsgrad in den Vereinigten Staaten erlangt, dem Politiker ein Leben lang vergebens hinterherlaufen müßten.

Coke-Werbung im Olympiajahr 1984

Coke is it!

Coke
Coke is it!

Doch die hohe Resonanzquote hatte auch Folgen. Folgen, die Zweifel aufkommen ließen, ob Goizuetas Kurswechsel nicht doch zu einer Strandung des Flaggschiffs führen könnte. Kein Wunder, daß immer häufiger politische Statements aus der Konzernzentrale an die Medien gingen. So beteuerte der Chef für den amerikanischen Coke-Markt, laut »Spiegel«: »Wir haben uns entschlossen, auf unserem Weg ein Stück voranzugehen, der Erfüllung unserer Zukunft entgegen, denn die Zeit ist reif. Wir sind zufrieden und selbstbewußt. Wir wissen uns im Einklang mit unserem Erbe.«

Doch solch salbungsvolle Worte konnten über eine gewisse Unsicherheit der Konzernleitung nicht hinwegtäuschen. Denn bei aller Raffinesse und Erfahrung in der Marktforschung, des Verbrauchers Votum kann sie nicht ersetzen. Und mit ihrer Meinung hielten diese nicht lange hinter dem Berg. Die Traditionalisten schlossen sich in der Vereinigung der »Old Cola Drinkers« zusammen und ließen durch ihren Wortführer ankündigen, sie wollten vor Gericht die Herausgabe der Urformel von Coca-Cola erzwingen. Denn deren Nichtverwendung verletze ihr verbrieftes demokratisches Recht auf Wahlfreiheit. Vom runderen, volleren Geschmack, einen Tick süßer und ein paar Kalorien kräftiger, wollten die eingefleischten Stammtrinker nichts wissen. Bis zu 1500 ärgerliche Anrufe pro Tag registrierte die Zentrale in Atlanta. Der neue Saft schmecke wie Abwasser, seine Einführung käme dem Anspucken der amerikanischen Flagge gleich, es sei ein Cola für Schwächlinge, so machten die Gegner ihrem Ärger deftig Luft. Clevere Kaufleute nutzten die Gunst der Stunde, deckten sich mit Kisten des »klassischen« Cola ein und verhökerten die Rarität im ganzen Land gegen Höchstgebot. Die Zeichen in Atlanta standen auf Sturm. Hatte man wirklich die Weichen zum größten Flop in der Geschichte des Geldverdienes gestellt? Krisensitzungen wurden anberaumt, denn es mußte schnell ein Ausweg aus dem Dilemma gefunden werden, das mit jedem Tag mehr zu einem nationalen Glaubenskrieg auszuarten drohte.

Gegenüber dem »Time Magazine« zitierte ein Konzessionär den Brief einer Frau, die ihm schrieb: »In meinem Leben gab es nur zwei Größen von bleibendem Wert: Gott und Coca-Cola. Einen dieser zentralen Werte haben Sie mir jetzt weggenommen.« Psychologen analysierten den Protest der Coke-Familie als eine natürliche Reaktion des Homo sapiens in einer Welt der permanenten Veränderungen. Coke gehöre zu den lieb und vertraut gewordenen Dingen, die man seit seiner Kindheit kenne und die man deshalb vehement gegen jede Neuerung verteidige.

Am 10. Juli 1985, knapp zwei Monate nach der »Hiobsbotschaft« vom neuen, besseren Geschmack, lenkte die Konzernleitung in Atlanta ein.

In den Nachrichten großer Fernsehstationen verkündete Robert Goizueta, das alte Coca-Cola würde in den nächsten Wochen wieder in den Handel kommen. Und der Name war auch schon gefunden: »Coca-Cola Classic«. Die Nachricht wurde landesweit gefeiert wie die Kapitulationserklärung der Japaner bei Beendigung des Zweiten Weltkriegs. Die Entscheidung wurde als ein Sieg der kleinen Leute über den Giganten angesehen. Der Vorstand der »Old Cola Drinkers« posierte vor seinem Hauptquartier mit dem Victory-Zeichen unter einem Transparent mit der Aufschrift »We won« — Wir haben gewonnen. Der demokratische Senator David Pryor aus Arkansas erklärte gegenüber »Time«, die Kapitulation von Coca-Cola sei ein bedeutungsvoller Moment in der Geschichte Amerikas. Sie hätte gezeigt, daß man einige nationale Institutionen einfach nicht verändern könne.

Coke-Präsident Donald Keough gab ohne Umschweife gegenüber der Presse zu, man sei von der großen Passion für das originale Coca-Cola regelrecht überrumpelt worden. Man sei zu der Erkenntnis gekommen, daß all die Zeit, das Geld und Know-how, das man in die Marktforschung für das neue Coca-Cola gesteckt habe, die Tiefe und emotionale Beziehung, die so viele Verbraucher für das Original-Coke empfinden, weder messen noch enthüllen konnten.

Marktkenner hatten sich schon vor dieser Erklärung zu Wort gemeldet und der Geschäftsleitung Raffinesse unterstellt. Sie mutmaßten, daß die Geschmacksumstellung ein sehr cleverer Schachzug sei, um eine neue Soft-Drink-Marke zu etablieren. Bei anhaltendem Protest der Stamm-Coke-Trinker werde man sich deren Wunsch beugen und das »alte« Coca-Cola, neben dem neuen, wieder auf den Markt bringen. Damit wäre der alte Markt gesichert und ein neuer, auf Kosten von Pepsi, dazugewonnen. Eine Rechnung, die sicher besser aufgehen könne als der umgekehrte Weg, einen völlig neuen Markt neben der Traditionsmarke erobern zu wollen. Faktisch ist diese Spekulation Tatsache. Denn das neue Coca-Cola bleibt am Markt.

Doch von solch gerissenem Taktieren will Atlanta nichts wissen. Präsident Keough: »Einige Kritiker werden sagen, Coca-Cola hat einen Marketingfehler gemacht. Einige Zyniker sagen, wir hätten die ganze Geschichte geplant. Die Wahrheit ist, wir sind nicht so doof, und wir sind nicht so gerissen.«

Noch ein Märchen

Wie jeder mächtige, erfolgreiche und einflußreiche Mann in den USA, gleich, ob Politiker oder Wirtschaftskapitän, besitzt natürlich auch der amtierende Boß von Coca-Cola eine eigene Erfolgsstory. Noch ein Märchen, diesmal von einem Taktiker, der viel, oder besser, alles riskierte, um zu gewinnen, nach Möglichkeit alles zu gewinnen. Daß tatsächlich Risiko damit verbunden ist, erzählte mir einer der »alten Männer« im Tower von Atlanta. »Mein Name spielt keine Rolle, okay?« Ich versprach, seine Identität zu schützen. »Ich habe viele von ihnen ganz hautnah erlebt. Habe zugesehen, wie sie unaufhaltsam die Leiter nach oben geklettert sind. Immer schneller in das nächsthöhere Stockwerk umzogen. Einige haben mir von ihren Ängsten erzählt, jetzt plötzlich ganz da oben zu sein, wo man auch so brutal tief abstürzen kann. Und glaub mir, es ist nicht alles ehrlich, was hier an Freundlichkeit und seligem Betriebsklima ausgestrahlt wird. Wenn du Mist baust, bist du weg! Die Company ist eine Fabrik, und das einzige Ziel heißt Profit. Wer gegen diese Regeln verstößt, ist weg, ganz schnell und ganz weit weg vom Fenster. Auch die hab' ich gesehen, wie sie sich regelrecht weggestohlen haben, von keinem mehr gegrüßt; denn Ungnade, Mißerfolg, Pech stecken an. Du darfst solchen Leuten nicht zu nahe kommen, solange andere zuschauen, denn deren Handikap könnte plötzlich auch auf dich übergehen. Bei so kleinen Leuten wie mir war das egal. Ich habe meinen Job gemacht und mach' ihn immer noch, ganz egal, wer da jetzt oben ist und wer nicht mehr. Aber eins solltest du mir glauben: Tauschen möchte ich mit denen da ganz oben nicht. Die sind schon verdammt einsam.«

Die Chefs, der Vorstand im Headquarter, sind nur per Fahrstuhl und schon gar nicht für jedermann erreichbar. Eine eigene Fahrstuhlanlage, die bis in den letzten, den 25. Stock führt, von Kameras und Sicherheitspersonal überwacht, schirmt das Topmanagement völlig ab. Wenn die Lifttür lautlos aufgleitet, erinnert in den Topetagen nichts mehr an Büroatmosphäre. Vergleiche mit dem Prunk und der Eleganz eines renommierten Luxushotels sind eher angebracht. Knöcheltiefer Teppichboden, in dezenten Pastellfarben gehaltene große Lobby, Stilmöbel, alte Holzdecken, viel Licht, Blumen, größtmögliche Freizügigkeit.

In diesem Ambiente schafft, lenkt und dirigiert Roberto Goizueta die Geschicke des Konzerns. Hinter dem gebürtigen Kubaner liegt eine klassische, teure, erfolgsorientierte Ausbildung. Als Sohn einer der bekanntesten Familien in Havanna auf Kuba großgeworden, studierte er an der renommierten Universität von Yale, in den Vereinigten Staaten so etwas wie die Kaderschmiede des Kapitalismus. Nach dem Studium trat Goizueta in die Dienste von Coca-Cola als Chemieingenieur. Ein Jahr nach der Machtübernahme durch Fidel Castro wechselte der Gentleman mit dem gepflegten Äußeren eines spanischen »Don« nach Nassau. Er wurde zweiter Mann für die Coke-Aktivitäten in ganz Südamerika und bekleidete diesen Posten, bis er 1964 ins Hauptquartier in Atlanta berufen wurde. Und obwohl er heute eines der höchsten Gehälter in ganz Amerika verdienen dürfe, bewohne Goizueta heute noch dasselbe Haus im Norden Atlantas, das er bezog, als er vor zwei Jahrzehnten in den Staat Georgia gerufen wurde, stellte ein amerikanischer Journalist mit unüberhörbarer Bewunderung für so viel Bescheidenheit fest. Die Entscheidung für Goizueta als Chairman of the Board war sicherlich ein Zugeständnis an die Internationalität der Company. Bis zu seinem Amtsantritt hatten ausschließlich Amerikaner diesen Posten besetzt. Doch für den neuen Chef war auch klar, daß man von ihm neue Impulse erwartete, die das ihm ausgesprochene Vertrauen rechtfertigten. Einfacher ausgedrückt, Roberto Goizueta brauchte Erfolg, und wenn möglich, sehr schnell. Die Aktionäre erwarteten von ihrem frischgebackenen Kapitän, daß er das altgediente Flaggschiff Coca-Cola wieder flottbekam. Denn seit zwei Jahren baute sich ein Sturmtief am Horizont der Soft-Drink-Szene auf. Die Zuwachsraten lagen zu Beginn der achtziger Jahre bei nur noch zwei Prozent, und im Supermarktgeschäft hatte Coca-Cola seine Vormachtstellung an den Widersacher Pepsi verloren.

Goizueta war auf der einen Seite gefordert, Alternativen zu entwickeln, wußte aber aus seiner dreißigjährigen Erfahrung innerhalb der Company, daß er sich nicht selbstherrlich über alle anderen Mitstreiter hinwegsetzen konnte. Diplomatisches Geschick war vonnöten, für seine Vorstellungen über die Zukunft des Unternehmens tragfähige Mehrheiten zu gewinnen. Im März 1981 trafen sich fünfzig führende Mitglieder aus sechs Kontinenten in Palm Springs/Kalifornien und gingen für vier Tage in Klausur. In vier langen Tagen und unter Opferung der meisten Nächte erläuterte Goizueta seine Strategie Punkt für Punkt. Jedermann war aufgefordert, seine Meinung zu sagen. Es gab keine Stallregie, keine Titel, und niemand hätte ein Blatt vor den Mund nehmen müssen, erklärte ein Konferenzmitglied.

Die Ergebnisse sind bekannt. Aufgabe des alten Slogans »Have a Coke and a smile« zugunsten der aggressiveren Aussage »Coke is it!«. In seiner Strategieerklärung hatte Goizueta außerdem erklärt, es sei sein Wunsch, daß die Company die Initiative übernehme, anstatt nur angemessen zu reagieren, und daß man intelligent und individuell auch mal Risiken eingehen müsse. Was damit gemeint war, wurde spätestens klar, als 1982 »Diet Coke« auf den Markt kam. Denn bis dahin galt das ungeschriebene Gesetz, die Schutzmarke »Coca-Cola« ist heilig. Man fürchtete, wie auch bei der Einführung der Getränkemarken Sprite oder TAB in der Zeit davor, man schade der Reputation von Coca-Cola, wenn diese neuen Produkte in direktem Zusammenhang mit dem wichtigsten Umsatzträger genannt würden. Goizuetas Entscheidung, das neue kalorienarme Getränk »Diet Coke« zu nennen, war deshalb aus der Sicht der Wirtschaftler mutig, genauso mutig wie der Ankauf von Columbia-Pictures. Aber auch richtig, wie die folgenden Jahre zeigen sollten. Der erwartete Kannibalismus im eigenen Marktsegment der Soft Drinks blieb deutlich unter den Erwartungen, »Diet Coke« entwickelte sich statt dessen zu einem immensen Umsatzrenner, der hinter Coca-Cola und Pepsi bald Rang drei im US-Markt einnahm, und mit Filmen wie »Tootsie« und »Gandhi« erwirtschaftete auch die Filmproduktion weltweit Umsatzrekorde.

Mit dieser Entschlossenheit, zu führen, hat sich der Exilkubaner bereits heute einen Ehrenplatz in der historischen Galerie der Company-Leader erkämpft. Sein Führungsstil gilt als subtil, kaum spürbar und dennoch konsequent. Er habe die Fähigkeit, Menschen zu motivieren, zu begeistern, ohne daß sie sich dessen bewußt seien. Wenn man ihn so engagiert und an jedem Detail interessiert arbeiten sehe, meinte der inzwischen pensionierte Finanzchef Sam Ayoub, gebürtiger Ägypter, hätte man gar keine andere Wahl, als mitzuziehen. Und dieses Kooperationskonzept reiche hinunter bis zum letzten Mann, der konsequent der Führung des Hauses folge. Aber, meinte Ayoub, ein langjähriger Weggefährte des heutigen Präsidenten, wer sehr genau in seine Augen schaue, könne auch sehen, zu welcher Strenge der Chairman fähig sei.

»Sie müßten einmal dabeisein«, schwärmte der deutsche Senior-Vice-President Klaus Pütter, »mit wieviel Fröhlichkeit und Lässigkeit unsere Vorstandsmeetings ablaufen. Das ist ein Betriebsklima, wie man es in kaum einem anderen internationalen Konzern wiederfinden wird.« Und dann gab er eine kleine Anekdote zum besten: Als ihm in einem Rechenschaftsbericht plötzlich ein Posten von einigen Millionen Dollar fehlte, habe der Präsident nur gelacht und gesagt: »Es wäre nett, wenn Sie das Geld in zwei Wochen gefunden hätten!« So eine Reaktion solle man sich in irgendeinem anderen Konzern nur mal vorstellen, meinte Pütter, ohne zu versäumen hinzuzufügen, daß er damals natürlich auch gut beraten war, das fehlende Geld und seine Verwendung bis zur gesetzten Frist nachweisen zu können.

Goizueta lasse jeden seinen Job machen, beschrieb ihn ein anderes Vorstandsmitglied, behindere gute Ideen nicht, auch wenn sie von anderen kämen, und habe auf diese Weise das kooperative Klima wahnsinnig kultiviert.

Die Rechnung ist für den smarten Businessman aufgegangen. Er hat aus der konservativen Company einen glitzernden Sieger gemacht, bescheinigen amerikanische Manager dem Mann aus Kuba. Und der reduziert diese »Glorifizierung« auf ein einfaches, sein Erfolgsrezept: Man dürfe sich nicht zu weit vom Verbraucher und seinen Wünschen entfernen. Mit dieser Maxime hat Goizueta bislang Erfolg. Coca-Cola hat das verlorene Terrain zurückerobert und ist in Amerika und den meisten anderen der 155 Länder, in denen der Soft Drink verkauft wird, wieder die Nummer eins am Markt.

Märchen haben eben immer ein Happy-End!

Gene Wilder in einer Filmszene (»Stir Crazy«)

Grabstein eines Konzessionärs in den USA

Nachrichten aus aller Welt

Publicity verpflichtet, so könnte man das nachfolgende Sammelsurium von ätzenden, boshaften, verrückten, unglaublichen und erstaunlichen Nachrichten aus aller Welt überschreiben. Ohne ihren hohen Bekanntheitsgrad wären Company und Getränk in vielen der Beispiele nie aufgetaucht.

Coca-Cola und die Unzucht
Tupelo, 23. 1. 85: Der Coca-Cola Konzern ist von dem US-amerikanischen »Verband für Sittlichkeit« in Tupelo/Mississippi zum »Pornographen des Monats Januar« ernannt worden. Die Auszeichnung wird regelmäßig an Firmen ausgegeben, die in Sex-Magazinen wie »Playboy« und »Penthouse« werben. Wie der Leiter des Sittlichkeitsverbandes, »der methodistische Pastor Donald E. Wildmon«, erläuterte, zahle Cola-Cola Tausende von Dollars an solche Magazine und fördere damit die Unzucht, die sexuelle Ausbeutung von Frauen sowie die Verulkung von Jesus Christus und Christen. Bedenklich seien auch einige Produktionen der Columbia-Filmgesellschaft, die zum Coca-Cola Konzern gehört. Wildmon nannte den Film »Stille Nacht, tödliche Nacht«, in dem der Weihnachtsmann als gewalttägiger Terrorist dargestellt worden sei. (Frankfurter Rundschau)

Coca-Cola zum Abendmahl
Berlin, 11. 11. 79: In der evangelischen Kirche wird lebhaft darüber diskutiert, ob man den Abendmahlswein abschaffen und durch alkoholfreie Getränke ersetzen soll, damit Alkoholiker nicht »verführt« werden. So wurde kürzlich in einer evangelischen Kirche in West-Berlin eine Abendmahlsfeier mit Coca-Cola durchgeführt. (Neue Bildpost)

Werbung auf Briefmarken
Washington, 7. 12. 80: Der republikanische US-Senator Barry Goldwater, 71, 1964 als Präsidentschaftskandidat seiner Partei von Lyndon B. Johnson besiegt, schlug im US-Kongreß vor, Werbung auf Briefmarken zuzulassen: Statt George Washington könnte dann auch Coca-Cola auf US-Briefen kleben. Die defizitäre US-Post würde auf diese Weise jährlich 2,28 Milliarden Mark mehr einnehmen. (Welt am Sonntag)

Durch Diät zum Wunschkind
Paris, 12. 4. 80: Seit Jahren kennt die Wissenschaft Methoden zur Geschlechtsbestimmung für Wunschkinder. Französische Wissenschaftler, an der Spitze der an der Pariser Universität lehrende Physiologe Professor Joseph Stolkowski (62), haben in jahrelanger Forschungsarbeit ein System entwickelt, das es ohne medikamentöse oder sonstige Eingriffe erlaubt, das Geschlecht des Kindes zu bestimmen: Diät für die Frau.
Die künftige Mutter, die sich auf ein Mädchen festgelegt hat, muß vor der Zeugung viel Milch, Eier, Kalbfleisch, Nüsse und Honig essen. Streng verboten sind alle salzhaltigen Speisen, Bananen, Kaffee, Bier, Schinken und Kuchen.
Die Zeugung eines Stammhalters ist nach Stolkowskis Erhebungen zumindest vom Speiseplan her einfacher und abwechslungsreicher: Ein Knabe ist am ehesten zu haben, wenn die Mutter Tee und Kaffee trinkt, alle Sorten Fleisch verzehrt — und das maximal gesalzen — sowie sich an Fisch labt und dazu Coca-Cola und Fruchtsäfte trinkt. Abträglich sind Milch, Eier, Käse, Spinat, grüne Bohnen und Mineralwasser. (dpa)

Coke als Haushaltshilfe
In ihrem Buch mit dem Titel »Der fliegende Pfannkuchen« kommt die amerikanische Hausfrau Mary Ellen auf ausgefallene praktische Tips im Haushalt. Mit Coca-Cola zum Beispiel könne man nicht nur das Waschbecken saubermachen, sondern auch Durchfall bekämpfen. Außerdem macht ein Zusatz von einem Liter dieses Getränks stark verschmutzte Wäsche sauberer. (BZ vom 27. 4. 81)

Spartip
»Neue Post«-Leser Alfons L. schrieb am 27. 11. 82: Rostflecken an Auto oder Fahrrad lassen sich mühelos entfernen, wenn man ein Stück Alufolie mit Coca-Cola anfeuchtet und die Stelle damit abreibt.

Coca-Cola Beschlagnahme in Italien eingeschränkt
Mailand, 13. 2. 82: Der Hilfsstaatsanwalt von Como (Norditalien) hat die Beschlagnahme sämtlicher Coca-Cola Dosen in Italien vom vergangenen Wochenende teilweise aufgehoben. Er hatte die Maßnahme verfügt, nachdem ein Student aus einer Dose getrunken hatte und sofort danach von lebensgefähr-

lichen Vergiftungserscheinungen befallen wurde. Inzwischen haben Analysen ergeben, daß der Student mit dem Coca-Cola Jod zu sich genommen hat, das nicht zum Herstellungsprozeß von Coca-Cola gehört. Vorsichtshalber wurde die Beschlagnahme für die am 12., 16. und 18. Juli 1981 von der Firma Somvil in Nogara bei Verona abgefüllten Dosen aufrechterhalten. Noch ist nicht geklärt, wie das Jod in die Dose hineingekommen ist. Man denkt auch an einen diabolischen Giftmörder. Im vergangenen Jahr ereigneten sich in Mailand mehrere geheimnisvolle Giftmorde. In allen Fällen fanden die dann vergifteten Personen zufällig im Hauptbahnhof, in Parkanlagen oder auf der Straße Flaschen mit Aperitifs, Wein und anderen Getränken, die offensichtlich fabrikfrisch versiegelt waren. Einige der Toten wiesen schwere Zyankalivergiftungen auf. (Süddeutsche Zeitung)

Coke und Pepsi weiten Kampf auf Weltraum aus
New York, 30. 6. 84: Coca-Cola und Pepsi-Cola eröffnen eine Weltraumschlacht, die verspricht, die Laserkanonen des »Star-Wars-Programms« wie Spielzeug erscheinen zu lassen. Ein Sprecher des NASA-Hauptquartiers in Houston hat bestätigt, daß die Weltraumbehörde mit Coca-Cola einen Plan ausarbeitet, einen Soft-Drink-Dispenser mit in den Orbit zu nehmen. Ein Sprecher von Pepsi erklärte dazu: »Der Mond ist für Coca-Cola ein perfektes Plätzchen.« Machte aber im gleichen Atemzug klar, daß auch Pepsi vorbereitet ist, Coca-Cola auf den Mond und, wenn nötig, auch zu den Planeten dahinter zu folgen. »Wir haben unser formelles Interesse gegenüber der NASA zum Ausdruck gebracht.« Der Cola-Zweikampf begann mit der Ankündigung Coca-Colas, daß man mit der NASA verhandle, Coke-Zapfanlagen in den Space-Shuttles, den Raumfähren, zu installieren. Nach dieser Information wurde über das Headquarter in Atlanta eine Nachrichtensperre verhängt.
Wie wird so ein Weltraum-Coca-Cola-Automat aussehen? Werden die Astronauten Münzen mitnehmen müssen? Keiner kann die Fragen beantworten. »Verhandlungen mit der NASA laufen, um eine Technologie zu entwickeln, die es erlaubt, bei zukünftigen Raumfähren und -stationen Soft-Drink-Zapfanlagen zu installieren«, sagte Coke-Sprecher Tom Mattingly. (New York Post) (Inzwischen — Frühjahr 1985 — wurde die Coca-Cola Weltraumdose tatsächlich zur Produktionsreife entwickelt.)

Test
... als die US-Army in Fort Knox einmal 650 Rekruten auf ihre Lebenserfahrung testete, da hatten 229 noch nie von der 21 Meilen entfernten Großstadt Louisville gehört, waren 85 noch nie beim Zahnarzt gewesen, hatten 21 noch nie Kuhmilch getrunken. Nur einer kannte Coca-Cola nicht. Ein Ergebnis, das für »The Company« sicher ermutigender ist als für das Pentagon ... (stern vom 24. 5. 78)

Refreshing Facts
Wußten Sie schon? fragte das Konsumenten-Informations-Center der Company 1982 in einem Faltblatt
— daß, alle Coca-Cola Flaschen, die bis heute abgefüllt wurden, auf den bekannten Lkws verstaut, eine Wagenkolonne ergäbe, die Stoßstange an Stoßstange mit 55 Meilen pro Stunde über drei Jahre an einem festgelegten Punkt vorbeifahren müßte?
— daß diese produzierte und konsumierte Flüssigkeitsmenge Coca-Cola, würde man damit das Wasser der Niagarafälle ersetzen, 16 Stunden und 48 Minuten mit unveränderter Wucht die Fälle hinunterstürzen würde?

Weltraumdose (1985)

HOT DOGS! . . . HAMBURGERS! . . . COCA-COLA!

CCCP

Abbildungsnachweis: The Coca-Cola Company, Heinz Hefele, Ulf Biedermann

CIP-Kurztitelaufnahme der Deutschen Bibliothek

Biedermann, Ulf:
Ein amerikanischer Traum: Coca-Cola: d. unglaubl. Geschichte e. 100jährigen Erfolges/
Ulf Biedermann. — Hamburg; Zürich: Rasch und Röhring, 1985.
ISBN 3-89136-044-4

Lektorat: Ulrike Rickert
Einband und Gestaltung: Studio Reisenberger
Gesetzt aus der Times-Antiqua
Lithographie: Albert Bauer KG, Hamburg
Satzherstellung: alphabeta, Hamburg
Druck- und Bindearbeiten: Kleins Druck- und Verlagsanstalt, Lengerich
Printed in Germany